YINGKE® 盈科

盈科全国业务指导委员会系列丛书

化工医药类
企业专利与商业秘密保护

盈科律师事务所／编
王　柱／主编
马丽丽　闫东伟　李早霞　崔德宝　刘会晴／副主编

法律出版社 LAW PRESS · CHINA
北京

图书在版编目(CIP)数据

化工医药类企业专利与商业秘密保护 / 盈科律师事务所编 ; 王柱主编. -- 北京 : 法律出版社, 2023

ISBN 978-7-5197-7483-7

Ⅰ. ①化… Ⅱ. ①盈… ②王… Ⅲ. ①化学工业-医药学-专利-法律保护②化学工业-医药学商业秘密-法律保护 Ⅳ. ①D913.04

中国国家版本馆 CIP 数据核字(2023)第 004161 号

化工医药类企业专利与商业秘密保护
HUAGONG YIYAOLEI QIYE ZHUANLI YU SHANGYE MIMI BAOHU

盈科律师事务所 编
王 柱 主编

策划编辑 朱海波
责任编辑 朱海波 谢瑞忠
装帧设计 汪奇峰 臧晓飞

出版发行 法律出版社
编辑统筹 法律应用出版分社
责任校对 蒋 橙
责任印制 刘晓伟
经 销 新华书店

开本 710 毫米×1000 毫米 1/16
印张 17 **字数** 300 千
版本 2023 年 1 月第 1 版
印次 2023 年 1 月第 1 次印刷
印刷 三河市兴达印务有限公司

地址:北京市丰台区莲花池西里 7 号(100073)
网址:www.lawpress.com.cn
投稿邮箱:info@lawpress.com.cn
举报盗版邮箱:jbwq@lawpress.com.cn
销售电话:010-83938349
客服电话:010-83938350
咨询电话:010-63939796

书号:ISBN 978-7-5197-7483-7
定价:65.00 元

凡购买本社图书,如有印装错误,我社负责退换。电话:010-83938349

本书编委会

主 编 王 柱

副主编 马丽丽 闫东伟 李早霞 崔德宝 刘会晴

编委会成员

杨 燕 曹雯婕 方 艳 饶 欣 刘宇翔

YINGKE® 盈科

序　言

化工医药产业作为国民经济的支柱性产业，在“十三五”期间逐渐由高速增长阶段转向高质量发展阶段。我国化工医药行业正在向精细化、专业化、高端化转型升级。我国化工行业新型化学材料供给快速增长、高端化工产品研发能力不断增强、高端化工产品专利申请量稳居世界第一、关键技术与发达国家的差距不断缩小；化工行业自主创新能力显著增强，在第六代 MDI 技术、聚碳酸酯生产技术、页岩气勘探技术、大型先进煤气化技术、煤制油、煤制烯烃、煤制乙二醇等一系列关键技术上取得重大进展；化工行业中涌现出了一大批细分领域的龙头企业和“专精特新”企业。近年来，我国医药市场成为全球医药发展速度最快的市场，医药制造企业数量大幅增加，医药制造业营收增长迅速；在国家产业政策(特别是国家高技术研究发展计划，“863 计划”)的大力支持下，生物医药迎来窗口期，研发创新实力持续增强，部分基因工程药物和疫苗已经批准上市；国家将生物医药纳入“十四五”专项规划，进一步引导企业突破核心技术，依托重大科技专项、制造业高质量发展专项等加强关键核心技术和产品攻关，有力有效解决“卡脖子”问题，2025 年预计我国生物医药市场规模将达 8000 亿元以上。

我国近年来修改了《专利法》《反不正当竞争法》，并出台了一系列相关司法解释，加强了对专利和商业秘密的保护；在司法实践中，法院对于核心技术侵权案件实行严格保护，在化工医药领域产生了一大批高判赔案件，如“香兰素”技术秘密侵权案二审判赔 1.59 亿元、“卡波产品”技术秘密侵权案二审判赔 3000 万元、“氮化钒”发明专利侵权案一审判赔 2900 多万元、“防爆装置”实用新型专利侵权案一审判赔 2330 多万元等。

化工医药企业专利和商业秘密保护意识不断增强。近年来，我国化工医药领域的专利申请量和 PCT 申请量持续增加，其中 2021 年度中国石油化工集团有限公司专利申请量在化工行业居世界首位；化工医药企业专利风险意识不断提高，越来越多的企业在上马新项目、产品出口海外时、企业 IPO 时会主动进行 FTO，以避免专利侵权的风险。我国化工医药企业在高价值专利布局、海外专利布局、专利信息运用、商业秘密合规体系建设、专利维权、商业秘密维权等方面还存在较大的不足，如鲁西化工集团有限公司因商业秘密保密意识不强而导致违反商业秘密保密协议被判赔偿 7.49 亿元。

企业的核心技术如何进行切实有效的保护成为企业关注的重点问题。通常企业的核心技术需要通过专利与商业秘密相结合的方式进行保护，一方面以专利维权为导向进行高价值专利布局；另一方面建立商业秘密合规体系保护企业的商业秘密，通过专利保护与商业秘密保护相结合的方式建立技术壁垒。在企业核心技术遭遇侵权时，通过专利诉讼或商业秘密诉讼的方式打击竞争对手，维持权利人的竞争优势和市场份额。

近年来，化工医药领域的重大专利诉讼和商业秘密诉讼频发，拥有核心技术的龙头企业在快速发展过程中尤其是企业 IPO 过程中，容易遭遇国内外行业巨头的阻击；医药企业在产品进入海外尤其是美国时，容易遭遇重大专利侵权诉讼。例如，索尔维特殊聚合物美国有限公司在吉林省中研高分子材料股份有限公司科创板上市过程中发起发明专利侵权案件，索赔 6200 万元；优美科在宁波容百新能源科技股份有限公司科创板上市完成后提起两起发明专利侵权案件，分别索赔 6200 万元和 2.52 亿元；日本钟渊化学工业株式会社在美国对浙江医药股份有限公司辅酶 Q10 产品发起 337 调查等。因此，我国化工医药企业在打造“拳头产品”时，尤其是在企业 IPO 或者产品出口海外等关键阶段，要做好 FTO 尽职调查，降低专利侵权风险。

为顺应化工医药行业发展趋势，满足企业对核心技术保护的法律服务需求，盈科律师事务所成立化工医药类企业核心技术保护中心组建了一支具备化工医药行业技术知识及法律知识，同时具有丰富的专利维权经验和商业秘密维权经验的律师团队。化工医药类企业核心技术保护中心致力于为在细分领域拥有一定核心技术的化工医药类企业进行国内外专利布局、建立和完善企业商业秘密合规体系，全方位保护企业的核心技术，为企业提供“技术 + 法律”的行业专业化服务；让企业在核心技术遭遇侵权时，能够通过专利诉讼或商业秘密诉讼的方式打击侵权方，阻止侵权方进入相关领域，提升企业的核心竞争力，维持市场优势地位，将知识产权法律服务转化为企业经济效益，使企业获得长期稳定的高额利润。

目 录
CONTENTS

第一章

化工行业和医药行业概述

第一节　化工行业概述

化学工业是生产化学产品的工业，是一个多行业、多品种，为国民经济各部门和人民生活各方面服务的工业部门，是重工业的支柱。其一般可分为无机化学工业、基本有机化学工业、高分子化学工业和精细化化学工业。

化学工业包括多种门类，如基本化工原料的制备，染料、火药、医药、香精香料、油漆、涂料、农药、塑料、化肥、感光材料、化学试剂、洗涤剂、制冷剂等原料的生产，石油工业、冶金工业、食品工业、燃料工业、皮革工业、陶瓷工业、玻璃工业、合成橡胶工业以及铀的浓缩提取工业等都属于化学工业范畴。

一、我国化工行业的发展进程

我国近代化学工业发展较晚。1876 年，天津建成我国第一座铅室法硫酸厂，产量约 2 吨/天，标志着我国近代化学工业开始。中华人民共和国成立后，在第一个五年计划期间，我国新建了一些大型化工企业。1961 年，我国在兰州建成了用炼厂气为原料裂解生产乙烯装置，开始了我国石油化学工业的生产，我国石油化学工业虽然起步较晚，但发展迅速。到 1983 年，我国成立了石油化工总公司，我国的炼油、石化、化纤和化肥企业实行集中领导，统筹规划。

新工艺、新产品不断补入，使我国石化工业有了很大的发展，生产能力不断提升，产品质量持续稳定增长，基本形成了一个完整的具有相当规模的工业体系。化学工业飞速发展，精细化学品生产也从无到有。从我国化学工业当前情况看，其还有很大的发展潜力。例如，塑料与钢的质量较以前有很大进步，但与世界先进水平差距还很大；合成纤维人均产量或消费量还低于世界水平，很大一部分还主要依赖于进口。

随着技术进步和现代科技的发展，化学工业也发生了巨大变化，呈现出以下特点：生产过程综合化；产品精细化；技术和资金密集化；环保节约化；安全生产标准化。

二、“碳中和”给化工行业带来的机遇和挑战

“碳中和”(carbon neutrality)是指国家、企业、产品、活动或个人在一定时间内直接或间接产生的二氧化碳或温室气体排放总量,通过植树造林、节能减排等形式,以抵销自身产生的二氧化碳或温室气体排放量,实现正负抵销,达到相对“零排放”。

2021 年 3 月 15 日,习近平总书记主持召开中央财经委员会第九次会议,其中一项重要议题就是研究实现“碳达峰”“碳中和”的基本思路和主要举措,会议指明了“十四五”期间要重点做好的七个方面工作。基本目标为 2030 年前实现“碳达峰”,2060 年前实现“碳中和”。2021 年 7 月 15 日,上海环境能源交易所公告称,根据国家总体安排,全国碳排放权交易于 2021 年 7 月 16 日开市。“碳中和”是未来中国化工行业必须要面临的挑战,在“碳达峰”及“碳中和”的“双碳”发展趋势下,中国化工行业将会迎来产业结构调整和升级的转变。

“碳中和”背景下化工企业发展模式或将发生改变。“双碳”政策下能源、原料审批难度加大,传统单纯依赖产能扩张的粗犷型发展模式将难以为继,未来化工企业的长期发展,将着重于上下游一体化、产品多元化的发展模式;原料企业将产业链延伸并扩张下游精细化工产品,推进由“原料”到“材料”的转变;而基于同一技术路径或同一下游应用的多产品发展模式也将是未来化工企业发展的主要趋势。

2021 年,化工行业产能扩张放缓,固定资产增速放缓,新能源相关化工品价格涨幅明显,需求结构发生变化,新能源相关化工品价格涨幅明显。传统化工品下游需求结构发生变化,新能源相关领域占比逐步提升。

“双碳”趋势下的化工行业碳交易和碳贸易,将会带来新的贸易体系;大规模储能技术,将会驱动化工新材料产业升级;化工装置节能改造将会是长期趋势;超高压输电将会驱动化工新材料升级;高耗能行业或迎来新一轮供给侧结构性改革;低碳新材料、可降解材料将会长期受益;煤化工行业将会开启高效化、低碳化进程;电力行业脱碳为煤化工提供更为丰富的原料等。

未来化工企业将由产能扩张和上游配套原材料的发展模式,转变为向下游精细化、多品类、平台型发展的新模式。而未来优秀的化工企业,需要把握产业发展趋势,并在此基础上充分发挥其资金优势、研发优势,勇于投入资本,从而在

"双碳"新形势下具备发展先机。

三、化工行业正在进行转型升级

化工行业受益于国内经济的快速发展和化工产业主导地位的逐步提升,过去发展主要依赖于传统业务的产能扩张。化工行业从供给侧改革前的全行业周期性扩张,转变到供给侧改革后的龙头扩张;单个企业产能的扩张发展,形成并加强了产业周期的轮动,从而使行业和业务属性单一的企业具有较强的盈利周期属性。然而"双碳"背景下,最明显的变化就是产能扩张进程受阻,过去企业的发展节奏或被打破,新的时代背景下,企业也在寻求新的发展模式,化工行业在未来的发展模式将由复制模式进入精细化、多品类、平台型的新发展模式。

北京化工大学副校长雷涯邻提出了在"双碳"目标下,化工行业高质量发展的路径:(1)调整技术路线,实现全产业链碳排放强度的下降;(2)采用循环经济模式,提高化工固体废物循环利用率;(3)优化能源结构,淘汰低端产能;(4)加大新一代人工智能技术在石化领域的深度应用;(5)颁布政策支持,推动行业全面进入碳市场。

石油和化学工业规划院副院长李志坚表示,石化行业排放峰值取决于需求、政策力度和技术进步,有不确定性,目前判断是达峰易、下降难。对此,李志坚提出了石化化工行业绿色低碳发展重点:(1)优化产业布局:结合资源环境承载能力和地域空间物流等基础条件,适度布局建设一体化、集约化产业基地,推动人口密集区和环境敏感区企业搬迁入园。(2)调整产业结构:加速产业清洁、低碳、循环化升级改造,推动产业结构向高端化、绿色化发展。(3)采用低碳化原料和工艺、生产绿色产品:通过改造原料和工艺,改良装备水平,优化配套系统工程,实现能量高效利用和绿色生产过程,提升产品清洁生产水平和污染防控能力,实现生产过程和产品的绿色化。

中国石油化工循环经济研究院院长张松臣认为,按照碳排放量的强度排序,煤化工中的合成氨、甲醇、焦化等子行业位于第一梯队,在未来发展布局中值得重点关注,考虑逐步淘汰和退出。受"双碳"影响,中国化工行业供给侧存量和增量改革将进一步推进,落后低端产能将进一步淘汰出局,竞争格局开始向"强者恒强"过渡。按照"双碳"目标下重点行业的发展速度测算,预计未来10年中国市场将有约14000亿元的新增化学品市场空间。

第二节　医药行业概述

我国医药行业发展水平和国民经济的发展速度息息相关,随着我国国民经济的快速增长,我国人民的生活水平随之得到提升,我国医药行业也得到快速发展。在物质基础得到巩固后,人们越发关注自身的生活质量以及身体健康状况;同时作为人口大国,我国对医药行业的质量要求和数量需求也越来越多。在这种背景下,我国医药市场快速发展,已成为全球医药发展速度最快的市场。截至2021年年末,我国共有8337个医药制造业企业,较2020年增加了167个,同比增长2.04%。随着企业数量的增加,营业收入也在增长,2021年我国医药制造业营业收入达29288.5亿元。

一、医药行业的发展特点简介

(一)药品研发投入大、研发周期长

在研发创新方面,药物研发需要投入大量的资金、人力,并经过较长研发周期才有机会成功研发一款新药物。

(二)药品行政监管严格

一款新药能否上市,需要做很多基础工作,即需要做大量的临床试验来确定该药的效果,以及是否对人体有其他不良反应,还需要确定该药的主要成分的分子结构、该主要成分在人体代谢过程和药理研究等,这些都是基础的必须明确的内容。该药品可能产生的不良反应和其他症状及应对措施都需要在大量的临床试验中进行研究。

鉴于每个国家人群特征的区别,为了保障国民用药的安全性,各个国家对进口药品的审批非常严格,并且往往每个国家对药品的审批上市还有各自独特的要求。

(三)进入门槛高

医药行业对于资金、技术、安全性等要求较高,因此进入药品行业的门槛高。

(四)回报高

为促进医药行业的健康发展,大部分国家对医药行业采取了严格的知识产权保护,新药上市后会享有独占性的市场地位,新药会给企业带来丰厚的市场回报。

二、医药行业的机遇与挑战

(一)医药行业面临的机遇

1. 国家产业政策支持行业发展

医药行业与人民群众的生命健康和生活质量密切相关,是关系国计民生的重要产业。我国政府高度重视医药行业的发展,出台了一系列产业政策,如《中国制造 2025》《医药工业发展规划指南》等,为未来我国医药工业的发展指明了方向,设立了发展目标,并明确指出,“十三五”要全面落实建设制造强国和健康中国战略部署,增加有效供给,增品种、提品质和创品牌;将建立起体系完整、结构优化的健康产业体系,形成一批具有较强创新能力和国际竞争力的医疗及服务的大型企业。

2. 医疗保障体系不断健全、医疗投入逐渐增加

我国强调要重点推进医疗保障、医疗服务、公共卫生、药品供应、监管体制的综合改革,完善国民健康政策,为群众提供安全、有效、方便、价廉的公共卫生和基本医疗服务。党的十九大报告对“实施健康中国战略”作出全面部署,强调要深化医药卫生体制改革,全面建立中国特色基本医疗卫生制度、医疗保障制度和优质高效的医疗卫生服务体系,健全现代医院管理制度。国家保障体系的不断健全及国家对医疗卫生财政投入的不断增加,为优秀医药企业的发展提供了良好契机。

3. 人口增长、老龄化加快及发病率上升

随着人口老龄化趋势加快和环境污染等卫生问题加剧,各种常见疾病的发病率呈现持续增长的态势。因此,我国居民的用药需求将保持增长,从而拉动我国医药行业长远快速发展。

4. 居民可支配收入增加、卫生健康意识增强

社会经济的持续健康发展是我国医药行业发展的基础。随着我国经济持续快速发展，人民生活水平逐渐提高，大众对于自身健康的重视程度不断提升，带动了医疗保健需求的增长。国家统计局数据显示，我国居民人均医疗保健消费支出由2013年的912.10元增至2020年的1843元。

5. 全球原料药产业向以中国、印度为代表的发展中国家转移

由于生产成本上升、环保压力增大等，原料药产业正逐渐由欧美地区向具有成本优势的中国、印度等发展中国家转移。我国原料药企业的成本优势不仅体现在原辅料、劳动力、制造设备、厂房建造等硬性生产要素方面，还体现在环保、研发等软性经营要素方面。随着全球原料药产业格局的转变，我国原料药企业迎来良好的发展机遇。

6. 环保监管趋严，市场竞争更加健康有序

随着国家及地方主管部门对原料药及制剂厂家环保标准、质量要求日趋严格，企业在生产运营、环保治理方面的成本不断提高，行业门槛不断提升，行业无序、恶性竞争情况减少，产能无序扩张得到遏制。重视环保投入、拥有丰富安全生产经验的企业能更好地适应趋严的监管环境，具有更为稳定、可靠的供应能力，逐步取得更高的市场份额。环保监管趋严、市场竞争更趋良性，将有利于行业内优秀企业发展，为行业企业做大做强提供机遇。

（二）医药行业面临的挑战

1. 企业总体水平不高，产品同质化严重

我国医药工业近年来保持较快增长，增速高于全国工业的平均增速，但目前我国医药行业尚处在起步探索阶段，多数药品生产企业的专业化程度不高，产品同质化严重，缺乏自身的品牌和特色品种，技术开发和创新能力较弱。此外，我国医药工业的配套能力不高，制药装备生产水平与国际先进水平存在较大差距，难以满足药品制造行业技术升级和工艺水平提高的要求。

2. 研究开发投入不足

由于医药行业研发风险较大，收益难以预期，我国医药企业技术研发创新的动力不足，相关研发经费投入较低。我国医药企业生产的产品中，低附加值的产品居多，科技含量高的产品较少。根据南方医药经济研究所统计，目前我国整体医药行业研发投入占销售收入比重为1%～2%，而国外发达国家的水平为

15%~18%，印度的水平为6%~12%。我国医药行业研究开发投入与发达国家及相邻发展中国家印度相比存在一定的差距，影响了产业的持续发展。

3. 生产成本提高、销售价格下降，企业经营压力增加

我国医药行业面临着高成本、低药价的挑战。国内原料价格上涨、劳动成本上升，推动药品生产企业刚性成本提高。随着国家及地方主管部门对原料药及制剂厂家环保标准、质量要求日趋严格，以及仿制药一致性评价政策的推出，企业在生产运营、环保治理及一致性评价方面的成本不断提高。此外，受国家药品集中带量采购、药品零加成等政策的影响，医药企业降价压力明显增大。

第三节 化工医药行业对核心技术保护的需求

近年来,我国化工行业不断突破“卡脖子”技术,在一些细分领域已经达到了国际先进的水平。我国化工行业新型化学材料供给快速增长、高端化工产品研发能力不断增强、高端化工产品专利申请量稳居世界第一、关键技术与发达国家的差距不断缩小;化工行业自主创新能力显著增强,在第六代MDI技术、聚碳酸酯生产技术、页岩气勘探技术、大型先进煤气化技术、煤制油、煤制烯烃、煤制乙二醇等一系列关键技术上取得重大进展;化工行业中涌现出了一大批细分领域的龙头企业和“专精特新”企业。

近年来,我国医药产业成为全球医药发展速度最快的市场,在国家产业政策(特别是“863计划”)的大力支持下,生物医药迎来窗口期,研发创新实力持续增强,部分基因工程药物和疫苗已经批准上市;国家将生物医药纳入“十四五”专项规划,进一步引导企业突破核心技术,依托重大科技专项、制造业高质量发展专项等加强关键核心技术和产品攻关,有力有效解决“卡脖子”问题。

随着化工医药行业越来越多核心技术的突破以及越来越多细分领域的龙头企业和“专精特新”企业的出现,企业的核心技术如何进行切实有效的保护成为企业关注的重点问题。

第二章

主要国家和地区的专利制度介绍

第一节　中国专利制度介绍

一、《专利法》实施及修改历程

1984年3月12日，第六届全国人民代表大会常务委员会第四次会议通过《专利法》，1985年4月1日正式施行。自1985年实施以来，为适应国际国内专利保护制度的不断变化，我国《专利法》于1992年、2000年、2008年、2020年进行了4次修法。《专利法实施细则》《专利审查指南》等法规、规章以及规范性文件也进行了相应的修改。

1. 第一次修改

第一次修改的主要内容包括：

（1）增加对于专利方法的保护范围，将“使用、销售依照该专利方法直接获得的产品”也纳入专利方法的保护范围。（2）扩大了专利保护的技术领域，将食品、饮料、调味品、药品和用化学方法获得的物质列入保护范围；增加了发明和实用新型专利的国内优先权。（3）对专利申请文件的修改范围进行了修改，发明和实用新型专利新增不得“超出原权利要求书记载的范围”，对外观设计专利申请文件的修改“不得超出原图片或者照片表示的范围”。（4）对授予专利权的专利，由“提出异议”“专利权人书面答复”修改为“提出撤销”“专利局进行审查”。（5）延长专利权的期限，将发明专利权期限从原来的15年改为20年，实用新型专利权和外观设计专利权从原来的5年加3年续展期改为10年。（6）增加对冒充专利产品或者方法的处罚。（7）重新规定专利侵权诉讼中举证责任转移的条件等。

2. 第二次修改

第二次修改主要是基于我国加入世界贸易组织对专利法提出的新要求，为了进一步与TRIPs协定的规定接轨从而对专利法进行修改。《专利法》第二次修改共涉及36个条文,新增条文4条、删除4条、修改28条。在参照TRIPs协定规定的专利保护标准和我国当时国情的基础上,修改主要体现在以下几个方面:

(1)发明和实用新型专利权增加了"禁止许诺销售权",发明、实用新型和外观设计专利权均增加了"禁止进口权"。

(2)增加了中国单位或者个人可以提出国际申请,其前提条件是应当就该发明创造在国内先行进行申请。

(3)外观设计专利权的授权条件增加了"并不得与他人在先取得的合法权利相冲突"。外观设计专利在构成要素上,如形状、色彩、图案或其任一要素的结合等,类似于商标权、著作权的外壳,这一条款的增加主要是防止与他人在申请日之前取得的商标权和著作权相冲突。

(4)删除了无效宣告请求需"自专利局公告授予专利权之日起满六个月后"提起时间的限制。因删除了"自专利局公告授予专利权之日起六个月内,任何单位或者个人认为该专利权的授予不符合本法有关规定的,都可以请求专利局撤销该专利权",没有了6个月的"撤销期",提出无效的时间也就不再受6个月的限制。

(5)取消了专利复审委员会对实用新型和外观设计的终局决定权。与发明专利保持一致,对专利复审委员会的复审决定、宣告专利权无效或者维持专利权的决定不服的,可以自收到通知之日起3个月内向人民法院起诉。

(6)专利侵权纠纷中涉及实用新型专利的,引入了"专利检索报告"。因实用新型专利不进行实质审查,专利检索报告的引入,可初步为专利权的稳定性提供依据。

(7)增加了制止"即发侵权"的临时禁令的规定。修改后的《专利法》第61条明确规定,专利权人或者利害关系人有证据证明他人正在实施或者即将实施侵犯其专利权的行为,如不及时制止将会使其合法权益受到难以弥补的损害时,可以在起诉前向人民法院申请采取责令停止有关行为和财产保全的措施。这进一步加大了专利保护力度。

(8)引入了国际上通行的"无过错责任"规定。对于"使用或者销售不知道是未经专利权人许可而制造并售出的专利产品的",由原来的"不视为侵犯专利权"修改为"能证明其产品合法来源的,不承担赔偿责任"。

3. 第三次修改

与前两次修改相比，第三次修改的动因为内因，而非外因。在我国专利制度实践的基础上，根据国情发展，为适应新形势，进一步完善我国的专利法体系成为当时的迫切需要。第三次修改共新增加了 7 条，修改了 29 条，主要体现在：

（1）明确了发明、实用新型、外观设计专利的概念。

（2）确立了“禁止重复授权原则”，但新增允许同日对同样的发明创造既申请实用新型专利又申请发明专利。

（3）外观设计专利增加了“禁止许诺销售权”，与发明和实用新型专利的权利保持一致。

（4）增加了专利申请权或者专利权的共有人对权利行使的约定及利益分配。

（5）将在中国完成的“发明创造”向外国申请专利的限定为在中国完成的“发明或者实用新型”，取消了必须在中国先行申请专利的制度，改为提出“保密审查”即可。

（6）进一步规范了专利授权的标准。

（7）将对平面印刷品的图案、色彩或者二者的结合作出的主要起标识作用的设计纳入不属于专利保护的客体。

（8）增加依赖遗传资源的发明创造的各项规定。

（9）进一步调整发明专利或者实用新型专利的强制许可制度。

（10）专利侵权纠纷中，引入实用新型和外观设计专利权评价报告制度，增加了现有技术抗辩原则。

（11）提高专利侵权赔偿数额，确定 1 万元以上 100 万元以下的法定赔偿额区间等。

此次修改的目标是激励创新、保护创新，增强我国核心竞争力。

4. 第四次修改

提高我国自主创新能力、建设创新型国家需要知识产权。加强知识产权保护，加大知识产权执法力度是新态势的要求。因此，自 2012 年起，《专利法》的修改即列入了立法工作计划。第四次修改主要涉及条文共 30 条，其中对现有条文修改 18 条，新增 11 条，删除 1 条。

具体修改主要体现在：

(1)对于成熟产业而言，其产品在外观设计上的改进空间相对较小，创新主要体现在产品局部设计的改进上。增加了对局部外观设计的保护。

(2)完善职务发明制度。

(3)新增诚实信用原则，防止排除或限制竞争，构成垄断行为。

(4)加强专利信息公共服务体系建设，促进专利信息传播与利用。

(5)受新冠肺炎疫情影响，适应新形势而增加新颖性宽限期的适用情形“在国家出现紧急状态或者非常情况时，为公共利益目的首次公开的”。

(6)增加外观设计专利国内优先权。

(7)发明和实用新型专利要求优先权时，提交在先申请文件副本的时间由3个月延长为16个月。

(8)将外观设计专利保护期限延长至15年。

(9)增加发明专利及新药专利保护期限补偿情形。

(10)新增专利开放许可制度，加强专利转化服务。

(11)加大对侵犯专利权的赔偿力度，对故意侵权行为规定1~5倍的惩罚性赔偿，将法定赔偿额上限提高到500万元。

(12)增加诉前行为保全制度。

(13)侵犯专利权及支付临时保护期使用费的诉讼时效由2年调整为3年等。

二、可获得专利保护的客体

我国《专利法》中的“发明创造”包括发明、实用新型、外观设计三种。发明是指对产品、方法或者其改进所提出的新的技术方案。实用新型是指对产品的形状、构造或者其结合所提出的适于实用的新的技术方案。外观设计是指对产品整体或者局部的形状、图案或者其结合以及色彩与形状、图案的结合所作出的富有美感并适于工业应用的新设计。

广义的专利保护的客体为：

《专利法》第5条规定：“对违反法律、社会公德或者妨害公共利益的发明创造，不授予专利权。对违反法律、行政法规的规定获取或者利用遗传资源，并依赖该遗传资源完成的发明创造，不授予专利权。”

例如,用于赌博的设备、机器或工具及其制备方法,用于吸毒的器具,伪造国家货币、票据、证件、文物、公文等的设备,上述发明创造违反法律,都不属于专利保护的客体。

又如,带有暴力凶杀或者淫秽的图片或者照片的外观设计,非医疗目的的人造性器官或者其替代物,人与动物交配的方法,克隆的人或克隆人的方法,人胚胎的工业或商业目的的应用,可能导致动物痛苦而对人或动物的医疗没有实质性益处的改变动物遗传同一性的方法等,上述发明创造违反社会公德,不能被授予专利权。

再如,一种使盗窃者双目失明的防盗装置及方法,因该发明创造以致人伤残或损害财物为手段,故不能被授予专利权;发明创造的实施或使用会严重污染环境、严重浪费能源或资源、破坏生态平衡、危害公众健康的,不能被授予专利权;专利申请的文字或者图案涉及国家重大政治事件或宗教信仰、伤害人民感情或民族感情或者宣传封建迷信的,不能被授予专利权。

《专利法》第 25 条规定:"对下列各项,不授予专利权:(一)科学发现;(二)智力活动的规则和方法;(三)疾病的诊断和治疗方法;(四)动物和植物品种;(五)原子核变换方法以及用原子核变换方法获得的物质;(六)对平面印刷品的图案、色彩或者二者的结合作出的主要起标识作用的设计。对前款第(四)项所列产品的生产方法,可以依照本法规定授予专利权。"

科学发现与发明具有本质区别。科学发现是指对自然界中客观存在的物质、现象、变化过程及其特性和规律的揭示。科学理论是对自然界认识的总结,是更为广义的发现。而发明是应用自然规律解决技术领域中特有问题而提出创新性方案、措施的过程和成果。例如,发现卤化银在光照下有感光特性,这种发现不能被授予专利权,但是根据这种发现制造出的感光胶片以及此感光胶片的制造方法则可以被授予专利权。

智力活动的规则和方法是指导人们进行思维、表述、判断和记忆的规则和方法。由于其没有采用技术手段或者利用自然规律,也未解决技术问题和产生技术效果,因而不构成技术方案。例如,交通行车规则、时间调度表、比赛规则,演绎、推理和运筹的方法,图书分类规则、字典的编排方法、情报检索的方法、专利分类法,日历的编排规则和方法,仪器和设备的操作说明,各种语言的语法、汉字编码方法,计算机的语言及计算规则,速算法或口诀等都不属于专利保护的客体。

疾病的诊断和治疗方法是指以有生命的人体或者动物体为直接实施对象，进行识别、确定或消除病因或病灶的过程。出于人道主义的考虑和社会伦理的原因，医生在诊断和治疗过程中应当有选择各种方法和条件的自由。另外，这类方法直接以有生命的人体或动物体为实施对象，无法在产业上利用，不属于专利法意义上的发明创造。因此，疾病的诊断和治疗方法不能被授予专利权。例如，血压测量法、诊脉法、足诊法、X 光诊断法、超声诊断法、胃肠造影诊断法、内窥镜诊断法、同位素示踪影像诊断法、为预防疾病而实施的各种免疫方法、以治疗为目的的整容、肢体拉伸、减肥、增高方法等不能被授予专利权。但是，用于实施疾病诊断和治疗方法的仪器或装置，以及在疾病诊断和治疗方法中使用的物质或材料属于可被授予专利权的客体。例如，加压导尿管、医疗监护设备、自动血液采集回收机等属于专利保护的客体。

动物和植物是有生命的物体。专利法所称的动物不包括人，所述动物是指不能自己合成，而只能靠摄取自然的碳水化合物及蛋白质来维系其生命的生物。专利法所称的植物，是指可以借助光合作用，以水、二氧化碳和无机盐等无机物合成碳水化合物、蛋白质来维系生存，并通常不发生移动的生物。动物和植物品种可以通过专利法以外的其他法律法规保护。例如，植物新品种可以通过《植物新品种保护条例》给予保护。

原子核变换方法以及用该方法所获得的物质关系到国家的经济、国防、科研和公共生活的重大利益，不宜为单位或私人所垄断，因此不能被授予专利权。

对平面印刷品的图案、色彩或者二者的结合作出的主要起标识作用的设计不授予专利权。平面印刷品的装饰性体现了发明人的创造性劳动，只有当平面印刷品的装饰作用大于标识作用，体现出设计美感时才是专利保护的客体。否则，专利门槛太低，反而不利于技术创新。

具体到三种专利类型保护的客体，又可分为：

发明专利保护的客体可分为：(1)产品发明：通过智力劳动创造的，能以有形形式表现的各种制成品或产品。《专利法》中的产品是指经过产业方法制造的，有确定形状、构造且占据一定空间的实体。(2)方法发明：把一种物品或者物质改变成另一种状态或另一种物品或物质所利用的手段和步骤的发明。(3)改进发明。

实用新型专利保护的客体仅为产品,一切方法及未经人工制造的自然存在的物品都不属于实用新型专利保护的客体。无确定形状的产品,如气态、液态、粉末状、颗粒状的物质或材料,其形状不能作为实用新型产品的形状特征。此外,不能以生物的或者自然形成的形状作为产品的形状特征。例如,不能以植物盆景中植物生长所形成的形状作为产品的形状特征,不能以自然形成的假山形状作为产品的形状特征,不能将以摆放、堆积等方法获得的非确定的形状作为产品的形状特征。

外观设计专利保护的客体为依附于产品上的新设计,因此在判断是否属于外观设计专利保护的客体时,首先要判断的是该设计的载体是否为产品。以下情形,不属于外观设计专利保护的客体:

(1)取决于特定地理条件、不能重复再现的固定建筑物、桥梁等。例如,包括特定的山水在内的山水别墅。

(2)因其包含有气体、液体及粉末状等无固定形状的物质而导致其形状、图案、色彩不固定的产品。

(3)对于由多个不同特定形状或者图案的构件组成的产品,如果构件本身不能单独出售且不能单独使用,则该构件不属于外观设计专利保护的客体。例如,一组由不同形状的插接块组成的拼图玩具,只有将所有插接块共同作为一项外观设计申请时,才属于外观设计专利保护的客体。

(4)不能作用于视觉或者肉眼难以确定,需要借助特定的工具才能分辨其形状、图案、色彩的物品。例如,其图案是在紫外灯照射下才能显现的产品。

(5)要求保护的外观设计不是产品本身常规的形态,如手帕扎成动物形态的外观设计。

(6)以自然物原有形状、图案、色彩作为主体的设计,通常指两种情形,一种是自然物本身,另一种是自然物仿真设计。

(7)纯属美术、书法、摄影范畴的作品。

(8)仅以在其产品所属领域内司空见惯的几何形状和图案构成的外观设计。

(9)文字和数字的字音、字义不属于外观设计保护的内容。

(10)产品通电后显示的图案。例如,电子表表盘显示的图案、手机显示屏上显示的图案、软件界面等。

三、专利的新颖性要求

根据《专利法》第22条第1款的规定，授予专利权的发明和实用新型应当具备新颖性、创造性和实用性，简称“三性”。“三性”的要求是针对发明专利和实用新型专利而言的，不包括外观设计专利。

新颖性是指该发明或者实用新型不属于现有技术，也没有任何单位或者个人就同样的发明或者实用新型在申请日以前向专利局提出过申请，并记载在申请日以后（含申请日）公布的专利申请文件或者公告的专利文件中。

（一）新颖性的定义中的现有技术的含义

根据《专利法》第22条第5款的规定，现有技术是指申请日以前在国内外为公众所知的技术。

时间界限“申请日”是指递交申请的日期，享有优先权的，则指优先权日。申请日以前公开的技术内容都属于现有技术，但申请日当天公开的技术内容不包括在现有技术范围内。

现有技术应当是在申请日以前公众能够得知的技术内容。换句话说，现有技术应当在申请日以前处于能够为公众所获得的状态，并包含能够使公众从中得知实质性技术知识的内容。应当注意，处于保密状态的技术内容不属于现有技术。然而，如果负有保密义务的人违反规定、协议或者默契泄露秘密，导致技术内容公开，使公众能够得知这些技术，这些技术也就构成了现有技术的一部分。

现有技术公开方式包括出版物公开、使用公开和以其他方式公开三种，均无地域限制。

出版物公开既可以是各种印刷的、打字的纸件，如专利文献、科技杂志、科技书籍、学术论文、专业文献、教科书、技术手册、正式公布的会议记录或者技术报告、报纸、产品样本、产品目录、广告宣传册等，也可以是用电、光、磁、照相等方法制成的视听资料，如缩微胶片、影片、照相底片、录像带、磁带、唱片、光盘等，还可以是以其他形式存在的资料，如存在于互联网或其他在线数据库中的资料等。

出版物不受地理位置、语言或者获得方式的限制，也不受年代的限制。出版物的出版发行量多少、是否有人阅读过、申请人是否知道是无关紧要的。

出版物的印刷日视为公开日，有其他证据证明其公开日的除外。印刷日只写明年月或者年份的，以所写月份的最后一日或者所写年份的 12 月 31 日为公开日。

使用公开的方式包括能够使公众得知其技术内容的制造、使用、销售、进口、交换、馈赠、演示、展出等方式。只要通过上述方式使有关技术内容处于公众想得知就能够得知的状态，就构成使用公开，而不取决于是否有公众得知。但是，未给出任何有关技术内容的说明，以致所属技术领域的技术人员无法得知其结构和功能或材料成分的产品展示，不属于使用公开。

如果使用公开的是一种产品，即使所使用的产品或者装置需要经过破坏才能够得知其结构和功能，也仍然属于使用公开。此外，使用公开还包括放置在展台上、橱窗内公众可以阅读的信息资料及直观资料，如招贴画、图纸、照片、样本、样品等。

为公众所知的其他方式，主要是指口头公开等。例如，口头交谈、报告、讨论会发言、广播、电视、电影等能够使公众得知技术内容的方式。口头交谈、报告、讨论会发言以其发生之日为公开日。公众可接收的广播、电视或电影的报道，以其播放日为公开日。

（二）新颖性审查原则

审查新颖性时，应当根据以下原则进行判断：

（1）同样的发明或者实用新型

被审查的发明或者实用新型专利申请与现有技术或者申请日前由任何单位或者个人向专利局提出申请并在申请日后（含申请日）公布或公告的（以下简称申请在先公布或公告在后的）发明或者实用新型的相关内容相比，如果其技术领域、所解决的技术问题、技术方案和预期效果实质上相同，则认为两者为同样的发明或者实用新型。需要注意的是，在进行新颖性判断时，审查员首先应当判断被审查专利申请的技术方案与对比文件的技术方案是否实质上相同，如果专利申请与对比文件公开的内容相比，其权利要求所限定的技术方案与对比文件公开的技术方案实质上相同，所属技术领域的技术人员根据两者的技术方案可以确定两者能够适用于相同的技术领域，解决相同的技术问题，并具有相同的预期效果，则认为两者为同样的发明或者实用新型。

（2）单独对比

判断新颖性时，应当将发明或者实用新型专利申请的各项权利要求分别与每一项现有技术或申请在先公布或公告在后的发明或实用新型的相关技术内容单独地进行比较，不得将其与几项现有技术或者申请在先公布或公告在后的发明或者实用新型内容的组合，或者与一份对比文件中的多项技术方案的组合进行对比，即判断发明或者实用新型专利申请的新颖性适用单独对比的原则。这与发明或者实用新型专利申请创造性的判断方法有所不同。

（三）优先权

根据《专利法》第29条的规定，申请人就相同主题的发明或者实用新型在外国第一次提出专利申请之日起12个月内，又在中国提出申请的，依照该国同中国签订的协议或者共同参加的国际条约，或者依照相互承认优先权的原则，可以享有优先权。这种优先权称为外国优先权。

申请人就相同主题的发明或者实用新型在中国第一次提出专利申请之日起12个月内，又以该发明专利申请为基础向专利局提出发明专利申请或者实用新型专利申请的，或者又以该实用新型专利申请为基础向专利局提出实用新型专利申请或者发明专利申请的，可以享有优先权。这种优先权称为本国优先权。

（四）不丧失新颖性的宽限期

《专利法》第24条规定，申请专利的发明创造在申请日以前6个月内，有下列情形之一的，不丧失新颖性：

（1）在中国政府主办或者承认的国际展览会上首次展出的；

（2）在规定的学术会议或者技术会议上首次发表的；

（3）他人未经申请人同意而泄露其内容的。

关于上述三种情况的审查适用《专利审查指南》第一部分第一章第6.3节的规定。

申请专利的发明创造在申请日以前6个月内，发生《专利法》第24条规定的三种情形之一的，该申请不丧失新颖性，即这三种情况不构成影响该申请的现有技术。所说的6个月期限，称为宽限期，或者称为优惠期。

（五）化学领域新颖性判断

1. 化合物的新颖性

（1）专利申请要求保护一种化合物的，如果在一份对比文件中记载了化合物的化学名称、分子式（或结构式）等结构信息，使所属技术领域的技术人员认为要求保护的化合物已经被公开，则该化合物不具备新颖性，但申请人能提供证据证明在申请日之前无法获得该化合物的除外。

如果依据一份对比文件中记载的结构信息不足以认定要求保护的化合物与对比文件公开的化合物之间的结构异同，但在结合该对比文件记载的其他信息，包括物理化学参数、制备方法和效果实验数据等进行综合考量后，所属技术领域的技术人员有理由推定二者实质相同，则要求保护的化合物不具备新颖性，除非申请人能提供证据证明结构确有差异。

(2)不能破坏该通式中一个具体化合物的新颖性。一个具体化合物的公开使包括该具体化合物的通式权利要求丧失新颖性，但不影响该通式所包括的除该具体化合物以外的其他化合物的新颖性。一系列具体的化合物能破坏该系列中相应的化合物的新颖性。一个范围的化合物(如 C1～C4)能破坏该范围内两端具体化合物(C1 和 C4)的新颖性，但若 C4 化合物有几种异构体，则 C1～C4 化合物不能破坏每个单独异构体的新颖性。

(3)天然物质的存在本身并不能破坏该发明物质的新颖性，只有对比文件中公开的与发明物质的结构和形态一致或者直接等同的天然物质，才能破坏该发明物质的新颖性。

2. 组合物的新颖性

(1)仅涉及组分时的新颖性判断

一份对比文件公开了由组分(A+B+C)组成的组合物甲：

a. 如果发明专利申请为组合物乙(组分：A+B)，并且权利要求采用封闭式撰写形式，如“由 A+B 组成”，即使该发明与组合物甲所解决的技术问题相同，该权利要求仍有新颖性。

b. 如果上述发明组合物乙的权利要求采用开放式撰写形式，如“含有 A+B”，且该发明与组合物甲所解决的技术问题相同，则该权利要求无新颖性。

c. 如果上述发明组合物乙的权利要求采取排除法撰写形式，即指明不含 C，则该权利要求仍有新颖性。

(2)涉及组分含量时的新颖性判断

如果要求保护的发明或者实用新型中存在以数值或者连续变化的数值范围限定的技术特征，如部件的尺寸、温度、压力以及组合物的组分含量，而其余技术特征与对比文件相同，则其新颖性的判断应当依照以下各项规定。

(a)对比文件公开的数值或者数值范围落在上述限定的技术特征的数值范围内,将破坏要求保护的发明或者实用新型的新颖性。

【例1】

专利申请的权利要求为一种铜基形状记忆合金,包含10% ~35%(重量)的锌和2% ~8%(重量)的铝,余量为铜。如果对比文件公开了包含20%(重量)锌和5%(重量)铝的铜基形状记忆合金,则上述对比文件破坏该权利要求的新颖性。

【例2】

专利申请的权利要求为一种热处理台车窑炉,其拱衬厚度为100~400毫米。如果对比文件公开了拱衬厚度为180~250毫米的热处理台车窑炉,则该对比文件破坏该权利要求的新颖性。

(b)对比文件公开的数值范围与上述限定的技术特征的数值范围部分重叠或者有一个共同的端点,将破坏要求保护的发明或者实用新型的新颖性。

【例1】

专利申请的权利要求为一种等离子喷涂方法,喷涂时的喷枪功率为20~50kW。如果对比文件公开了喷枪功率为50~80kW的等离子喷涂方法,因为具有共同的端点50kW,则该对比文件破坏该权利要求的新颖性。

(c)对比文件公开的数值范围的两个端点将破坏上述限定的技术特征为离散数值并且具有该两端点中任一个的发明或者实用新型的新颖性,但不破坏上述限定的技术特征为该两端点之间任一数值的发明或者实用新型的新颖性。

【例1】

专利申请的权利要求为一种氮化硅陶瓷的生产方法,其烧成时间为1~10小时。如果对比文件公开的氮化硅陶瓷的生产方法中的烧成时间为4~12小时,由于烧成时间在4~10小时的范围内重叠,则该对比文件破坏该权利要求的新颖性。

(d)上述限定的技术特征的数值或者数值范围落在对比文件公开的数值范围内，并且与对比文件公开的数值范围没有共同的端点，则对比文件不破坏要求保护的发明或者实用新型的新颖性。

【例1】

专利申请的权利要求为一种内燃机用活塞环，其活塞环的圆环直径为95毫米，如果对比文件公开了圆环直径为70~105毫米的内燃机用活塞环，则该对比文件不破坏该权利要求的新颖性。

3. 用物理化学参数或者用制备方法表征的化学产品的新颖性

(1)对于用物理化学参数表征的化学产品权利要求，如果无法依据所记载的参数对由该参数表征的产品与对比文件公开的产品进行比较，从而不能确定采用该参数表征的产品与对比文件产品的区别，则推定用该参数表征的产品权利要求不具备《专利法》第22条第2款所述的新颖性。

(2)对于用制备方法表征的化学产品权利要求，其新颖性审查应针对该产品本身进行，而不是仅仅比较其中的制备方法是否与对比文件公开的方法相同。制备方法不同并不一定导致产品本身不同。

如果申请没有公开可与对比文件公开的产品进行比较的参数以证明该产品的不同之处，而仅仅是制备方法不同，也没有表明由于制备方法上的区别而为产品带来任何功能、性质上的改变，则推定该方法表征的产品权利要求不具备《专利法》第22条第2款所述的新颖性。

4. 化学产品用途发明的新颖性

一种新产品的用途发明由于该产品是新的而自然具有新颖性。

一种已知产品不能因为提出了某一新的应用而被认为是一种新的产品。例如，产品X作为洗涤剂是已知的，那么一种用作增塑剂的产品X不具有新颖性。但是，如果一项已知产品的新用途本身是一项发明，则已知产品不能破坏该新用途的新颖性。这样的用途发明属于使用方法发明，因为发明的实质不在于产品本身，而在于如何去使用它。例如，上述原先作为洗涤剂的产品X，后来有人研究发现将它配以某种添加剂后能作为增塑剂用，那么如何配制、选择什么添加剂、配比多少等就是使用方法的技术特征。这时,审查员应当评价该使用方法本身是否具备新颖性,而不能凭产品 X 是已知的认定该使用方法不具备新颖性。

对于涉及化学产品的医药用途发明,其新颖性审查应考虑以下几个方面:

(1)新用途与原已知用途是否实质上不同。仅仅表述形式不同而实质上属于相同用途的发明不具备新颖性。

(2)新用途是否为原已知用途的作用机理、药理作用所直接揭示。与原作用机理或者药理作用直接等同的用途不具有新颖性。

(3)新用途是否属于原已知用途的上位概念。已知下位用途可以破坏上位用途的新颖性。

(4)给药对象、给药方式、途径、用量及时间间隔等与使用有关的特征是否对制药过程具有限定作用。仅仅体现在用药过程中的区别特征不能使该用途具有新颖性。

四、专利的创造性要求及审查

1. 专利的创造性要求

创造性是指与现有技术相比,该发明有突出的实质性特点和显著的进步。《专利审查指南》中对发明的创造性审查作了规定。

发明有突出的实质性特点是指对于所属技术领域的技术人员来说,发明相对于现有技术是非显而易见的。如果发明是所属技术领域的技术人员在现有技术的基础上仅仅通过合乎逻辑的分析、推理或者有限的试验可以得到的,则该发明是显而易见的,也就不具备突出的实质性特点。

发明有显著的进步是指发明与现有技术相比能够产生有益的技术效果。例如,发明克服了现有技术中存在的缺点和不足,或者为解决某一技术问题提供了一种不同构思的技术方案,或者代表某种新的技术发展趋势。

所属技术领域的技术人员,也可称为本领域的技术人员,是指一种假设的"人",假定他知晓申请日或者优先权日之前发明所属技术领域所有的普通技术知识,能够获知该领域中所有的现有技术,并且具有应用该日期之前常规实验手段的能力,但他不具有创造能力。

2. 专利的创造性审查

与新颖性"单独对比"的审查原则不同,审查创造性时,将一份或者多份现有技术中的不同的技术内容组合在一起对要求保护的发明进行评价。

创造性的审查,一般运用的是“三步法”:

(1)确定最接近的现有技术

最接近的现有技术是指现有技术中与要求保护的发明最密切相关的一个技术方案,它是判断发明是否具有突出的实质性特点的基础。最接近的现有技术,如可以是,与要求保护的发明技术领域相同,所要解决的技术问题、技术效果或者用途最接近和/或公开了发明的技术特征最多的现有技术,或者虽然与要求保护的发明技术领域不同,但能够实现发明的功能,并且公开发明的技术特征最多的现有技术。

应当注意的是,在确定最接近的现有技术时,应首先考虑技术领域相同或相近的现有技术。

(2)确定发明的区别特征和发明实际解决的技术问题

在审查中应当客观分析并确定发明实际解决的技术问题。为此,首先应当分析要求保护的发明与最接近的现有技术相比有哪些区别特征,然后根据该区别特征所能达到的技术效果确定发明实际解决的技术问题。从这个意义上说,发明实际解决的技术问题是指为获得更好的技术效果而需对最接近的现有技术进行改进的技术任务。

在审查过程中,由于审查员所认定的最接近的现有技术可能不同于申请人在说明书中所描述的现有技术,因此基于最接近的现有技术重新确定的该发明实际解决的技术问题,可能不同于说明书中所描述的技术问题;在这种情况下,应当根据审查员所认定的最接近的现有技术重新确定发明实际解决的技术问题。

重新确定的技术问题可依据每项发明的具体情况而定。这其中的一个原则是,发明的任何技术效果都可以作为重新确定技术问题的基础,只要本领域的技术人员从该申请说明书中所记载的内容能够得知该技术效果即可。

(3)判断要求保护的发明对本领域的技术人员来说是否显而易见

在该步骤中,要从最接近的现有技术和发明实际解决的技术问题出发,判断要求保护的发明对于本领域的技术人员来说是否显而易见。在判断过程中,要确定的是现有技术整体上是否存在某种技术启示,即现有技术中是否给出将上述区别特征应用到该最接近的现有技术以解决其存在的技术问题(发明实际解决的技术问题)的启示,这种启示会使本领域的技术人员在面对所述技术问题时,有动机改进该最接近的现有技术并获得要求保护的发明。如果现有技术存在这种技术启示,则发明是显而易见的,不具有突出的实质性特点。

下述情况,通常认为现有技术中存在上述技术启示:

①所述区别特征为公知常识。例如,本领域中解决该重新确定的技术问题的惯用手段,或者教科书或工具书等中披露的解决该重新确定的技术问题的技术手段。

②所述区别特征为与最接近的现有技术相关的技术手段。例如,同一份对比文件其他部分披露的技术手段,该技术手段在该其他部分所起的作用与该区别特征在要求保护的发明中为解决该重新确定的技术问题所起的作用相同。

③所述区别特征为另一份对比文件中披露的相关技术手段,该技术手段在该对比文件中所起的作用与该区别特征在要求保护的发明中为解决该重新确定的技术问题所起的作用相同。

3. 创造性判断示例

【例 1】

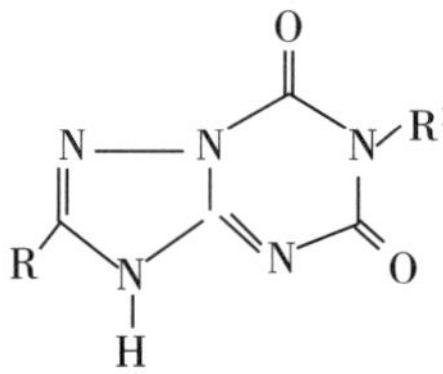

现有技术:(Ia)

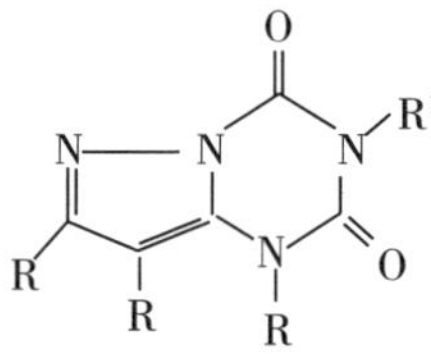

申请:(Ib)

(Ⅰb)与(Ⅰa)的母核结构不同,但二者具有相同的用途。所属技术领域的技术人员通常认为结构接近的化合物具有相同或类似的用途,且结构接近通常是指化合物具有相同的基本核心部分或者基本的环。现有技术中不存在对(Ⅰa)的基本的环进行改造以获得(Ⅰb)且用途不变的技术启示,故(Ⅰb)具有创造性。

【例2】

现有技术：$H_2N-C_6H_4-SO_2NHR_1$（Ⅱa）

申请：$H_2N-C_6H_4-SO_2-NHCONHR_1$（Ⅱb）

（Ⅱb）是在（Ⅱa）NHR_1 结构片段中插入了—CONH—，二者用途完全不同，（Ⅱa）磺胺是抗菌素，（Ⅱb）磺酰脲是抗糖尿药。所属技术领域的技术人员没有动机将抗菌素中的 R_1 改造为 $CONHR_1$ 以获得抗糖尿药，故（Ⅱb）具有创造性。

【例3】

现有技术：$H_2N-C_6H_4-SO_2NHCONHR_1$（Ⅲa）

申请：$H_3C-C_6H_4-SO_2NHCONHR_1$（Ⅲb）

（Ⅲa）氨基－磺酰脲与（Ⅲb）甲基－磺酰脲之间仅存在 NH_2 与 CH_3 的结构差异，二者均为抗糖尿药，且效果相当，（Ⅲb）相对于（Ⅲa）为所属技术领域提供了另一种抗糖尿药。由于 NH_2 与 CH_3 是经典一价电子等排体，所属技术领域的技术人员为获得相同或相当的抗糖尿活性有动机进行这种电子等排体置换，故（Ⅲb）无创造性。

五、专利的实用性要求

实用性是指发明或者实用新型申请的主题必须能够在产业上制造或者使用，并且能够产生积极效果。

“能够制造或者使用”是指发明或者实用新型的技术方案具有在产业中被制造或使用的可能性。满足实用性要求的技术方案不能违背自然规律并且应当具有再现性，如永动机，必然是不具备实用性的。

实用性还要求发明或者实用新型专利申请的技术方案应当能够产生预期的积极效果。明显无益、脱离社会需要的发明或者实用新型专利申请的技术方案不具备实用性。不适于在产业上制造和不能重复实施的菜肴，不具备实用性，不能被授予专利权。

举例而言，依赖于厨师的技术、创作等不确定因素导致不能重复实施的烹调方法不适于在产业上应用，也不具备实用性，不能被授予专利权。医生处方，指医生根据具体病人的病情所开的药方。医生处方和医生对处方的调剂以及仅仅根据医生处方配药的过程，均没有工业实用性，不能被授予专利权。

六、说明书和权利要求书要求

（一）说明书应当满足的要求

《专利法》第26条第3款规定，说明书应当对发明或者实用新型作出清楚、完整的说明，以所属技术领域的技术人员能够实现为准。

说明书对发明或者实用新型作出的清楚、完整的说明，应当达到所属技术领域的技术人员能够实现的程度。也就是说，说明书应当满足充分公开发明或者实用新型的要求。

关于“所属技术领域的技术人员”的含义，适用《专利审查指南》第二部分第四章第2.4节的规定。

1. 清楚

说明书的内容应当清楚，具体应满足下述要求：

①主题明确。说明书应当从现有技术出发，明确地反映出发明或者实用新型想要做什么和如何去做，使所属技术领域的技术人员能够确切地理解该发明或者实用新型要求保护的主题。换句话说，说明书应当写明发明或者实用新型所要解决的技术问题以及解决其技术问题所采用的技术方案，并对照现有技术写明发明或者实用新型的有益效果。上述技术问题、技术方案和有益效果应当相互适应，不得出现相互矛盾或不相关联的情形。

②表述准确。说明书应当使用发明或者实用新型所属技术领域的技术术语。说明书的表述应当准确地表达发明或者实用新型的技术内容，不得含混不清或者模棱两可，以致所属技术领域的技术人员不能清楚、正确地理解该发明或者实用新型。

2. 完整

完整的说明书应当包括有关理解、实现发明或者实用新型所需的全部技术内容。

一份完整的说明书应当包含下列各项内容：

①帮助理解发明或者实用新型不可缺少的内容。例如，有关所属技术领域、背景技术状况的描述以及说明书有附图时的附图说明等。

②确定发明或者实用新型具有新颖性、创造性和实用性所需的内容。例如，发明或者实用新型所要解决的技术问题，解决其技术问题所采用的技术方案和发明或者实用新型的有益效果。

③实现发明或者实用新型所需的内容。例如，为解决发明或者实用新型的技术问题而采用的技术方案的具体实施方式。

对于克服了技术偏见的发明或者实用新型，说明书中还应当解释为什么说该发明或者实用新型克服了技术偏见、新的技术方案与技术偏见之间的差别以及为克服技术偏见所采用的技术手段。

应当指出，凡是所属技术领域的技术人员不能从现有技术中直接、唯一地得出的有关内容，均应当在说明书中描述。

3. 能够实现

所属技术领域的技术人员能够实现，是指所属技术领域的技术人员按照说明书记载的内容，就能够实现该发明或者实用新型的技术方案，解决其技术问题，并且产生预期的技术效果。

说明书应当清楚地记载发明或者实用新型的技术方案，详细地描述实现发明或者实用新型的具体实施方式，完整地公开对于理解和实现发明或者实用新型必不可少的技术内容，达到所属技术领域的技术人员能够实现该发明或者实用新型的程度。审查员如果有合理的理由质疑发明或者实用新型没有达到充分公开的要求，则应当要求申请人予以澄清。

以下各种情况由于缺乏解决技术问题的技术手段而被认为无法实现：

①说明书中只给出任务和/或设想，或者只表明一种愿望和/或结果，而未给出任何使所属技术领域的技术人员能够实施的技术手段。

②说明书中给出了技术手段，但对于所属技术领域的技术人员来说，该手段是含混不清的，根据说明书记载的内容无法具体实施。

③说明书中给出了技术手段，但所属技术领域的技术人员采用该手段并不能解决发明或者实用新型所要解决的技术问题。

④申请的主题为由多个技术手段构成的技术方案，对于其中一个技术手段，所属技术领域的技术人员按照说明书记载的内容并不能实现。

⑤说明书中给出了具体的技术方案，但未给出实验证据，而该方案又必须依赖实验结果加以证实才能成立。例如，对于已知化合物的新用途发明，通常情况

下,需要在说明书中给出实验证据来证实其所述的用途以及效果,否则将无法达到能够实现的要求。

(二)权利要求书应当满足的要求

《专利法》第26条第4款规定,权利要求书应当以说明书为依据,清楚、简要地限定要求专利保护的范围。《专利法实施细则》第19条第1款规定,权利要求书应当记载发明或者实用新型的技术特征。

1. 以说明书为依据

权利要求书应当以说明书为依据是指权利要求应当得到说明书的支持。权利要求书中的每一项权利要求所要求保护的技术方案应当是所属技术领域的技术人员能够从说明书充分公开的内容中得到或概括得出的技术方案,并且不得超出说明书公开的范围。

权利要求通常由说明书记载的一个或者多个实施方式或实施例概括而成。权利要求的概括应当不超出说明书公开的范围。如果所属技术领域的技术人员可以合理预测说明书给出的实施方式的所有等同替代方式或明显变形方式都具备相同的性能或用途,则应当允许申请人将权利要求的保护范围概括至覆盖其所有的等同替代或明显变形的方式。对于权利要求概括得是否恰当,审查员应当参照与之相关的现有技术进行判断。开拓性发明可以比改进性发明有更宽的概括范围。

对于用上位概念概括或用并列选择方式概括的权利要求,应当审查这种概括是否得到说明书的支持。如果权利要求的概括包含申请人推测的内容,而其效果又难以预先确定和评价,应当认为这种概括超出了说明书公开的范围。如果权利要求的概括使所属技术领域的技术人员有理由怀疑该上位概括或并列概括所包含的一种或多种下位概念或选择方式不能解决发明或者实用新型所要解决的技术问题,并达到相同的技术效果,则应当认为该权利要求没有得到说明书的支持。对于这些情况,审查员应当根据《专利法》第26条第4款的规定,以权利要求得不到说明书的支持为理由,要求申请人修改权利要求。

2. 清楚

权利要求书是否清楚,对于确定发明或者实用新型要求保护的范围是极为重要的。

权利要求书应当清楚,是指每一项权利要求应当清楚,构成权利要求书的所有权利要求作为一个整体也应当清楚。

①每项权利要求的类型应当清楚。权利要求的主题名称应当能够清楚地表明该权利要求的类型是产品权利要求还是方法权利要求。不允许采用模糊不清的主题名称,如“一种……技术”,或者在一项权利要求的主题名称中既包含产品又包含方法,如“一种……产品及其制造方法”。权利要求的主题名称还应当与权利要求的技术内容相适应。

产品权利要求适用于产品发明或者实用新型,通常应当用产品的结构特征来描述。特殊情况下,当产品权利要求中的一个或多个技术特征无法用结构特征予以清楚地表征时,允许借助物理或化学参数表征;当无法用结构特征并且也不能用参数特征予以清楚地表征时,允许借助于方法特征表征。使用参数表征时,所使用的参数必须是所属技术领域的技术人员根据说明书的教导或通过所属技术领域的惯用手段可以清楚而可靠地加以确定的。

方法权利要求适用于方法发明,通常应当用工艺过程、操作条件、步骤或者流程等技术特征来描述。

用途权利要求属于方法权利要求。但应当注意从权利要求的撰写措辞上区分用途权利要求和产品权利要求。例如,“用化合物×作为杀虫剂”或者“化合物×作为杀虫剂的应用”是用途权利要求,属于方法权利要求,而“用化合物×制成的杀虫剂”或者“含化合物×的杀虫剂”,则不是用途权利要求,而是产品权利要求。

②每项权利要求所确定的保护范围应当清楚。权利要求的保护范围应当根据其所用词语的含义来理解。一般情况下,权利要求中的用词应当理解为相关技术领域通常具有的含义。在特定情况下,如果说明书中指明了某词具有特定的含义,并且使用了该词的权利要求的保护范围由于说明书中对该词的说明而被限定得足够清楚,这种情况也是允许的。但此时也应要求申请人尽可能修改权利要求,使得根据权利要求的表述即可明确其含义。

权利要求中不得使用含义不确定的用语,如“厚”“薄”“强”“弱”“高温”“高压”“很宽范围”等,除非这种用语在特定技术领域中具有公认的确切含义,如放大器中的“高频”。对没有公认含义的用语,如果可能,应选择说明书中记载的更为精确的措辞替换上述不确定的用语。

权利要求中不得出现“例如”“最好是”“尤其是”“必要时”等类似用语,因为这类用语会在一项权利要求中限定出不同的保护范围，导致保护范围不清楚。当权利要求中出现某一上位概念后面跟一个由上述用语引出的下位概念时，应当要求申请人修改权利要求，允许其在该权利要求中保留其中之一，或将两者分别在两项权利要求中予以限定。

一般情况下，权利要求中不得使用"约""接近""等""或类似物"等类似用语，因为这类用语通常会使权利要求的范围不清楚。当权利要求中出现这类用语时，审查员应当针对具体情况判断使用该用语是否会导致权利要求不清楚，如果不会，则允许。

除附图标记或者化学式及数学式中使用的括号之外，权利要求中应尽量避免使用括号，以免造成权利要求不清楚，如"(混凝土)模制砖"。然而，具有通常可接受含义的括号是允许的，如"(甲基)丙烯酸酯"，"含有 10% ~60%(重量)的 A"。

③构成权利要求书的所有权利要求作为一个整体也应当清楚，这是指权利要求之间的引用关系应当清楚。

3. 简要

权利要求书应当简要，是指每一项权利要求应当简要，构成权利要求书的所有权利要求作为一个整体也应当简要。例如，一件专利申请中不得出现两项或两项以上保护范围实质上相同的同类权利要求。

权利要求的数目应当合理。在权利要求书中，允许有合理数量的限定发明或者实用新型优选技术方案的从属权利要求。

权利要求的表述应当简要，除记载技术特征外，不得对原因或者理由作不必要的描述，也不得使用商业性宣传用语。

为避免权利要求之间相同内容的不必要重复，在可能的情况下，权利要求应尽量采取引用在前权利要求的方式撰写。

七、化工领域发明专利申请的特殊规定

化工领域发明专利申请的审查存在许多特殊的问题。例如，在多数情况下，化学发明能否实施往往难以预测，必须借助于实验结果加以证实才能得到确认；有的化学产品的结构尚不清楚，不得不借助于性能参数和/或制备方法来定义；发现已知化学产品新的性能或用途并不意味着其结构或组成的改变，因此不能

视为新的产品;某些涉及生物材料的发明仅仅按照说明书的文字描述很难实现,必须借助于保藏生物材料作为补充手段。

(一)不授予专利权的化学发明专利申请

1. 天然物质

人们从自然界找到以天然形态存在的物质,仅仅是一种发现,属于《专利法》第25条第1款第1项规定的"科学发现",不能被授予专利权。

2. 物质的医药用途

物质的医药用途如果是用于诊断或治疗疾病,则因属于《专利法》第25条第1款第3项规定的情形,不能被授予专利权。但是,如果它们用于制造药品,则可依法被授予专利权。

(二)化学产品发明的充分公开要求

这里所称的化学产品包括化合物、组合物以及用结构和/或组成不能够清楚描述的化学产品。要求保护的发明为化学产品本身的,说明书中应当记载化学产品的确认、化学产品的制备以及化学产品的用途。

1. 化学产品的确认

对于化合物发明,说明书中应当说明该化合物的化学名称及结构式(包括各种官能基团、分子立体构型等)或者分子式,对化学结构的说明应当明确到使本领域的技术人员能确认该化合物的程度;并应当记载与发明要解决的技术问题相关的化学、物理性能参数(如各种定性或者定量数据和谱图等),使要求保护的化合物能被清楚地确认。此外,对于高分子化合物,除了应当对其重复单元的名称、结构式或者分子式按照对上述化合物的相同要求进行记载,还应当对其分子量及分子量分布、重复单元排列状态(如均聚、共聚、嵌段、接枝等)等要素作适当的说明;如果这些结构要素未能完全确认该高分子化合物,则还应当记载其结晶度、密度、二次转变点等性能参数。

对于组合物发明,说明书中除了应当记载组合物的组分,还应当记载各组分的化学和/或物理状态、各组分可选择的范围、各组分的含量范围及其对组合物性能的影响等。

对于仅用结构和/或组成不能够清楚描述的化学产品,说明书中应当进一步使用适当的化学、物理参数和/或制备方法对其进行说明,使要求保护的化学产品能被清楚地确认。

2. 化学产品的制备

对于化学产品发明,说明书中应当记载至少一种制备方法,说明实施所述方法所用的原料物质、工艺步骤和条件、专用设备等,使本领域的技术人员能够实施。对于化合物发明,通常需要有制备实施例。

3. 化学产品的用途和/或使用效果

对于化学产品发明,应当完整地公开该产品的用途和/或使用效果,即使是结构首创的化合物,也应当至少记载一种用途。

如果所属技术领域的技术人员无法根据现有技术预测发明能够实现所述用途和/或使用效果,则说明书中还应当记载对于本领域技术人员来说,足以证明发明的技术方案可以实现所述用途和/或达到预期效果的定性或者定量实验数据。

对于新的药物化合物或者药物组合物,应当记载其具体医药用途或者药理作用,同时还应当记载其有效量及使用方法。如果本领域技术人员无法根据现有技术预测发明能够实现所述医药用途、药理作用,则应当记载对于本领域技术人员来说,足以证明发明的技术方案可以解决预期要解决的技术问题或者达到预期的技术效果的实验室试验(包括动物试验)或者临床试验的定性或者定量数据。说明书对于有效量和使用方法或者制剂方法等应当记载至所属技术领域的技术人员能够实施的程度。

对于表示发明效果的性能数据,如果现有技术中存在导致不同结果的多种测定方法,则应当说明测定它的方法,若为特殊方法,应当详细加以说明,使所属技术领域的技术人员能实施该方法。

(三)化学方法发明的充分公开要求

对于化学方法发明,无论是物质的制备方法还是其他方法,均应当记载方法所用的原料物质、工艺步骤和工艺条件,必要时还应当记载方法对目的物质性能的影响,使所属技术领域的技术人员按照说明书中记载的方法去实施时能够解决该发明要解决的技术问题。

对于化学方法所用的原料物质,应当说明其成分、性能、制备方法或者来源,使得本领域技术人员能够得到。

(四)化学产品用途发明的充分公开要求

对于化学产品用途发明,在说明书中应当记载所使用的化学产品、使用方法及所取得的效果,使得本领域技术人员能够实施该用途发明。如果所使用的产品是新的化学产品,则说明书对于该产品的记载应当满足新颖性的相关要求。如果本领域的技术人员无法根据现有技术预测该用途,则应当记载对于本领域的技术人员来说,足以证明该物质可以用于所述用途并能解决所要解决的技术问题或者达到所述效果的实验数据。

(五)关于实施例的支撑

由于化学属于实验性学科,多数发明需要经过实验证明,因此说明书中通常应当包括实施例,如产品的制备和应用实施例。

说明书中实施例的数目,取决于权利要求的技术特征的概括程度,如并列选择要素的概括程度和数据的取值范围;在化学发明中,根据发明的性质不同,具体技术领域不同,对实施例数目的要求也不完全相同。一般的原则是,应当能足以理解发明如何实施,并足以判断在权利要求所限定的范围内都可以实施并取得所述的效果。

(六)化学发明的权利要求

1. 化合物权利要求

化合物权利要求应当用化合物的名称或者化合物的结构式或分子式来表征。化合物应当按通用的命名法来命名,不允许用商品名或者代号;化合物的结构应当是明确的,不能用含混不清的措辞。

2. 组合物权利要求

根据《专利法实施细则》第 21 条第 2 款的规定,发明的性质不适合将独立权利要求分为前序和特征两部分撰写的,独立权利要求可以用其他方式撰写。组合物权利要求一般属于这种情况。

组合物权利要求应当用组合物的组分或者组分和含量等组成特征来表征。组合物权利要求分开放式和封闭式两种表达方式。开放式表示组合物中并不排除权利要求中未指出的组分;封闭式则表示组合物中仅包括所指出的组分而排除所有其他的组分。

3. 仅用结构和/或组成特征不能清楚表征的化学产品权利要求

对于仅用结构和/或组成特征不能清楚表征的化学产品权利要求，允许进一步采用物理—化学参数和/或制备方法来表征。

①允许用物理—化学参数来表征化学产品权利要求的情况：仅用化学名称或者结构式或者组成不能清楚表征的结构不明的化学产品。参数必须是清楚的。

②允许用制备方法来表征化学产品权利要求的情况：用制备方法之外的其他特征不能充分表征的化学产品。

4. 化学方法权利要求

化学领域中的方法发明，无论是制备物质的方法还是其他方法（如物质的使用方法、加工方法、处理方法等），其权利要求可以用涉及工艺、物质以及设备的方法特征来进行限定。

①涉及工艺的方法特征包括工艺步骤（也可以是反应步骤）和工艺条件，如温度、压力、时间、各工艺步骤中所需的催化剂或者其他助剂等。

②涉及物质的方法特征包括该方法中所采用的原料和产品的化学成分、化学结构式、理化特性参数等。

③涉及设备的方法特征包括该方法所专用的设备类型及其与方法发明相关的特性或者功能等。

对于一项具体的方法权利要求来说，根据方法发明要求保护的主题不同、所解决的技术问题不同以及发明的实质或者改进不同，选用上述三种技术特征的重点可以各不相同。

5. 用途权利要求

化学产品的用途发明是基于发现产品新的性能，并利用此性能而作出的发明。无论是新产品还是已知产品，其性能是产品本身所固有的，用途发明的本质不在于产品本身，而在于产品性能的应用。因此，用途发明是一种方法发明，其权利要求属于方法类型。

如果利用一种产品 A 而发明了一种产品 B，那么自然应当以产品 B 本身申请专利，其权利要求属于产品类型，不作为用途权利要求。

第二节　美国专利制度介绍

1790年，美国国会通过了首部专利法，称为"促进实用技艺进步法案"。现行专利法于2004年12月10日通过。美国主管专利的部门是美国专利和商标局(United States Patent and Trademark Office，USPTO)。

一、美国专利的类型

1. 发明专利(Utility Patent)

凡发明或发现任何新颖而适用的方法、机器、产品、物质组合物或其任何新颖而适用的改进者，可以按照规定的条件和要求取得对于该发明的权利。

其中，所谓方法，是指方法、技艺或制法，也包括对已知的方法、机器、制造品、物质组合物或材料的新的利用；所谓机器，是指零件或成分构成的工具，并可以产生一定的效果；所谓产品，是指一切人工或机器加工材料而形成的物品；所谓物质组合物，是指两种或更多种物品采用化学方法或机械方法合成的物品，如气体、液体、粉末、固体等。

2. 植物专利(Plant Patent)

任何人发明或发现和利用无性繁殖培植出任何独特而新颖的植物品种，包括培植出的变形芽、变体、杂交以及新发现的种子苗(但不包括由块茎繁殖的植物，或在非栽培状态下发现的植物)，可以按照规定的条件和要求取得对于该植物的权利。

3. 外观设计专利(Patent for Design)

任何人发明制造品的新颖、独创和装饰性的外观设计，均可按照规定的条件和要求取得对于该项外观设计的权利。

二、专利保护期限

美国发明专利的保护期限是自申请日起20年,外观设计的保护期限是自核准日起15年,植物专利的保护期限是自申请日起20年。

三、专利申请规则

1. 先申请原则

美国专利制度在之前采取的是先发明原则,之后美国修改了法律,把先发明原则修改为先申请原则,与世界发达国家采取一样的申请原则,现行法律采用的是先申请原则。

先发明原则是指同样的发明创造的权授予较先作出发明的人。它与先申请原则截然不同,后者规定同样的发明创造的权授予较先提出申请的人(自然人或法人)。

2. 正式申请与临时申请

临时申请不进行审查,但在1年内必须转成正式申请,或者以此临时申请为优先权提出新的正式申请。因为不对临时申请进行审查,所以临时申请的要求比较低,发明人可以在发明没有完善的情况下提出临时申请,在1年内完成了发明后再提出正式申请。如果申请人提出临时申请1年后没有再提出正式申请,则该临时申请视为放弃。

3. 实质审查原则

美国的正式申请,无论是发明专利、植物专利,还是外观设计专利,都要进行实质审查,即美国实行全部审查制。其中发明专利的审查周期一般为2~3年,外观设计专利的审查周期一般为1.5年左右。

4. 申请途径

《巴黎公约》是《保护工业产权巴黎公约》(*Paris Convention for The Protection of Industrial Property*)的简称,申请人可以以本国申请作为在先申请向《巴黎公约》成员国国家直接提交专利申请,提交前述专利申请的时限是最早优先权日起12个月内。

根据《专利合作条约》(*Patent Cooperation Treaty*,PCT)的规定,申请人可以通过PCT途径递交国际申请,指定PCT成员国,通过PCT途径向国外申请专利,即在缔约国申请的在先申请日(最早优先权日)起 12 个月内,向缔约国提出 PCT 国际申请,再从最早优先权日起 30 个月内,向 USPTO 提出进入国家阶段申请。

5. 申请人

美国专利法律规定申请人必须为发明人。因此,如果是公司申请,在申请的同时就必须办理转让,即签署转让合同。

四、授权条件

1. 新颖性

在作出发明之前没有在本国被别人知悉和使用,此发明没有在全球范围内的印刷出版物上被描述过或被授予专利。

由发明者自己,在本国使用和销售此专利,在全球范围内的印刷出版物上描述或被授予专利,不超过 1 年。

该发明在别国申请专利不超过 12 个月。

申请人在本国申请该发明的专利早于别人,其中在别国的申请按照国际协议可以算作在本国的申请,但申请的公开出版物必须是英语才能计算有效日期。

2. 非显而易见

虽然本发明不与其他人的发明完全相同,但如果两者之间的差别是这样:从总体上来说,本专利权的主题对于该主题有关的技术领域的一般技术人员来说是显而易见的,则本发明不能被授予专利。

第三节　欧盟专利制度介绍

欧盟专利属于地区性专利，1973 年由欧洲 14 国在德国慕尼黑签订了《欧洲专利公约》，并于 1978 年正式生效。截至 2022 年，现有缔约国 44 个，其中成员国 38 个，延伸国 2 个，生效国 4 个。欧洲专利局是一个地区性国家间专利组织，只对欧洲国家开放。《欧洲专利公约》为各成员国提供了一个共同的法律制度和统一授予专利的程序。提出欧洲专利申请时，可以指定一个、几个或全部成员国。一旦依照公约授予专利权，即可在所有指定的成员国生效，与指定的各成员国依国家法授予的专利具有同等效力。然而，这仅仅是一个负责审查和授予欧洲专利的公约，对于欧洲专利的维持、行使、保护，以及他人请求宣告欧洲专利无效，均由各指定的成员国依照国家法进行。

一、欧盟专利的类型

发明专利，对于任何有创造性并且能在工业中应用的新发明，授予欧洲专利。

二、专利保护期限

欧洲发明专利保护期限自申请日起届满 20 年。

三、专利申请原则

1. 先申请原则

《保护工业产权巴黎公约》规定了公约优先权原则。优先权原则是指已经在一个成员国正式提出了发明专利、实用新型专利、外观设计专利或商标注册的申请人，在其他成员国提出同样的申请，在规定期限内应该享有优先权。在规定的申请优先权期限届满以前，任何后来在公约其他成员国提出的申请，都不因在此期间内他人所作的任何行为，特别是另一项申请、发明的公布或非法利用、出售设计复制品或使用商标等行为而失效。

2. 申请途径

申请人可以以本国申请作为在先申请向《巴黎公约》成员国国家直接提交专利申请，提交前述专利申请的时限是最早优先权日起 12 个月内。

根据《专利合作条约》的规定，申请人可以通过 PCT 途径递交国际申请，指定向全球几乎所有国家申请专利，即在缔约国申请的在先申请日（最早优先权日）起 12 个月内，向缔约国提出 PCT 国际申请，再从最早优先权日起 31 个月内，向欧洲专利局提出申请。

3. 实审查原则

欧盟专利采取实质审查原则，需要申请人在指定时间前提出实质审查请求，否则视为撤回申请，申请人提出实质审查请求后，6 ~ 18 个月作出审查决定。

四、授权条件

欧盟专利须为产品发明或方法发明，授权时需要具备以下条件：

1. 新颖性

不属于申请日（包括优先权日）前以任何形式为公众所知的现有技术，但在申请日（包括优先权日）前 6 个月内由于明显滥用与申请人的关系或者为了在特定国际展览会上展览而公开的，不影响新颖性。

2. 创造性

创造性，即对于相关技术领域的一般技术人员来说不是显而易见的。

3. 实用性

该发明能够工业化生产或使用。

4. 公开充分

使得相关技术领域的技术人员能够实施该发明。

5. 单一性

一次申请仅能涉及一个发明或者属于同一发明构思的一组发明。

不得授予专利的客体：如人类或动物的治疗或诊断方法、新植物或动物品种、生产动植物的实质生物学方法、发现、数学方法、计算机软件、商业方法等；发明的实施不得违反公共秩序或公共道德。

第四节 日本专利制度介绍

自 1879 年起,日本政府开始建立专利制度,1885 年公布《专卖专利条例》,20 世纪 80 年代后频繁修改专利法,现在包括《日本专利法》《日本实用新型法》《日本外观设计法》。日本于 1886 年成立日本特许厅,负责受理、审查、批准专利的申请工作。

日本的专利类型与中国的专利类型基本一致,但在具体的细节规定上还有一定的区别。例如,实用新型的审查制度、外观设计专利的保护期限等方面还有一些不同。下面就对日本专利制度进行简要的介绍。

一、日本专利的类型

1. 发明专利

发明专利是指利用自然规律的技术思想的先进创造,受《日本专利法》保护。

2. 实用新型专利

实用新型专利是指利用自然规律创造的与物品的形状、结构或者组合有关的技术思想,受《日本实用新型法》保护。

3. 外观设计专利

外观设计专利是指物品的形状、图案、颜色或它们的组合,通过眼睛给人以审美印象,物品"部分"的外观设计也属于一个"设计",包括未在商品、建筑物和室内设计上记录或展示的图像,受到《日本外观设计法》的保护。

二、专利保护期限

1. 发明专利的有效期为自申请日起 20 年,医药品和农药发明专利有效期可申请延长,但不得超过 5 年。

2. 实用新型保护期限为自申请日起 10 年。

3. 外观设计保护期限为自申请日起 15 年。

三、专利申请原则

1. 在先申请原则

相同发明、实用新型、外观设计专利于不同日期提出一件以上之专利申请时，唯最先申请者取得该专利之权利。

2. 申请途径

申请人可以以本国申请作为在先申请向《巴黎公约》成员国国家直接提交专利申请，提交前述专利申请的时限是最早优先权日起 12 个月内。

根据 PCT 专利申请的规定，申请人可以通过 PCT 途径递交国际申请，指定向条约缔约国国家申请专利，即在缔约国申请的在先申请日（最早优先权日）起 12 个月内，向 PCT 受理局提出 PCT 国际申请，再从最早优先权日起 30 个月内，向日本特许厅提出进入日本国家阶段申请。

3. 审查原则

发明专利采用实质审查的原则，实用新型专利在 1993 年前采用实质审查的原则，后来采用非实质审查的原则，外观设计专利采用非实质审查的原则。

四、授权条件

1. 新颖性

不属于现有技术，也没有任何人就同样的发明在申请日前向专利局提出申请，并记载在申请日之后公布的专利申请文件或公告的专利文件中。

2. 创造性

被授予专利权的发明不得是提出申请时具有该发明所属技术领域普通知识的人基于没有新颖性的发明容易想到的发明。被授予专利权的发明必须是可以在产业上利用的发明。

实用新型专利的创造性标准在于所述设计是否能“非常轻易”作出。如果能“非常轻易”作出，则没有创造性；如果不能“非常轻易”作出，则具有创造性。

发明专利的创造性标准在于所述发明是否能“轻易”作出。如果能“轻易”作出，则没有创造性；如果不能“轻易”作出，则具有创造性。

3. 不授予专利权的客体

(1) 以核裂变方法制造物质之发明。

(2) 有碍公共秩序、良好风俗或公共卫生之发明。

第五节 韩国专利制度介绍

韩国在 1949 年首次制定了专利法,之后在 1961 年将专利法分为发明专利法、实用新型法、外观设计法以及商标法。主管部门为韩国知识产权局(Korean Intellectual Property Office,KIPO)即原韩国工业产权局,该局是韩国贸易、工业及能源部的一个下设机构,主要负责以下工业产权项目的保护:专利、实用新型、外观设计、商标、半导体集成电路布图设计、商业秘密和反不正当竞争。

一、韩国专利的类型

1. 发明专利

利用自然规律的技术思想的高度创造,可以授予发明专利。

2. 实用新型专利

与物品的形状、结构或工业上可行的物品组合有关的装置,可以授予实用新型专利。

3. 外观设计专利

外观设计,是指产生视觉美感印象的产品的形状、图案、色彩或者其结合。韩国外观设计专利保护期为自注册之日起 15 年。

二、专利保护期限

发明专利的保护期限是自申请日起算 20 年。关于农药或医药,在一定条件下可以延长保护,最多延长 5 年。

实用新型专利的保护期限自申请日起算 10 年。

外观设计专利于授权登记日起生效,保护期限自申请之日起 15 年。

三、专利申请原则

1. 先申请原则

发明专利申请和实用新型专利申请都实施先申请原则。对于同日提出的两件或两件以上涉及同样发明创造的专利申请,申请人之间可以通过协商确定谁应该获得专利权。如果不能达成协议或协商不了,则所有申请人均不能获得专利权。

2. 申请途径

申请人可以以本国申请作为在先申请向《巴黎公约》成员国国家直接提交专利申请,提交前述专利申请的时限是最早优先权日起12个月内。

根据PCT专利申请的规定,申请人可以通过PCT途径递交国际申请,指定向全球几乎所有国家申请专利,即在缔约国申请的在先申请日(最早优先权日)起12个月内,向缔约国提出PCT国际申请,再从最早优先权日起31个月内,向KIPO提出进入韩国国家阶段申请。

3. 发明专利实质审查原则

发明专利采取实质审查制度,自申请日起5年内向韩国政府请求实质审查,请求实质审查之日起25个月内审查。

4. 实用新型专利采取审查登记制度

实用新型注册只有在收到审查请求后才能进行审查。任何人均可在实用新型注册申请日起3年内向韩国特许厅厅长提出审查实用新型注册申请的请求。

5. 外观设计专利审查原则

外观设计专利采取审查登记制度和对一些特定物品的外观设计无审查登记制度并行的方法。

外观设计的新颖性是指外观设计在申请前不得包含在出版物或目录中,不得通过销售或展览进行宣传,或以任何可以被他人识别的方式暴露。

外观设计的创造性是指本领域普通技术人员不能通过国际或国内知名的设计,或者国内知名的形状、图案、颜色或其组合,轻易地创造出给定的设计。

四、授权条件

1. 新颖性

韩国实用新型专利采用绝对新颖性标准,原则上对于在申请日(有优先权的,指优先权日)之前,在世界任何地方已向公众公开的发明创造不予授权。

2. 创造性

该技术必须具有创造性,即它不同于现有技术,也不能轻易地从现有技术推导出来。如果发明创造所属技术领域的普通技术人员依据现有技术容易创造出一项发明,那么该发明不能被授予专利权。

如果一件实用新型能被所属技术领域的普通技术人员"非常容易"(对应于发明专利的"容易")地基于现有技术推想获得,则认为该实用新型缺乏创造性。也就是说,即使一项实用新型与现有技术相比仅提供些许有用价值,也认为具有创造性,这与发明专利为具有创造性而需要具有"显著"效果不同。

3. 实用性

能够工业化生产或使用。

五、其他

韩国外观设计专利审查制度分为审查注册制和对一些特定物品的外观设计非审查注册制并行的方法。

审查注册制的外观设计:对申请注册的外观设计的实用性、新颖性、创造性进行实质审查。其包括以下审查步骤:(1)申请及公布:首先对外观设计申请进行初步审查(形式审查),应申请人的要求,可以公布其申请,之后对外观设计申请进行实质审查。(2)答复审查意见:经实质审查发现驳回理由时,审查员将发出通知书,要求申请人在指定期限内作出答复。申请人必须在接收通知之日起2个月内陈述意见或修改。申请人可以请求延长答复期限,延期次数限于2次,每次可延长1个月。(3)专利登记手续:如果经审查没有发现驳回理由,即发出授权通知书。申请人应当在接收通知之日起3个月以内办理专利登记手续,并缴纳登记费及前3年的年费。

非审查注册制的外观设计:对外观设计申请进行初步审查(形式审查),然后作出注册授权决定,缴纳登记费后,就授予专利权;在授权公告后有3个月的异议期。在非实质审查制中,从申请到授权约为4个月。

第三章

海外专利申请途径

第一节　PCT 专利申请

《专利合作条约》(PCT)是 1970 年签订的在专利领域进行合作的国际性条约,于 1978 年生效。该条约提供了关于在缔约国申请专利的统一程序,依照 PCT 提出的专利申请称为专利国际申请或 PCT 国际申请。

PCT 国际申请包括国际阶段和国家阶段。根据 PCT 的要求,申请人应自优先权日起 12 个月届满前提出 PCT 国际申请,取得国际申请日。国际检索单位自收到检索本起 3 个月,或者自优先权日起 9 个月,以后到期者为准,发出国际检索报告(International Search Report,ISR)。根据 PCT 第 19 条,申请人需要修改权利要求书的,需自 ISR 传送日起 2 个月内,或自优先权日起 16 个月内,以后到期的为准,提交该修改。申请人提出国际初步审查要求的时间是自优先权日起 22 个月内,或自收到 ISR 和书面意见之日起 3 个月内,以后到期的为准。获得国际专利性初审报告的时间一般是自优先权日起 28 个月内,或自启动国际初步审查之日起 6 个月内,以后到期的为准。

国际阶段不作授权或驳回决定,申请人必须在 PCT 规定的日期(一般为优先权日起 30 个月)之前将其 PCT 国际申请进入指定国的国家阶段,并通过该国的独立审查,才能获得授权或驳回结果。

一、PCT 途径的优点

1. 申请手续简单。申请人只需提交一份 PCT 申请,就可以获得 30 个月的决策时间,在这 30 个月内进行充分准备,并向多个国家进行专利申请。而不必在 12 个月的优先权期限内向每一个国家分别提交专利申请,为申请人向外国申请专利提供了方便。以中国作为受理局提交 PCT 申请的,申请人可使用自己熟悉的语言(中文或英文)撰写申请文件,并直接递交到国家知识产权局。

2. 延长了决策时间。在 PCT 国际阶段,申请人会收到 ISR,通过这些信息,申请人可以初步判断该申请在各国专利局被授予专利权的前景，结合申请人实际的业务情况，从而更精准地决定是否有必要继续国家阶段。这有利于准确投入资金，节省不必要的开支。

3. 可根据 ISR 等进行申请文件完善。申请人可根据 ISR 和专利初步审查报告，对申请文件进行修改完善，并根据其专利性的评价确认是否进入海外，以及具体进入的国家和地区。

二、PCT 途径的缺点

1. 类型仅限于发明和实用新型：只有发明和实用新型才能通过 PCT 途径申请国外专利，外观设计不能通过 PCT 途径申请专利。

2. 时间略长：由于经过了国际阶段，通过此方式进入海外国家申请专利，与《巴黎公约》途径相比，时间要长一些。

3. 增加了 PCT 国际阶段的费用：相对于《巴黎公约》途径产生了 PCT 国际阶段的费用。

第二节 《巴黎公约》

1883年巴黎外交会议，通过并签署《巴黎公约》。《巴黎公约》的调整对象即保护范围是工业产权，包括发明、实用新型、工业品外观设计、商标、服务标记、厂商名称、货物标记或原产地名称以及制止不正当竞争等。《巴黎公约》的基本目的是保证一成员国的工业产权在所有其他成员国都得到保护，该公约与《保护文学和艺术作品伯尔尼公约》一起构成了全世界范围内保护经济“硬实力”和文化“软实力”的两个“基本法”。

截至2022年，《巴黎公约》缔约方总数已经达到177个，我国于1985年成为《巴黎公约》成员国。

专利申请时通常所说的《巴黎公约》途径，就是指专利申请人依照我国参加的《巴黎公约》向各个成员国分别提出专利申请的途径。

一、《巴黎公约》的特点

1. 优先权原则。根据《巴黎公约》关于优先权的规定，在任一成员国提出发明或实用新型申请后，再向其他成员国提出申请时可以享有12个月的优先权；对于外观设计申请，可以享有6个月的优先权。在此期间内有关该申请的任何公开或使用等，不影响该申请的新颖性。

我国作为《巴黎公约》成员国，对《巴黎公约》的“优先权原则”在《专利法》中有明确的体现。根据《专利法》第29条第1款的规定，申请人自发明或者实用新型在外国第一次提出专利申请之日起12个月内，或者自外观设计在外国第一次提出专利申请之日起6个月内，又在中国就相同主题提出专利申请的，依照该外国同中国签订的协议或者共同参加的国际条约，或者依照相互承认优先权的原则，可以享有优先权。

2. 国民待遇原则。在工业产权保护方面，公约各成员国必须在法律上给予公约其他成员国相同于其该国国民的待遇；即使是非成员国国民，只要他在公约某一成员国内有住所，或有真实有效的工商营业所，亦应给予相同于该国国民的待遇。

3. 独立性原则。《巴黎公约》规定，对于商标、专利的申请和注册，各成员国独立地按照该国法律给予或拒绝、或撤销、或终止，而不受其他成员国对该项专利权或商标权处理的影响。不得以该权利在他国无效为由，不予以保护。同时，独立性原则也保护了优先权与其本身专利权的独立。在很多时候，在一国申请了专利可能由于没有缴纳申请费用而导致专利权无法生效，但在有效期限内不妨碍其在另一国享有申请该专利的优先权。

4. 专利强制许可原则。《巴黎公约》在制定时，考虑到专利的过度保护会导致专利权滥用和专利垄断现象，为了避免自由市场受到伤害，公约协定了强制许可原则作为对专利权的限制。其规定了各成员国可以采取立法措施，规定在一定条件下可以核准强制许可，以防止专利权人可能对专利权的滥用。某一项专利自申请日起的 4 年期间，或者自批准专利日起 3 年期限内（两者以期限较长者为准），专利权人未予实施或未充分实施，有关成员国有权采取立法措施，核准强制许可证，允许第三者实施此项专利。如在第一次核准强制许可特许满 2 年后，仍不能防止赋予专利权而产生的流弊，可以提出撤销专利的程序。

二、《巴黎公约》途径的优点

1. 进入国家阶段的时间比较短。走《巴黎公约》途径的专利直接进入各成员国，不需要经历 PCT 阶段，因此等待的时间比较短。

2. 省略了国际阶段的费用。在目标市场清晰的情况下，走《巴黎公约》途径申请，可以省略 PCT 申请的费用。

三、《巴黎公约》途径的缺点

1. 准备时间比较仓促。专利申请人需要在 12 个月的优先权期限内，尽快决策专利需要进入哪些国家进行申请，并在此期限内准备好进入国所在地的专利翻译文件、申请手续等。一旦过了 12 个月，则没有补救的机会。

2. 资金压力较大。走《巴黎公约》途径进行专利申请，虽然可以省略 PCT 国际阶段的费用，但是需要在 12 个月内就支付进入不同国家的翻译费、申请费、律师费等，资金压力比较大。

第三节　专利审查高速路(PPH)途径

专利审查高速路项目的英文名称为 Patent Prosecution Highway，通常简称为 PPH，是各国专利局对国外申请的加快审查通道。当申请人在包含中国的多个国家或地区提交相同或相近似的专利申请时，如果首次提交申请的专利局，即首次申请局(Office of First Filling，OFF)认为申请至少一项或多项权利要求可授权，只要其在另一专利局提交的相关后续申请满足一定条件，包括两件申请的权利要求充分对应、首次申请局工作结果可被审查相关后续申请的专利局，即后续申请局(Office of Second Filling，OSF)获得等，申请人即可请求后续申请局加快该申请的审查。中国国家知识产权局于 2011 年年底首先和日本特许厅签订了关于专利审查高速路试点项目的协议，启动了中日专利审查高速路试点项目，后又陆续与欧洲、美国、韩国等多个国家和地区专利审查机构之间签订了项目协议。

PPH 的优势在于审批快、节省费用和授权率高。从 PPH 请求到结案周期大约为 10 个月，且由于考虑首次申请局的授权意见，大部分通过 PPH 途径审查的发明专利基本上都会授权，因此授权率高于正常途径。同时，国家局并不收取 PPH 的官费。因此，申请人可以选择 PPH 途径，提交来自参与 PPH 的海外国家或地区的专利申请部门或 PCT 国际阶段的工作结果作为该发明专利在中国审查的参考，从而加快该发明专利在中国的审查进度。

第四节　专利申请策略对比

专利申请策略对比情况见表 3－1。

表 3－1　专利申请策略对比

	方案 A	方案 B
步骤	第 1 步，向中国国家知识产权局递交首次中国专利申请； 第 2 步，首次申请 12 个月内，如有新的研发进展，向中国国家知识产权局提交第二次至第 N 次中国专利申请，均主张在先全部申请的优先权； 第 3.1 步，首次申请 12 个月内，将全部的研发进展，向中国国家知识产权局提交 PCT 专利申请，主张全部在先申请优先权； 第 3.2 步，首次申请 12 个月内，将全部的研发进展，向中国台湾专利部门提交专利（如果企业在中国台湾有潜在市场），主张全部在先申请优先权； 第 4 步，根据企业潜在市场，首次申请 30 个月内，第 3.1 步的 PCT 进入 US、EP、JP、KR……	第 1 步，向中国国家知识产权局递交首次英文版 PCT 专利申请； 第 2 步，首次申请 12 个月内，如有新的研发进展，向中国国家知识产权局提交中间英文 PCT 专利申请，主张在先申请优先权； 第 3.1 步，首次申请 12 个月内，将全部技术方案，向中国国家知识产权局提交 PCT 专利，主张全部在先申请优先权； 第 3.2 步，首次申请 12 个月内，将全部技术方案，向中国台湾专利部门提交专利（如果企业在中国台湾有潜在市场）主张全部在先申请优先权； 第 4 步，根据企业潜在市场，首次申请 30 个月内，第 3.1 步中的 PCT 进入中国、US、EP、JP、KR……

续表

	方案 A	方案 B
优点	1. 早日取得中国授权专利：利用中国专利的多种加快途径（如知识产权保护中心、优先审查等），有可能在 1 年内（甚至是半年）拿到授权专利。中国人口众多、市场大，早日在中国拿到授权专利对产业化、成果转化更加有益；并且早日取得中国授权专利，可以申报政府项目（如高新技术企业等），取得政府支持等。 2. 节省开支：对于上年度企业应纳税所得额低于 100 万元的企业，可以减免官费，单个申请人可以减免 85%，节省开支。	1. 申请日最早，在研发数据还不是很完善的时候，可以提交优先权文件，占据较早优先权日。 举个极端案例： A 公司，在先申请专利，不加快，后授权。 B 公司，在后申请专利，采用加快途径，在 A 公司专利公开之前授权。 假设授权的权利要求相同，在中国，对于这种情况，A 公司占据有利地位，A 公司的专利成为 B 公司的“抵触申请”，A 公司可以采取“无效程序”将 B 公司专利无效掉。 2. 第 4 步进入中国的专利享受官费减免，减免 85%。
缺点	1. 如果采用加快途径申请中国专利，那么技术方案也会较快公开（6 个月），竞争对手容易很早知晓。 如果不采用加快途径，预计 18 个月公开，与方案 B 是一样的。 2. 如果该申请提前公布（通过要求加速审查），则该已公布的申请在某些司法管辖区有可能为 PCT 申请的现有技术，因为 PCT 中的某些权利要求（如新增的技术方案）可能无权享有最早的优先权日期。这可能会在某些司法管辖区引发专利问题。	1. 中国专利授权时间会相对晚一些，要等 PCT 国际阶段走完后，才会开始中国国家阶段的审查工作，当然 PCT 进入中国的国家阶段，针对一些国家支持的领域（如生物医药、新能源等）可以采取“优先审查”的加快方式。 2. 第 1 步在中国递交首次英文 PCT 专利申请，以及第 2 步的中间英文 PCT 专利申请，预计 18 个月公开，如果不缴纳官费，则不会公开，这样做的目的是获得优先权日，同时技术方案可以保密一定时间段。
建议	当研发数据已经非常齐全的时候，可以采取方案 A。	当研发数据还不是很完善的时候，建议采用方案 B，特别是生物医药领域、化工领域的专利申请，可以通过方案 B 的方式，不断地以最新的研发进展获取最早的优先权日。

方案 A 和方案 B 的相似之处在于都提交了优先权申请文件，并享受优先日期；不同之处在于，方案 A 申请了多个中国专利申请作为优先权文件，而方案 B 申请了多个 PCT 专利申请作为优先权文件。

对于方案 B,还有以下事项需要重点注意:

第 1 步,向中国国家知识产权局递交首次英文版 PCT 专利申请,不要指定美国。

第 2 步,首次申请 12 个月内,提交的若干件中间英文 PCT 专利申请,不要指定美国。

第 3.1 步,首次申请 12 个月内,将全部技术方案,向中国国家知识产权局提交 PCT 专利,指定全部国家,包括美国。

这样做的原因是:专利保护期的起算日不同,对申请人的利益影响很大。美国计算专利期限的起算日较为复杂,分很多情况。对于 PCT 而言,一件以美国为指定国的 PCT 国际申请,虽然不经过国家化程序不能正式进入美国专利审查程序,但在法律上也被视为一件美国申请。先申请一个 PCT 国际申请(在先 PCT),然后在优先权期限内,要求在先 PCT 的优先权,再申请一个 PCT(在后 PCT)。如果在先 PCT 指定美国,在先 PCT 会被认为是一件美国申请。那么当在后 PCT 进入美国申请时,其专利期限的起算点是在先 PCT 的申请日,不利于权利人;在先 PCT 不指定美国,那么当在后 PCT 进入美国申请时,其专利期限的起算点是在后 PCT 的申请日,这样避免浪费 12 个月的时间。

第四章

化工医药行业的专利布局策略

第一节　常规专利布局和案例介绍

专利布局，指的是企业综合考虑自身实力及发展预期、行业市场、法律规定等多个因素，从时间、地域、技术范围、产品等多个维度，构建起来的专利保护网，其目的是创造一个有利于企业发展的专利竞争优势。从广义上来说，专利布局需要考虑的是企业的全部专利申请，而从狭义上来说，其也可以是某一个项目或产品的所有专利申请。

化工医药行业的专利绝大多数以发明为主，发明专利保护的主题主要为产品、产品的制备方法、产品的应用。

产品包括化学物质（化合物、副产物、反应中间体和聚合物等）、组合物、微生物、提取物（动植物或者微生物提取物）等。具体而言，其根据用途一般可分为原料药、医药中间体、化学农药原药、染料及颜料、香精与香料、食品添加剂、催化剂及助剂、表面活性剂、有机原料、分析化学和生物等。

方法专利中涉及工艺的方法特征包括工艺步骤（也可以是反应步骤）和工艺条件，如温度、压力、时间、各工艺步骤中所需的催化剂或者其他助剂等；涉及物质的方法特征包括该方法中所采用的原料和产品的化学成分、化学结构式、理化特性参数等。

化工医药领域的技术创新中，针对某一技术问题所提供的技术手段通常是十分具体的，指向性单一。若仅就该技术手段申请专利，保护的范围太小，从专利保护及布局的角度出发，应当以该技术手段为基础，进行全方位的挖掘扩展。

对于化合物发明而言，如果新研发了一种化合物，则需要分析该化合物能够产生该效果的原因（找到靶点），确认可以达到该效果的主体结构，考虑是否可以将其上位化到通式化合物。如果无法上位化到通式化合物，则需要考虑是否可以对其进行各种取代、基团替换、部分结构改变等，尽可能扩展挖掘出所有可能的替代化合物。

例如，专利 CN 103328453 B 中的权利要求 1 要求保护的如下图所示：

一种下式化合物：

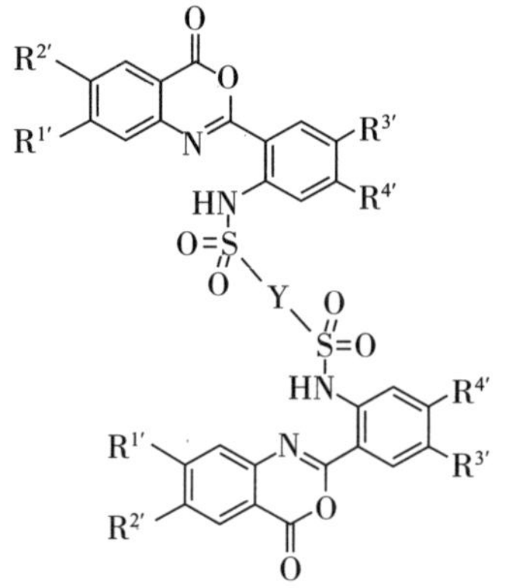

(Ⅰ)

其中，R^1、$R^{1'}$、R^2、$R^{2'}$、R^3、$R^{3'}$、R^4 和 $R^{4'}$ 相互独立地为氢、C_1—C_8 烷氧基、卤素、CF_3 或 C_1—C_8 烷基，或者两个取代基 R^1 和 R^2、$R^{1'}$ 和 $R^{2'}$、R^3 和 R^4 和/或 $R^{3'}$ 和 $R^{4'}$ 一起形成基团 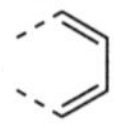，以及 Y 为式—$(Y^1)_{n1}$—$(Y^2)_{n2}$—$(Y^3)_{n3}$—的基因，其中，Y^1 和 Y^3 相互独立地为具有 6～30 个环碳原子的取代或未取代亚芳基或具有 3～30 个环碳原子的取代或未取代亚杂芳基，Y^2 为—O—、—S—、—NR^{12}—、—SO_2—、—C(=O)—、—$(CR^8R^9)_{n4}$—、—O—$(CR^{10}R^{11})_{n5}$—O—，R^8 和 R^9 相互独立地为 H 或 C_1—C_8 烷基，R^{10} 和 R^{11} 相互独立地为 H 或 C_1—C_8 烷基，R^{12} 为 H 或 C_1—C_8 烷基或 C_6—C_{10} 芳基，n1 为 1 或 2，n2 为 0 或 1，n3 为 0、1 或 2，n4 为 1～4 的整数且 n5 为 1～4 的整数。

对于聚合物发明而言，则需要考虑其中单体是否可以进行替换，单体之间的比例是否可以改变，聚合物分子量是否可以变化，结构单元的键接方式是否可以改变，聚合物链构型可否在线性、支链型和交联型之间改变，共聚物分子结构可否在嵌段、无规、交替、接枝之间改变等，进而才对该新型聚合物本身实现全面的扩展挖掘，并最终形成全方位保护。

对于化合物或聚合物而言，除自身结构的扩展外，在其纵向的应用延伸方面，也可深入挖掘。例如，专利 CN 101784706 A 中，其权利要求的布局则是第一独立权利要求保护的是一种纤维，第二独立权利要求保护的是一种含上述纤维的阻燃性纱线，第三独立权利要求保护的是包含上述纤维的织物，第四独立权利要求保护的是上述纤维的制备方法，如下图所示。这个专利给予我们的启示是，在化工医药领域申请专利时，除某一化合物本身外，还应考虑以其为中心，向外及向下扩展，将权利要求书保护的范围尽可能地扩大，防止他人规避自己的专利技术。

1. 包含共聚物的纤维，所述共聚物具有由胺单体和多种酸单体的反应产生出的结构体，其中

i）所述胺单体为至少 80 摩尔% 的 4,4’－二氨基二苯砜；并且

ii）所述多种酸单体包括具有下式结构的那些

$Cl—CO—Ar_1—CO—Cl$&$Cl—CO—Ar_2—CO—Cl$

其中所述多种酸单体具有 55 摩尔% 至 85 摩尔% 的包含芳基 Ar_1 的单体，以及 15 摩尔% 至 45 摩尔% 的包含芳基 Ar_2 的单体；并且

其中所述芳基 Ar_1 为具有对位取向连接基的芳基，并且所述芳基 Ar_2 为具有间位取向连接基的芳基。

2. 权利要求 1 的纤维，其中所述多种酸单体包括对苯二甲酰氯、间苯二甲酰氯以及它们的混合物。

3. 阻燃性纱线，所述阻燃性纱线包含权利要求 1 的纤维，所述纤维具有 21 或更大的极限氧指数。

4. 阻燃性纱线，所述阻燃性纱线包含权利要求 3 的纤维，所述纤维具有 26 或更大的极限氧指数。

5. 阻燃性纱线，所述阻燃性纱线包含权利要求 3 的纤维，其中所述纱线具有 3 克/旦尼尔（2.7 克/分特）或更大的韧度。

6. 阻燃性纱线，所述阻燃性纱线包含权利要求 5 的纤维，其中所述纱线具有 4 克/旦尼尔（3.6 克/分特）或更大的韧度。

7. 权利要求 3 的阻燃性纱线，其中所述纤维作为连续长丝存在于所述纱线中。

8. 权利要求 3 的阻燃性纱线，其中所述纤维作为短纤维存在于所述纱线中。

9. 包含权利要求 1 的纤维的织物。

10. 包含权利要求 1 的纤维的防护服。

11. 制备纤维的方法，所述方法包括下列步骤

a）由胺单体与多种酸单体的反应形成共聚物，其中

i）所述胺单体为至少 80 摩尔% 的 4,4’－二氨基二苯砜；并且

ii）所述多种酸单体包括具有下式结构的那些

$Cl—CO—Ar_1—CO—Cl$&$Cl—CO—Ar_2—CO—Cl$

所述多种酸单体具有 55 摩尔% 至 85 摩尔% 的包含芳基 Ar_1 的单体，以及 15 摩尔% 至 45 摩尔% 的包含芳基 Ar_2 的单体，其中所述芳基 Ar_1 为具有对位取向连接基的芳环，并且所述芳基 Ar_2 为具有间位取向连接基的芳环；

b）在适于纤维纺丝的溶液中提供所述共聚物；以及

c）由所述共聚物溶液进行纤维纺丝。

12. 权利要求 11 的制备纤维的方法，其中所述多种酸单体包括对苯二甲酰氯和间苯二甲酰氯。

从专利侵权角度考虑，在申请专利时布局得当，也可为后续侵权诉讼中取证举证提供便利。

第二节　化学药品专利的技术布局

制药企业在投入巨额资金进行研发后，为保护其创新成果和预期市场，根据技术发展脉络，以层层包围的方式对技术成果进行专利保护。具体而言，根据药品所涵盖的产品、方法、用途等，化学药品的专利类型大致如图 4－1 所示。

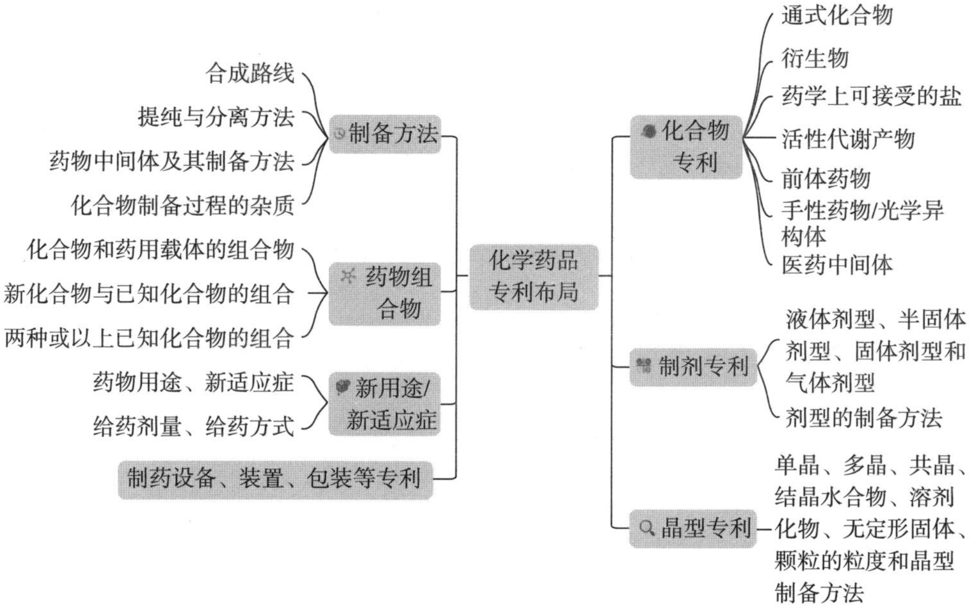

图 4－1　化学药品专利布局

一、化合物专利

化合物作为药物中的活性成分，在药品专利中具有非常重要的地位。根据研发的脉络，包括通式化合物、衍生物、药学上可接受的盐、活性代谢产物、前体药物、手性药物/光学异构体、医药中间体等。

1. 通式化合物

通式化合物是化学医药领域中对一组结构和性能相似的化合物进行概括的一种常见方式，通过对组内化合物的共有结构单元以及该共有结构单元上的取代基定义共同限定出通式化合物，也被称为“马库什化合物”，其中至少一个取代基被定义为可具有多种选择的基团变量。通式化合物专利不包括以酸根、碱基、金属元素、结晶形式等结构改变获得保护的化合物专利。

通式化合物专利的特点是其权利要求保护的范围宽、对真正具体化合物的隐蔽性强，且专利的稳定性较强，授权后，较难以无效。

以国家药品监督管理局于 2022 年 4 月 11 日公布通过审批的 1 类创新药阿布昔替尼片（商品名：希必可©/CIBINQO ©）为例，该药适用于对其他系统治疗（如激素或生物制剂）应答不佳或不适宜上述治疗的难治性、中重度特应性皮炎成人患者。辉瑞公司在 2013 年 2 月 22 日提交了关于阿布昔替尼马库什结构化合物的临时专利申请 No. 61/767947（专利名称为 Pyrrolo[2,3 - D]Pyrimidine Derivatives），并在 12 个月优先权期限内向 WIPO 国际局提交了 PCT 申请（PCT/IB2014/058889）以期在较短的时间内可以进入尽可能多的国家和地区，该专利申请的公开号是 WO2014128591A1，申请日为 2014 年 2 月 11 日；后于 2014 年 2 月 19 日向美国专利和商标局提交了正式申请 14/183,946（专利公开号是 US20140243312A1，授权公告号是 US9035074B2）。作为仿制药企业无法规避的基础专利，辉瑞公司就该专利的技术内容在全球 53 个国家和地区申请了 72 件同族专利，保护地域包括美国、中国、丹麦、塞浦路斯、西班牙、匈牙利、德国、加拿大、欧洲、韩国、日本、澳大利亚等。

2. 衍生物

药物在研究和应用的过程中，常会出现一些影响药物发挥应有作用或影响药物应用的因素。例如，由于化学结构的某些特点而引起代谢速度过快或过慢；因药代动力学性质不理想而影响药物的吸收，导致生物利用度低，或由于药物作用的特异性不高而产生毒副作用等；还有一些其他原因，如化合物的不稳定、溶解性能差、有不良的气味或味道、对机体产生刺激性或疼痛等。这就需要对药物的化学结构进行修饰，以获得相应的衍生物，解决存在的问题，提高药物的活性和增强疗效。药物化学结构修饰的方法有很多，主要根据药物结构中存在的活性基团进行适当的修饰。常用的修饰方法有酯化和酰胺化、成盐修饰、成环和开环修饰等。

多个药物都是以盐型上市。例如,将青霉素 G 和普鲁卡因成盐后得到普鲁卡因青霉素,因普鲁卡因的局部麻醉作用可减少注射疼痛;将阿司匹林和碱性氨基酸赖氨酸成盐后得到赖氨匹林,可以降低阿司匹林的酸性,增强了阿司匹林的镇痛效果。酰亚胺和酰脲类药物的酸性比羧酸类药物弱,临床上常制成钠盐使用,如苯巴比妥钠、苯妥英钠等药物。贝达药业治疗肺癌的国家 1 类新药盐酸埃克替尼就是在对厄洛替尼进行结构改造后得到的。

制药企业在通式化合物的基础上,进行的化合物衍生物的二次创新,间接延长了具体药物的专利保护期。例如,辉瑞公司并购 Warner-Lambert 后获得的降血脂药立普妥(阿托伐他汀),其于 1986 年 5 月 30 日申请美国专利 US4681893A,保护了含有阿托伐他汀的通式化合物及其药学上可接受的内酯水解盐,其后续于 1991 年 2 月 26 日申请的专利 US5273995A 则保护了阿托伐他汀及其钙盐(阿托伐他汀钙),这两个重要的专利使得该药物的专利保护期延长了 5 年。

3. 活性代谢产物

部分化合物在进行药物代谢动力学研究时,发现其一种或几种代谢产物比药物本身的活性更强,此时,可以对活性代谢产物进行专利布局,并进一步将代谢产物开发成新一代的药物。当活性代谢物作为产品上市时,保护代谢产物专利的价值可体现在两个方面:一是维持商业化产品的市场独占权利;二是阻止他人对于该活性代谢产物的前药产品的商业化。

惠氏原研的抗抑郁药盐酸文拉法辛,于 1993 年 12 月 28 日在美国批准上市,活性化合物专利于 2008 年过期。为了缓解专利悬崖的影响,惠氏公司特意推出琥珀酸去甲文拉法辛(商品名:Pristiq),并于 2008 年 2 月 29 日获得美国食品和药品监督管理局(Food and Drug Administration,FDA)批准。去甲文拉法辛(商品名:Pristiq)是文拉法辛(商品名:Effexor)的去甲基活性代谢产物,作为一种血清素和去甲肾上腺素再摄取抑制剂(SNRI),其具有抗抑郁症的临床价值,并且抗抑郁效果与文拉法辛相似,还能明显降低因药物相互作用而引起的风险。2002 年,惠氏就递交了涉及去甲文拉法辛化合物的 PCT 申请(PCT/US2002/004103),该申请进入了 US、CN、JP、EP 等多个国家和地区,并获得了不同范围的权利。其中,进入美国国家阶段的授权专利 US6673838B2 于 2022 年到期,相当于将惠氏抗抑郁症市场的化合物专利保护期延长了14年。

4. 前药

前药也称前体药物、药物前体、前驱药物等，是指药物经过化学结构修饰后得到的在体外无活性或活性较小、在体内经酶或非酶的转化释放出活性药物而发挥药效的化合物。通常前药的设计是为了解决原药在溶解度低、吸收差、首过效应明显、快速清除，以及毒性、副作用、药效等方面的不足。与原药相比，前药保持或增强原药的药效，又克服原药的缺点。因此，前药在满足专利性的条件下，可以进行专利布局。

例如，Tenofovir Alafenamide Fumarate（TAF）是一种核苷类逆转录酶抑制剂，由吉利德开发，是吉利德的另一款常用乙肝药物替诺福韦二吡呋酯（TDF）的前药。因为TAF具有较高的血液稳定性，可以有效递达至肝细胞，所以TAF在剂量低于TDF十分之一的情况下就能发挥与后者相似的疗效，还可避免血液中替诺福韦浓度过高，提高了安全性。该药于2016年11月10日获得美国FDA上市批准，用于治疗有代偿性肝病的慢性乙肝感染。

5. 手性药物/光学异构体

在进行手性药物开发时需要考虑，光学异构体是否比消旋体的药效更好，或者光学异构体相对于消旋体是否具有明显的增效作用，是否有涉及毒性的异构体。在实际的研发过程中，可能会发现起药效作用的活性异构体，或者通过异构体转化方法，将无活性异构体转化成活性异构体，那么此时可以申请布局在基本专利中没有具体提及或者描述的、具有不可预见的优点的、更具活性的异构体化合物专利。

例如，奥硝唑为硝基咪唑类衍生物，是一种强力抗厌氧菌及抗原虫感染的药物，也是继甲硝唑后新研制成的疗效更高、疗程更短、耐受性更好、体内分布更广的第三代硝基咪唑类衍生物。临床使用表明奥硝唑具有很好的治疗厌氧菌感染的效果，但也存在一些不良反应。发明人通过对奥硝唑的左旋体进行药代动力学、药效学、毒理学、一般药理学等试验研究，发现左旋奥硝唑药代动力学特性优于右旋奥硝唑和消旋奥硝唑，且中枢毒性低于右旋奥硝唑和消旋奥硝唑，最终在中国申请并获得了左旋奥硝唑在用于制备抗厌氧菌和抗寄生虫感染药物中的应用等专利。

6. 医药中间体

医药中间体是指在化学药物合成过程中制成的中间化学品，属精细化工产品。医药中间体按应用领域可分为抗生素类药物中间体、解热镇痛药用中间体、心血管系统药用中间体、抗癌用医药中间体等大的类别。医药中间体的上游行业是基础化学原料制造业，其下游行业是化学药品原料药及制剂制造业。其中，医药中间体、化学药品原料药、化学药品制剂形成了化学药品制造业，医药中间体是医药行业产业链中的重要环节。

例如，针对替格瑞洛药物，阿斯利康在专利号为 ZL01810564.5 的权利要求中保护了制备中间体嘧啶化合物的方法、该方法中所用的中间体，以及使用中间体制备替格瑞洛的方法。

7. 药品杂质

药品杂质通常分为有机杂质、无机杂质和残留溶剂。对药品杂质化合物进行深入研究是提高药品标准及用药安全性的重要研究内容，由此产生的杂质化合物相关专利有可能直接影响到药品标准的制定和修改。

对药品中的杂质进行研究，目的在于找出毒性杂质，分析其产生原因，设计出避免毒性杂质产生的工艺及去除方法，将药品中毒性杂质的含量控制在安全可控的范围内。杂质研究通常可从两个方面入手：一是以药品的不良反应或毒副作用为导向，通过对其发生原因进行深入研究，确定引起不良反应或毒副作用的物质基础，进而确定毒性杂质的化学结构；二是直接对药品的杂质成分进行分离鉴定，在确定杂质化合物的结构后，对每一项杂质的毒性进行研究，然后确定引起不良反应或毒副作用的杂质化合物。

例如，北京四环制药有限公司于 2009 年前后围绕杂质化合物桂哌齐特氮氧化物提交了多件发明专利申请，并将桂哌齐特氮氧化物作为检查项写入马来酸桂哌齐特的国家标准中。

二、制剂专利

药物制剂是指为适应治疗或预防的需要，按照一定的剂型要求所制成的，可以最终提供给用药对象使用的药品。制剂专利涉及制剂开发、制剂生产工艺改进、制剂升级等。在制剂研究中，综合考虑化合物的各种性质基础上，开发出最合理的产品剂型（如普通剂型的片剂、胶囊、颗粒、注射液等）、制剂工艺（如干法制粒、湿法制粒、粉末直接压片）以及车间生产工艺改进等。

另外，制剂开发还涉及新剂型，药物通常是先以标准的片剂、胶囊或者注射剂形式上市，但是，随着药物核心专利失效日的来临，药物的研发公司会寻求开发出新的剂型以满足不同的市场范围和不同患者人群的需求。

对现有药物进行的剂型改良，如由普通剂型转变为高端剂型（如缓控释制剂、皮下植入剂、纳米混悬剂等），然后针对新剂型进行工艺的二次开发，并申请专利，可有效拓展现有药物的使用范围，延长专利保护期。

例如，GSK 的原研药盐酸罗匹尼罗，其在片剂专利期满后的 2008 年推出罗匹尼罗缓释片，继续占领帕金森病药物市场，而盐酸罗匹尼罗缓释片在中国的授权专利 CN1198598C 于 2021 年 4 月到期。

三、晶型专利

晶型专利可以延长专利保护期和药品的市场寿命，如原研的化合物专利到期后，晶型专利可能还没有到期，那么仿制药公司就不能仿制相同的晶型。化学结构相同的药物，可因结晶条件不同而得到不同晶体，药物多晶型现象也是影响药品质量与临床药效的重要因素之一。

好的晶体有利于制剂成型，通过结晶还可提高活性药物成分的纯度，提高溶解度、增加生物利用度、提升药效。因此，在实际研发工作中，对药物晶型的专利保护包括但不限于单晶、多晶、共晶、结晶水合物、溶剂化物、无定形固体、颗粒的粒度以及晶型制备方法等。

例如，阿德福韦酯是一种核苷类似物逆转录酶抑制剂（NRTI），用于 12 岁及以上慢性乙肝患者的治疗，由吉利德研发，其化合物专利并未在我国获得保护，但在我国对其 4 种晶型进行专利申请，包括 Ⅰ 型（无水结晶型）、Ⅱ 型（水合型）、Ⅲ 型（甲醇溶剂化型）、Ⅳ 型（富马酸盐或其他有机无机盐复合物）。

四、药物组合物专利

组合物是指两种或者两种以上化学物质按一定比例组合而成的具有特定性质和用途的物质或材料，在医药领域的产品发明中，组合物专利占有重要地位。组合物专利的权利要求重点在于其组分或组分及含量。在撰写时，一般不采用具体的重量/质量/体积百分数表示组分的含量，而推荐使用各组分之间的比例，如重量份等，来表示各个组分的含量比，以此获得最大的保护范围。

例如，索非布韦是迄今为止最为高效的丙肝治疗药物之一，2013 年 12 月被美国 FDA 批准上市，2014 年全年销售额达到了惊人的 102.8 亿美元。2014 年 1 月，吉利德布局了 PCT 专利 WO2014120981（同族 CN104144682），要求保护含有治疗有效量的雷迪帕韦和治疗有效量的索非布韦的药物组合物，该专利对应的复方药物索非布韦/雷迪帕韦片也于 2014 年 10 月 10 日获美国 FDA 批准上市，该复方制剂在随后的 2 个月内销售额就达到了 20 亿美元，是一个很经典的药物组合物案例。

五、制备方法专利

制备方法专利包括对化合物、晶型、制剂等产品的化学或生物制备新方法、新路线，精制或纯化方法、制剂工艺等。此外，药物中间体的制备专利保护对方法专利有很好的加强作用，杂质的制备与分离专利对药物活性成分、质量分析也是一个很好的补充。

制备方法专利应该具备以下创新点或者有益效果：提高产率，改善质量，节约能源，防治环境污染，避免使用毒性试剂和溶剂，使用非复杂和非昂贵的起始物料，容易分离和提纯最终产物，容易按比例扩大生产规模等。但是，方法类专利的弊端在于就算发现被侵权，也比较难举证，导致维权困难。所以有时候，国外药企会把一些核心的工艺方法、精制方法专利通过商业秘密保护，而不是以专利的形式进行保护。

六、分析方法专利

药物及其中间体、制剂等的分析方法、检测方法是用科学手段解决了“如何检验出药品中是否含有某种成分或成分含量多少的问题”，是在专利授权范畴内的。分析检测方法专利能否得到授权，主要取决于该方法是否满足专利授权的“三性”要求。

七、药物新用途专利

“老药新用”，发现现有药品的新适应病症，获得新的医疗用途，是药品专利一个重要的专利布局方向。在制药领域，药品的新用途往往被称为“第二制药用途”,包括中国在内的世界各主要国家和地区的专利制度,都对符合条件的“第二制药用途”授予发明专利权。

例如,辉瑞公司最开始研制用于治疗冠心病的药物西地那非(Sildenafil),在1991年实验发现对冠心病的治疗效用不能达到研究预期,但是在临床试验中陆续发现了其用于治疗勃起功能障碍(ZL94192386.X)、肺动脉高压(EP1097711A2)的新用途,相继于1998年、2005年经美国FDA批准并应用于临床至今。

八、制药设备、装置、包装等专利

作为专利布局的重要部分,制备药物的相关设备、装置或药品包装等也可以进行专利申请。

综上所述,权利人可以在药物研发过程中,通过有节奏、有层次地进行专利布局,从而为该产品上市后赢得相应的市场进行保驾护航。

第三节　药品专利布局案例

市场布局是专利布局的一个重要方面，是基于专利的地域性特征，根据企业参与市场竞争的需要，在全球范围内确定需要进行专利保护的地域，制定区域专利申请部署规划，从而确保企业在相关地域中处于有利的竞争地位。企业在选择专利申请的地域时，可以根据企业自身的现有市场地域和未来市场地域、竞争对手的现有市场地域和未来市场地域，选择不同的专利布局策略。

立普妥是目前最为广泛使用的降脂药物，通用名为阿托伐他汀，1997 年在美国上市，并在专利期内取得 1250 亿美元的销售额，累计销售额约 1500 亿美元的骄人业绩。立普妥不仅有独特的药效，最主要的是专利布局使其长盛不衰，因为正确、有效的专利布局，使在基础专利到期后，其他同类竞争者和仿制药竞争者都因为外围专利的布局而无法在基础专利到期后生产该类仿制药。立普妥拥有消旋体、单一异构体专利，后续还申请了制剂、晶型、复方等外围专利，进一步延长保护期。在该药品上市之前，药企公司已经完成了中间体及其制备方法、产品、四种晶体、非晶型产品、部分组合物的专利申请，公司申请专利达 16 项，且后续的申请覆盖了更多的国家和地区。该公司在产业链条中的各个角度均布局了专利，使其他公司难以突破专利布局的网络，对后面仿制药企业进入该市场设置了障碍。这样的专利布局就把企业的核心技术价值的周期延长了。

第五章

药品专利权期限补偿制度

第一节 中国药品专利权期限补偿制度

2020 年 10 月 17 日,第十三届全国人民代表大会常务委员会第二十二次会议通过《关于修改〈中华人民共和国专利法〉的决定》,正式确立了专利保护期限延长制度。其中,第 42 条第 2 款规定,"自发明专利申请日起满四年,且自实质审查请求之日起满三年后授予发明专利权的,国务院专利行政部门应专利权人的请求,就发明专利在授权过程中的不合理延迟给予专利权期限补偿,但由申请人引起的不合理延迟除外";第 42 条第 3 款规定,"为补偿新药上市审评审批占用的时间,对在中国获得上市许可的新药相关发明专利,国务院专利行政部门应专利权人的请求给予专利权期限补偿。补偿期限不超过五年,新药批准上市后总有效专利权期限不超过十四年"。

国家知识产权局于 2020 年 11 月 27 日发布的《专利法实施细则修改建议(征求意见稿)》和 2021 年 8 月 3 日发布的《专利审查指南修改草案(征求意见稿)》包括了针对专利法的配套修改。其主要包括:一是期限补偿相关条款,主要涉及专利授权期限补偿的请求时间,属于申请人引起的不合理延迟的情形,药品专利期限补偿的请求条件、药品范围、保护范围等;二是对如何就不合理延迟给予补偿、如何执行新药相关发明专利的专利权期限补偿等作出了详细规定。

一、适用药品范围

根据《专利审查指南修改草案(征求意见稿)》的规定,针对国务院药品监督管理部门批准上市的创新药和符合规定的改良型新药,对于其中药物活性物质的产品专利、制备方法专利或者医药用途专利,可以给予药品专利权期限补偿。创新药和改良型新药的含义依照有关法律法规并参照国务院药品监督管理部门的相关规定确定。根据国家药品监督管理局 2016 年 3 月 4 日发布的《化学药品注册分类改革工作方案》,新药是指未在中国境内外上市销售的药品,将境外上市境内未上市药品纳入仿制药。根据化学药品新注册分类，境内外均未上市的创新药是指含有新的结构明确的、具有药理作用的化合物，且具有临床价值的药品。境内外均未上市的改良型新药是指在已知活性成分的基础上，对其结构、剂型、处方工艺、给药途径、适应症等进行优化，且具有明显临床优势的药品。此外，《专利审查指南修改草案（征求意见稿）》对可以给予期限补偿的改良型新药进行了明确，具体限定为国务院药品监督管理部门颁发的药品注册证书中记载为以下类别的改良型新药：(1)化学药品第2.1类中对已知活性成分成酯，或者对已知活性成分成盐的药品；(2)化学药品第2.4类，即含有已知活性成分的新适应症的药品；(3)预防用生物制品第2.2类中对疫苗菌毒种改进的疫苗；(4)治疗用生物制品第2.2类中增加新适应症的生物制品；(5)中药第2.3类，即增加功能主治的中药。

二、产品是否落入专利保护范围的审查

权利人在将产品和技术方案进行专利保护时，往往会采取层层布局的方式进行专利申请。在确定目标专利是否适用专利权期限补偿时，需要先进行新药相关技术方案的确认，再确认技术方案是否落入目标专利的保护范围。

根据《专利审查指南修改草案（征求意见稿）》的规定，新药相关技术方案以国务院药品监督管理部门批准的新药的结构、组成及其含量，批准的生产工艺和适应症为准。新药相关技术方案未落入指定专利权利要求的保护范围的，不予以期限补偿。药品专利权期限补偿期间内，该专利的保护范围限于国务院药品监督管理部门批准上市的新药及该新药经批准的适应症相关技术方案。产品权利要求的保护范围仅限于用于经批准的适应症的上市新药产品，医药用途权利要求的保护范围仅限于上市新药产品的经批准的适应症，制备方法权利要求的保护范围仅限于用于经批准的适应症的上市新药产品在国务院药品监督管理部门备案的生产工艺。

三、药品专利权补偿期限的计算方式

根据《专利审查指南修改草案（征求意见稿）》的规定，药品专利权补偿期限的计算方式为：药品上市许可申请获得批准之日减去专利申请日，再减去5年所得的时间。该补偿期限不超过5年，且该药品上市许可申请批准后总有效专利

权期限不超过 14 年。如果计算得出的结果为零或负数,则不予以专利权补偿期限补偿。按照该方法计算得出的期间,在符合《专利法》第 42 条第 3 款的基础上确定药品专利权补偿期限。

四、适用的专利范围

根据《专利法实施细则修改建议(征求意见稿)》的规定,专利权人请求给予药品专利权期限补偿的,应当自药品上市许可申请获得批准之日起 3 个月内向国务院专利行政部门提出药品专利权期限补偿请求,并附具有关证明文件,提出请求时药品及其专利应当满足以下条件:(1)一个药品同时存在多项专利的,专利权人只能请求对其中一项专利给予药品专利权期限补偿;(2)一项专利同时涉及多个药品的,只能对一个药品就该专利提出药品专利权期限补偿请求;(3)该专利尚未获得过药品专利权期限补偿;(4)请求给予药品专利权期限补偿的专利剩余保护期限不少于 6 个月。

第二节　美国药品专利权期限补偿制度

新药和新医疗设备需要多年才能通过美国 FDA 的批准程序。新医疗器械从人体试验到 FDA 批准，平均需要 3～8 年。根据美国专利和商标局 2016 年发布的统计数据，对于生物技术、药物和医疗器械，从专利申请提交到专利授权的平均等待时间为 24.9 个月（假设申请满足专利性要求）。

1984 年，美国国会正式通过了《药品价格竞争和专利期恢复法》（Hatch-Waxman 法案），率先建立起了药品专利权期限补偿制度以弥补临床试验、药品审批所造成的专利有效期减损，同时此项法案还确立了药品专利链接，并简化了仿制药的审批程序以平衡创新药公司与仿制药公司、社会公众三者之间的利益。

一、适用药品范围

适用专利权期限补偿制度的药品专利包括人用药品（新药、抗生素药、人用生物制品）、医疗器械、食品添加剂、色素添加剂。

二、药品专利权期限补偿计算方法

PTE（Patent Term Extension）= 专利授权后有效临床试验阶段天数 × 1/2 + NDA 审批阶段天数，不超过 5 年，且药品首次上市后剩余专利期加 PTE 不超过 14 年。

根据美国《专利审查指南》第 2751 节的规定，对于同一个药品上市许可，延长一项专利期限的条件之一是基于该药品上市许可没有其他专利期限被延长。

三、药品专利权延长期限内的保护范围

美国 35 U.S.C. 156(b) 规定：(1) 对于产品专利，应被限定于依据监管审查

期所依据的法律规定所确定的用途；(2)对于产品的使用方法专利，应限定于专利请求保护并且获批的用途；(3)对于产品的制备方法专利，应限定于制备获批产品的方法。

第三节　日本药品专利权期限补偿制度

1987 年日本首次在专利法中设立了专利权期限补偿制度,根据《日本专利法》第 67 条第 1 款第 2 项的规定,为确保专利发明实施的安全性,根据法律规定而需要相当长的时间才能收到政府法令规定的许可或其他处分,专利权的期限可以通过提交延期注册申请延长最多 5 年。

一、适用范围

日本药品专利权期限补偿制度适用于人用或兽用药物、人用或兽用药物诊断试剂或材料,但不适用于医疗器械。

二、药品专利权期限补偿计算方法

日本药品专利权期限补偿制度实际上是对药品发明专利不能实施期间的一种补偿措施,以临床试验开始之日或专利授权日两者中任一最晚日期为起始时间,申请者获得药品许可之日为终止之日。日本《专利审查指南》第九部分第二章对延长期限的计算方式进行了详细的规定。其中,延长时间 = 药品许可之日 – 临床试验提交之日或专利授权之日(以较晚者为准)。

需申请延长专利有效期的,须在药品获得上市批准的 3 个月内提出。原专利权已经届满的,不能提交延长申请。如果在专利权届满 6 个月前还未获得药品上市许可,申请人应提前于获得上市许可之日向日本特许厅提交书面说明。一项发明专利对应多个审批时,基于多个审批的同一发明,按不同审批分别延长专利有效期。

在适用专利权期限补偿制度时,美国、欧洲和中国等国家和地区还对药品上市后的剩余专利期限进行了限定,不超过 14 年或 15 年,但是日本没有明确的限制,因此可能使得药品在日本上市后专利剩余保护期限大于 15 年。以 2 型糖尿病治疗明星药物达格列净为例，原研在2007年6月21日提交了达格列净晶型专利JP2009518468A，并于2013年10月9日获得授权JP5313889B，原专利到期日为2027年6月21日，2014年药品上市后该专利获得5年的专利期限延长，有效期至2032年6月21日，使得该药品自上市后剩余专利期长达18年之久，最大限度地保障了该产品的市场独占，获得了巨大的经济利益。

第四节　欧洲药品专利延期制度

1992 年 6 月，欧洲议会颁布 SPC（Supplemental Protection Certificate）法案（EC 1768/92），该法案于 1993 年 1 月 2 日生效，目的是通过授予 SPC 给予药品一定期限的专利期延长，补偿药品专利权人在寻求上市行政许可中所损失的专利保护期。

在欧洲进行专利申请时，申请人可以向欧洲专利局提出申请，但是其要在某个国家获得专利权，必须指定进入该国家并由该国知识产权管理机构授予专利权。作为专利权利的延伸，SPC 的获得和行使范围也具有地域性。如果申请人需要在欧盟或者欧洲经济区成员国获得 SPC，则需要分别在这些国家申请，所获得的 SPC 只在该成员国有效。

一、欧洲药品专利保护期限补偿的计算方法

SPC 能够将专利的市场独占权最多延长 5 年，从在欧盟或者欧洲经济区首次获得市场准入许可起算。

其计算方法是，SPC = 首次上市许可的日期 - 基本专利申请日期 - 5 年，SPC 不得超过 5 年，且药品首次被批准上市时的剩余专利期加 SPC 期限不得超过 15 年。在欧盟的计算方式中，仅对自专利申请日起 5 年后才批准上市的药物提供期限补偿，即对于已经具有足够有效专利期限回收成本的药品不予以补充保护，该计算方法反映出了相应的立法目的。

二、适用范围

根据相关法规，欧洲药品专利授予 SPC 的必要条件有 4 项：

1. 存在保护产品的基础专利。该基础专利可以保护产品、方法或者用途。

2. 该产品已获得作为药物产品在欧洲上市的有效许可。上市许可可以是在

欧洲某个国家获得的，也可以是在欧盟主管机构[欧洲药品管理局(European Medicines Agency，EMA)]集中授权的上市许可。

3. 该产品尚未成为证书的保护对象。

4. 上述第 2 项中提到的许可是该产品作为药品的首次上市许可。

受保护的是存在于“药物产品”中的用于治疗或预防人或动物疾病的活性成分或活性成分的组合。SPC 还适用于作为产品专利、工艺专利或产品的应用/使用的基本专利(国家专利或欧洲专利生效的国家部分)。

SPC 应在首次获得市场行政许可后的 6 个月内向专利局提出申请，但如果市场行政许可在专利授权之前获得，则应当在专利被授权后的 6 个月内提出申请。SPC 仅可以被授予在欧盟或者欧洲经济区成员国内获得市场行政许可的药品，且该市场行政许可必须是首次市场行政许可。

重要的基本原则是，一个 SPC 仅可用于一个产品，一个 SPC 仅可用于一项专利。对于同一活性成分后续研发获得的专利，法律对其过多的 SPC 申请提供了一个有效的控制手段。这意味着除已经获得 SPC 保护的基本专利之外，对该基本专利进一步地改进，如更高的纯度、新的多晶型物、新的盐、开发的配方等，即使它们本身获得后续专利的保护，也不太可能鉴于此类二级专利授予额外的 SPC，因为其活性成分(“产品”)是没有变化的。如后续研发的产品(可能与另一种物质组合)提供新的治疗效果，即与早期 SPC 产品/早期专利的产品不等同/不相同时，并且其产品本身就从属于一项权利要求的情况下，获得基本专利之外的 SPC 是有可能的。如果一个产品有多个专利，专利权人可自由选择依据哪项专利申请 SPC。

三、SPC 儿科规则

由于目标群体数量少，并且对儿童进行临床试验涉及伦理道德方面的问题，为了鼓励儿科用药的开发，减少儿童的标签外用药，SPC 制度针对儿童药物制定了儿科规则，并于 2007 年 1 月 26 日生效。根据 SPC 儿科规则，如果进行了儿童临床试验，则药物专利的 SPC 期限可以延长 6 个月。

第六章

专利维权诉讼策略

专利维权是当权利主体遭受专利侵权时主动向侵权主体发起的维护自身合法权益的行动。成功的专利维权不仅可以让侵权主体停止侵权、赔偿损失，还可以在专利有效期内实现专利技术的独占使用，使企业的创新投入得到巨大的回报。专利维权策略是一个关乎案件全局的宏观问题，涉及案件处理的整体思路，维权策略得当，往往能收到事半功倍的效果。本章结合专利侵权诉讼案例，探讨在制定维权诉讼策略过程中，需要重点考虑的因素。

第一节　专利维权的途径

根据《专利法》第65条的规定，未经专利权人许可，实施其专利，即侵犯其专利权，引起纠纷的，由当事人协商解决；不愿协商或者协商不成的，专利权人或者利害关系人可以向人民法院起诉，也可以请求管理专利工作的部门处理。管理专利工作的部门处理时，认定侵权行为成立的，可以责令侵权人立即停止侵权行为，当事人不服的，可以自收到处理通知之日起15日内依照《行政诉讼法》向人民法院起诉；侵权人期满不起诉又不停止侵权行为的，管理专利工作的部门可以申请人民法院强制执行。进行处理的管理专利工作的部门应当事人的请求，可以就侵犯专利权的赔偿数额进行调解；调解不成的，当事人可以依照《民事诉讼法》向人民法院起诉。

可见，专利维权的途径主要有以下三种：

一、自行和解

自行和解是指双方当事人在自愿的基础上就发生的争议自行协商并达成协议。和解协议的内容对双方均具有约束力，但不可以申请法院强制执行。自行和解过程简单、经济实惠，就算聘请律师协助和解也花费不多。

二、行政调处

行政调处是指权利人就发生的专利侵权纠纷向管理专利工作的部门申请处理和调解。具体程序是通过行政决定责令侵权主体立即停止侵权，还可对赔偿金额进行调解以达成赔偿协议。行政决定作出后，侵权主体期满不起诉又不停止侵权的，可以申请法院强制执行。行政调处具有程序相对简便、效率高、费用低的优点；其缺点是对达成的赔偿协议不可以要求法院强制执行，如侵权主体不赔偿，权利人仍需向法院提起诉讼并获得支持之后才有可能得到执行。

三、法院起诉

法院起诉是指权利人就发生的专利侵权纠纷向有管辖权的法院提起诉讼，可要求停止侵权、赔偿损失等。人民法院作出的生效判决书由国家强制力保证其执行，对侵权行为具有震慑作用。相对于以上两种途径而言，其不足之处是维权的时间成本和费用都较高。

以上三种途径各有利弊，当事人可根据自身实际情况进行选择。例如，在侵权情节较为轻微，权利人诉求以停止侵权为主的情形下，通过自行协商双方可能比较容易达成和解。当权利人认为自行和解有困难，且以快速制止侵权为主要诉求时，如果侵权比对较为简单直观，可选择行政调处。对于侵权情节较为严重、取证难、侵权比对较为复杂、要求赔偿金额较高等的专利维权，可选择向法院起诉。

第二节　发起专利维权的权利基础分析

权利人对专利享有权利是其向特定侵权方发起专利维权的基础，因此在发起专利维权之前，应该对专利的权利基础进行分析，以确认权利人享有该权利。权利基础分析主要包括专利权有效性分析和专利权稳定性分析两部分。

一、专利权有效性分析

专利权有效是指专利申请后，经专利局审查并公告授权生效，并在授权后维持有效的法律状态。仅获得专利受理通知书、进入实质审查通知书、专利授权通知书等中间文件的专利申请，均不能证明该专利权已生效。在我国，只有被公告授权的专利才是生效的专利。专利授权后，必须按时足额缴纳以后每一年的专利年费，才能持续获得专利有效的法律状态。能证明专利权有效的证据主要是专利证书、历年的缴纳年费证明、维权近期的专利登记簿副本、国家知识产权局官网上公布的法律状态信息等。

二、专利权稳定性分析

专利权作为专利诉讼的基础，在发起任何一起专利维权诉讼时，都需要充分分析专利权的稳定性。在较大的专利侵权诉讼中，被诉方一般都选择以专利无效的方式作为一种对抗手段，专利无效已经成为专利侵权诉讼的伴生品。因此，在发起专利诉讼之前需要重点分析专利的稳定性，涉案专利稳定性好是发起专利侵权诉讼的前提。

针对发明专利，进行专利稳定性分析的步骤一般为：第一，查阅并分析涉案专利的检索报告、审查意见、意见陈述及审查意见引用的对比文件，通过专利审查档案分析涉案专利是否稳定；第二，如果涉案专利申请了 PCT，查阅并分析涉案专利的 PCT 检索报告及书面意见，进一步分析涉案专利是否稳定；第三，如果涉案专利在其他国家或地区申请了同族专利，查阅并分析同族专利的审查档案，进一步分析涉案专利是否稳定；第四，如果涉案专利涉及专利无效程序、专利无效行政诉讼，查阅并分析无效材料及行政诉讼材料，进一步分析涉案专利是否稳定；第五，如果对涉案专利是否稳定还存有不确定性，建议对涉案专利进行无效检索，进一步分析涉案专利是否稳定。

针对实用新型专利和外观设计专利，进行专利稳定性分析的步骤一般为：第一，到国家知识产权局专利局申请出具实用新型专利和外观设计专利评价报告，通过专利评价报告的结论分析涉案专利是否稳定；第二，分析专利评价报告及专利评价报告引用的对比文件，进一步分析涉案专利是否稳定；第三，如果对涉案专利是否稳定还存有不确定性，建议对涉案专利进行无效检索，进一步分析涉案专利是否稳定。

涉案专利经过上述分析之后，如果得出的是专利具备稳定性的结论，才可以进入下一步的工作；如果得出的是专利不稳定的结论，那么建议企业慎重发起专利维权诉讼。

第三节 专利侵权分析

发明、实用新型专利权的侵权判定通常按以下步骤进行：首先，确定涉案专利的保护范围；其次，确定涉案侵权产品的技术特征；再次，分析涉案产品是否包含了所主张权利要求的全部技术特征，如果全部包含则构成相同侵权，如果不全部包含，找出区别技术特征；最后，分析区别技术特征是否构成等同，如果等同则构成侵权，如果不等同则不构成侵权。

1. 权利要求保护范围的确定

在进行专利侵权分析之前，需要先确定权利要求的保护范围，因语言表达的局限性等原因，很多时候权利要求的保护范围单从字面上看并不是非常清楚，需要结合专利说明书及附图、审查档案以及公知技术等解释权利要求的保护范围。

2. 全面覆盖原则

全面覆盖原则是专利侵权判定最基本的原则。其比对方法是将权利要求中记载的全部技术特征与被诉产品对应的全部技术特征进行比对，如果被诉产品具有被比权利要求项的全部技术特征，则落入专利权的保护范围。

3. 相同侵权

相同侵权的比对方法是，将被诉产品的技术方案与一项权利要求记载的全部技术特征进行比对，如果在字面含义上相同，则属于相同侵权。在实务中主要有以下几种相同侵权的情形：

(1)不多不少，一模一样。被诉产品的技术方案与权利要求记载的全部技术特征相比完全相同。例如，权利要求记载的技术特征是 A + B + C，被诉产品采用的对应技术特征是 A + B + C。

(2)有增无减，还是一样。被诉产品的技术方案除具有权利要求记载的全部技术特征外，还增加了新的技术特征。例如，权利要求记载的技术特征是 A + B + C，被诉产品采用的对应技术特征是 A + B + C + D。

(3)下位概念,等于没换概念。权利要求中记载的技术特征采用上位概念,而被诉技术方案的相应技术特征采用的是相应的下位概念,仍然构成相同侵权。例如,权利要求记载的技术特征是“二元醇”,被诉产品采用相应的技术特征是“乙二醇”。

另外,还有一些例外的情形。例如,如果权利要求采用的是封闭式写法,当被诉技术方案除包含该项权利要求全部技术特征之外,还另外增加了其他技术特征时,则不落入该权利要求的保护范围,不构成相同侵权。但是,对于医药、化学领域中涉及组分的封闭式权利要求,该增加的技术特征属于不可避免的常规数量杂质的,仍然构成相同侵权。

4. 等同侵权

等同侵权是指当被诉产品与专利权利要求的全部技术特征相比不相同,但该不相同的技术特征实际上与权利要求对应的技术特征构成等同,则构成等同侵权。

关于等同特征的判定,《最高人民法院关于审理专利纠纷案件适用法律问题的若干规定》(2020 年修正)第 13 条第 2 款规定:“等同特征,是指与所记载的技术特征以基本相同的手段,实现基本相同的功能,达到基本相同的效果,并且本领域普通技术人员在被诉侵权行为发生时无须经过创造性劳动就能够联想到的特征。”可见,等同判定需要同时满足手段、功能、效果的基本相同,以及容易联想到这 4 个必要条件,此侵权判断规则也称为等同原则。

经广州知识产权法院审理、笔者代理的湖北广绅电器股份有限公司与广州市麦康电器制造有限公司等侵害发明专利权纠纷[案号:(2019)粤 73 知民初 499 号]一案中,我方主张被诉侵权产品中的晶体管与权利要求 1 中的继电器属于具有基本相同的手段、实现相同功能、达到相同的效果,是本领域惯用技术手段的简单替换,构成相同侵权或等同侵权。被告认为其晶体管与权利要求 1 中的继电器不同,但实现的功能相同。法院认为,本案专利控制系统的控制模块向控制系统的继电器发送关闭或者打开信号,来实现控制的关闭或者打开,而被诉侵权产品采用晶体管来进行关闭或者打开控制,虽然与继电器属于不同的技术特征,但两者采取手段基本相同、功能基本相同、效果基本相同,且对该领域普通技术人员具有显而易见性,属于等同的技术特征。

第四节　取证方案

在涉案专利具备稳定性、涉案产品构成专利侵权的前提下进入诉讼的准备阶段。取证方案的制订是专利诉讼准备阶段的核心工作。

专利侵权案件一般需要权利人自行固定证据，在实践中往往通过公证的方式，如有特殊情况无法取证，也可以申请法院调查取证。取证要考虑的因素很多，但核心基本上是在不引起侵权方察觉的前提下，通过公证购买、网页公证、展会公证等方式取得被控侵权产品及相关资料等。取证方案最好能直接固定到涉案产品，在有些情况下因特殊原因无法固定到涉案产品时，至少要固定到初步侵权的证据以达到立案的标准，在立案之后申请法院进行证据调取或者证据保全。

专利侵权案件中的公证取证一般可分为网上公证和现场公证两类。网上公证一般又可分为网上公证购买和网页公证。网上公证购买为专利侵权案件中最常见的取证方式，网上公证购买一般包括网上购买阶段的公证和收货时的公证；网页公证主要包括对侵权方网站的公证、销售渠道的公证、销售数量的公证等。现场公证主要包括现场购买公证、展会公证、现场查看的公证等。现场购买公证主要是对购买过程的公证，包括购买过程中取得的相关材料以及侵权产品的封存；展会公证主要对参展过程中取得的相关材料进行公证，并对参展的侵权产品通过拍照等方式进行公证；现场查看的公证主要是针对侵权产品在第三方，通过公证的情况时进行初步取证，以方便申请法院调查取证。

第五节　侵权主体的确定

侵权主体是指任何实施了专利侵权行为的单位或者个人。

专利侵权行为是指发明或实用新型专利被授权后,未经专利权人许可,以生产经营为目的制造、使用、许诺销售、销售、进口其专利产品,或者使用其专利方法以及使用、许诺销售、销售、进口依照该专利方法直接获得的产品的行为。外观设计专利权被授予后,未经专利权人许可,以生产经营为目的制造、许诺销售、销售、进口其外观设计专利产品的行为。

可见,侵权主体就在以上实施了侵权行为的单位或个人中产生。那么在专利维权时,如何选择合适的侵权主体进行维权对达到维权目的更为有利呢?在制造、使用、许诺销售、销售、进口等行为中,显然制造属于源头侵权,其隐蔽性强、危害性大,也是司法审判重点打击的侵权类型。因此,在调查取证时,应尽量查清楚侵权源头,在维权时避免仅以使用者或销售者这种非制造侵权主体为维权对象。当然,在无法查清源头的情况下,通过向销售方、使用方、许诺销售方进行维权来查清源头情况,也是可以的。

另外,当侵权行为高发时,由于侵权主体较多,同步维权不仅工作量大、费用高,还有可能给侵权主体提供了集中一起抱团对抗权利人的机会,这显然对权利人不利。特别是在专利侵权诉讼中,先起诉谁后起诉谁,在哪里先起诉,都有可能会影响维权的效果。在这种情况下,有的权利人可能更愿意选择争议不大、有一定赔付能力的侵权主体提起诉讼,争取先下一城后,再对其他侵权主体展开维权行动。有的权利人更愿意选择侵权情节恶劣、侵权示范效应明显的侵权主体进行首发打击,以期杀一儆百。有的权利人则更倾向于首选与自己构成重大竞争的侵权主体进行打击,以争夺市场份额。如何选择侵权主体确实是一个需要全面思考的问题。

第六节　管辖法院的确定

关于管辖,《民事诉讼法》(2021 年修正)第 29 条规定,因侵权行为提起的诉讼,由侵权行为地或者被告住所地人民法院管辖。

《最高人民法院关于适用〈中华人民共和国民事诉讼法〉的解释》(2022 年修正)第 24 条规定,《民事诉讼法》第 29 条规定的侵权行为地,包括侵权行为实施地、侵权结果发生地。

《最高人民法院关于第一审知识产权民事、行政案件管辖的若干规定》第 1 条规定,发明专利、实用新型专利、植物新品种、集成电路布图设计、技术秘密、计算机软件的权属、侵权纠纷以及垄断纠纷第一审民事、行政案件由知识产权法院,省、自治区、直辖市人民政府所在地的中级人民法院和最高人民法院确定的中级人民法院管辖。法律对知识产权法院的管辖有规定的,依照其规定。

为追求公平、效率与经济效益,实践中原告往往更积极选择那些侵权行为发生在原告所在地的案件进行诉讼,或选择远离被告住所地的人民法院进行诉讼。对于复杂案件,原告则更愿意选择在一线城市的人民法院进行诉讼。

第七节　诉讼时机的选择

《专利法》第 65 条规定，未经专利权人许可，实施其专利，即侵犯其专利权，引起纠纷的，由当事人协商解决；不愿协商或者协商不成的，专利权人或者利害关系人可以向人民法院起诉，也可以请求管理专利工作的部门处理。

《民事诉讼法》第 126 条规定，人民法院应当保障当事人依照法律规定享有的起诉权利。对符合本法第 122 条的起诉，必须受理。符合起诉条件的，应当在 7 日内立案，并通知当事人；不符合起诉条件的，应当在 7 日内作出裁定书，不予受理；原告对裁定不服的，可以提起上诉。

《民事诉讼法》第 122 条规定，起诉必须符合下列条件：(1)原告是与本案有直接利害关系的公民、法人和其他组织；(2)有明确的被告；(3)有具体的诉讼请求和事实、理由；(4)属于人民法院受理民事诉讼的范围和受诉人民法院管辖。

可见，只要符合《民事诉讼法》第 122 条的规定，法律保障权利人起诉的自由。

有了法律的保障，理论上来说专利权人只要有证据证明侵权主体实施了侵权行为，就可以向法院提起诉讼。但是从投入产出、取证难易、制止侵权的效率甚至侵权主体与权利人的商业关系等多种角度出发，有时还需要选择一个对维权更为有利的时机。例如，当侵权初发，市场还比较清冷的时候，此时起诉，可能投入多产出少，不如等到市场有一定规模后再行起诉；在证据还有瑕疵的时候，此时起诉，可能得不到支持，不如先发律师函要求侵权主体停止侵权，并通过其回应来达成和解或以此收集证据来弥补证据链的缺失，和解不成时再行起诉；当发起诉讼会严重影响到自己重要的合作伙伴时，也许先关照好合作伙伴再行起诉会更为从容。

总体来说，只有理性评估诉讼的利弊并结合自身诉求来选择对自己较为有利的时机进行诉讼，才会取得比较理想的维权效果。

第八节 索赔金额的确定

根据《专利法》第 71 条的规定，侵犯专利权的赔偿数额按照权利人因被侵权所受到的实际损失或者侵权人因侵权所获得的利益确定；权利人的损失或者侵权人获得的利益难以确定的，参照该专利许可使用费的倍数合理确定。对故意侵犯专利权，情节严重的，可以在按照上述方法确定数额的 1 倍以上 5 倍以下确定赔偿数额。权利人的损失、侵权人获得的利益和专利许可使用费均难以确定的，人民法院可以根据专利权的类型、侵权行为的性质和情节等因素，确定给予 3 万元以上 500 万元以下的赔偿。赔偿数额还应当包括权利人为制止侵权行为所支付的合理开支。

中国专利侵权的损害赔偿，大多采用补偿性原则，即判赔数额是用来补偿权利人的实际损失。专利赔偿额的计算方式也体现了这一原则，专利权人因侵权所受的实际损失按照以下顺序依次适用：首先采用实际损失法或因侵权获利进行计算，当实际损失或因侵权获利难以确定时，再按照专利许可使用费的倍数确定，以此类推。根据《最高人民法院关于审理专利纠纷案件适用法律问题的若干规定》第 16 条规定，权利人主张其为制止侵权行为所支付合理开支的，人民法院可以在确定的赔偿数额之外另行计算。也就是说，权利人主张合理费用已经不包含在适用以上 4 种计算方法所确定的赔偿额范围之内。

以下对专利赔偿额计算方法进行简要介绍：

一、实际损失计算方法

根据《最高人民法院关于审理专利纠纷案件适用法律问题的若干规定》第 14 条，实际损失主要存在两种计算方法。第一，当能够直接确定专利产品因侵权行为而造成销售量下降的数额时，实际损失 = 专利产品因侵权所造成销售量减少的总数 × 每件专利产品的合理利润所得；第二，当权利人销售量减少的总数难以确定时，实际损失 = 侵权产品在市场上销售的总数 × 每件专利产品的合理利润。

在我国司法实践中，较少直接适用实际损失计算方法确定赔偿额，尤其是第一种计算方法。权利人通常无法举证专利产品因侵权行为而造成销售量下降的数额，也较难举证能够令法院采信的专利产品合理利润所得。但是，实际损失计算方式仍旧具有较强的参考价值。专利产品的合理利润既可以用权利人销售专利产品的利润率确定，也可以依据同类企业相同或类似产品的利润率确定。尤其是对于网络侵权而言，权利人可以通过调取侵权产品的后台数据，确认侵权产品的销售总量。在此情况下，对于通过恶意压价进行不正当竞争、实际获利低的此类侵权人，能够让其承受适用更高利润率的判赔，从而使专利权人更好地维护自己的专利权。

以下列举几个适用实际损失计算方法的案件以供参考，具体见表 6 – 1。

表 6 – 1　适用实际损失计算方法的案件情况

案号	案件名称	起诉金额（元）	判赔金额（元）	计算方法	法院计算依据或标准
（2015）京知民初字第 441 号	北京握奇数据公司诉恒宝公司侵害发明专利权纠纷	4900 万	4900 万	实际损失法	原告提交了 5 组关于利润率的证据，包括其关联公司委托他人制作的毛利润专项审计、以其利润率为基础的 2 份合同的每件产品利润值、一家上市公司同类产品的利润率以及该家公司 3 年来同类产品的利润值。原告利用以上证据证明被诉侵权产品数量为 481.42 万件，利润值为 10 元，相乘为 4814.2 万元，再加上合理推断的其他数额，要求赔偿共计 4900 万元。 法院依据《最高人民法院关于审理专利纠纷案件适用法律问题的若干规定》认定本案原告主张的计算方法可行。当原告无法确定专利产品减少的销售量时，可以用侵权产品在市场上的销售量代替。关于利润率

续表

案号	案件名称	起诉金额（元）	判赔金额（元）	计算方法	法院计算依据或标准
					的5项证据，法院最终认为审计报告的可信度较高，加之原告所请求的利润值比平均值还小，法院予以认同，法院判决被告赔偿4900万元。 计算公式：侵权产品在市场上的销售量×每件产品确定利润值+合理推断的其他数额
（2018）京民终506号	一汽—法雷奥汽车空调有限公司等与株式会社京滨冷暖科技发明权纠纷	564万	564万	实际损失法	一审法院参照新宝来汽车2012年12月至2015年12月的销量、一汽—法雷奥公司的供货价格、株式会社京滨因每件专利产品获得的合理利润等因素，同时结合（2014）二中民初字第1132号生效判决确定的损失赔偿数额支持株式会社京滨主张的因被侵权所受到的经济损失的诉讼请求。 计算公式：侵权产品在市场上的销售量×每件专利产品的合理利润

二、侵权获利计算方法

从本质上来说，侵权获利是将侵权人因侵犯专利权所获得收益归还于权利人，是对权利人实际损失的一种推定。根据《专利法》的规定，权利人可以根据更容易获得的证据，择一计算方法适用。根据《最高人民法院关于审理专利纠纷案件适用法律问题的若干规定》第14条，侵权获利主要存在两种计算方法。第一，对于一般侵权人，侵权获利＝侵权产品在市场上销售的总数×每件侵权产品的营业利润；第二，对于完全以侵权为业的侵权人，侵权获利＝侵权产品在市场上销售的总数×每件侵权产品的销售利润。一般来说，营业利润＝销售利润－期间费用（包括销售费用、管理费用、财务费用）。因此，适用第二种方法进行计算的侵权获利一般会高于第一种方法。由此可见，专利侵权的损害赔偿以补偿性原则为核心，同时对恶意侵权行为进行严厉打击。

可以看出，侵权获利计算方法和实际损失计算方法的公式几乎是相同的，区别仅在于侵权获利计算方法所需的数据更多地来自侵权人一方。区分两种计算方法的关键在于，侵权获利计算方法是适用侵权产品数据，实际损失计算方法是适用专利产品数据。

根据国家知识产权局 2021 年发布的《2020 年中国专利调查报告》可以看出，针对专利权诉讼，我国判赔金额正在逐步升高。但是，获判赔额较高的企业大多为大型或高新技术企业，换言之，普通企业或一般小权利人可能并不能获得理想的判赔额度，造成这一现象的主要原因正是举证困难。虽然根据《专利法》第 71 条的规定，人民法院为确定赔偿数额，在权利人已经尽力举证，而与侵权行为相关的账簿、资料主要由侵权人掌握的情况下，可以责令侵权人提供与侵权行为相关的账簿、资料，侵权人不提供或者提供虚假的账簿、资料的，人民法院可以参考权利人的主张和提供的证据判定赔偿数额，但此规定也并非单纯的举证责任倒置，权利人仍需要提供初步证据，而在实际诉讼过程中，即使侵权人提供了不实、片面的账簿、资料等，权利人或法院也无法及时分辨。

综上所述，适用侵权获利计算方法在实践中存在难度。由于专利权案件的特殊性，要求精确计算侵权人获利是不现实的。实践中，较多认定侵权人实际获利已明显超过权利人诉请，继而全额支持权利人诉请的案件，也应当认为是适用了侵权获利计算方法。

以下列举几个适用侵权获利计算方法的案件以供参考，具体见表 6 – 2。

表 6 – 2　适用侵权获利计算方法的案件情况

案号	案件名称	起诉金额（元）	判赔金额（元）	计算方法	法院计算依据或标准
（2019）最高法知民终 147 号	深圳敦骏科技有限公司诉深圳市吉祥腾达科技有限公司、济南历下弘康电子产品经营部等侵害发明专利权纠纷	500 万	500 万	侵权获利法	敦骏公司主张依照侵权人因侵权获利计算赔偿额，并提交了腾达公司电商平台的官方旗舰店销售被诉侵权产品数量、售价的证据，已有证据显示腾达公司实际侵权规模已远大于敦骏公司所主张赔偿的范围。 计算公式：腾达公司分别在京东商城和天猫网站的官方旗舰店销售被诉侵权产品数量 × 依据售价推算的每件产品利润值

续表

案号	案件名称	起诉金额（元）	判赔金额（元）	计算方法	法院计算依据或标准
(2015)京知民初字第1579号	布鲁克(成都)工程有限公司与安平县万悦金属丝网制品有限公司等侵害发明专利权纠纷	600万	600万	侵权获利法	关于赔偿数额,原告明确要求适用侵权人获利,并提出了三种侵权获利的计算方式:第一种是整体上对被告的营业收入和利润率进行举证,主要依据被告的网站以及其他判决书对同类企业利润率的认定,还有国家统计局的参考利润率。第二种是根据被告产量、售价和参考利润率计算。被告网站对于供货能力和售价有记载,利润率仍然是根据其他判决书对同类企业的利润率的认定,最终得到判赔数额。第三种是根据产量、售价和实际利润率,此计算方法十分细致,计算出原料成本、设备损耗、人工成本,以上相加才是侵权产品的生产成本。以被告网站记载的价格减去成本再除以价格,以此得到产品的毛利率;还要减去销售成本和税率得到净利润率,销售、管理成本以15%计,税费等以25%计。原告以侵权2年计,侵权人获利远远超过了诉请的600万元。法院以两次公证购买的平均价格作为不含增值税的产品价格计算侵权获利。关于利润率的确定,法院对其第三种计算方法所使用的利润率表示认可,计算出侵权获利远大于诉请,故法院对赔偿额的诉讼请求全部支持。 计算公式:单位产品原料成本=单位重量原料成本×单位产品重量×(1+损耗率)=9×1.65×(1+5%)≈15.59元/平方米; 单位产品人工成本=(人均月工资×设备台数×每台设备工人数量)/月产量=(6000×6×3)/20000=5.4元/平方米;

续表

案号	案件名称	起诉金额（元）	判赔金额（元）	计算方法	法院计算依据或标准
(2015)京知民初字第1579号	布鲁克(成都)工程有限公司与安平县万悦金属丝网制品有限公司等侵害发明专利权纠纷	600万	600万	侵权获利法	单位产品设备损耗成本 = 设备价值 × 设备数量/折旧年限/年产量 = 400000 × 6/(10 × 250000) = 0.96元/平方米； 单位产品成本 = 原料成本 + 人工成本 + 设备损耗成本 = 15.59 + 5.4 + 0.96 = 21.95元/平方米； 以2年侵权时间计算， 毛利润 = (销售价格 − 单位产品成本) × 2年产量 = (55 − 21.95) × 500000 = 16525000元； 销售、管理费用 = 销售价格 × 2年产量 × 15% = 55 × 500000 × 15% = 4125000元； 营业税金及附加 = 2年产量 × [不含增值税价格/(1 − 增值税税率)] × 增值税税率 × (城建税、教育费附加和地方教育附加比例) = 500000 × [55/(1 − 17%)] × 17% × 10% ≈ 563253元； 营业利润 = 毛利润 − 销售、管理费用 − 营业税金及附加 = 16525000 − 4125000 − 563253 = 11836747元
(2019)最高法知民终276号	深圳市麦动时代科技有限公司与深圳市昭晨电子科技有限公司侵害实用新型专利权纠纷	50万	50万	侵权获利法	人民法院应当依据网站显示的销量，确定销售者管理下销量并进而确定获得的利益。据此，麦动公司主张的50万元赔偿数额有事实和法律依据，应当予以支持。被诉侵权产品的单价为69元，月销量为16536个，麦动公司提交的同类产品的批发价格在30元以内的居多，同款产品在30.5～40元，以此推定被诉侵权产品的成本价格肯定不超过40元。麦动公司主张以获得的利益来计算赔偿额，即销售所获得的总利润至少为(69 − 40) × 16536 = 479544元。 计算公式：网站显示的销量 × (产品销售单价 − 同类产品批发价格)

续表

案号	案件名称	起诉金额（元）	判赔金额（元）	计算方法	法院计算依据或标准
（2010）二中民初字第17491号	北京光华安富业门窗有限公司、华坤商业投资管理有限公司与北京摩根陶瓷有限公司侵犯专利权纠纷	146.3万	142万	实际损失法	单位利润与涉案面积由审计机构出具的审计报告得出。 计算公式：北京市科航大厦防火卷帘的单位利润180.9元/平方米×涉案面积8096.69平方米≈146万元
（2011）高民终字第869号			50万	法定赔偿法	依据《最高人民法院关于审理专利纠纷案件适用法律问题的若干规定》第21条的有关规定改判北京光华安富业公司承担的赔偿数额为50万元
（2014）民提字第91号			142万	侵权获利法	再审法院认定：一审法院综合考虑英特莱摩根公司实施涉案专利的相关利润情况，北京光华安富业公司侵权的方式、范围、主观过错程度、侵权行为持续的时间等因素，将北京光华安富业公司侵权赔偿数额酌情确定为140万并无不当

三、合理许可费计算方法

根据《最高人民法院关于审理专利纠纷案件适用法律问题的若干规定》第15条，权利人的损失或者侵权人获得的利益难以确定，有专利许可使用费可以参照的，合理许可费=可参照的专利许可费×合理倍数。在我国司法实践中，适用合理许可费计算方法的案例占比较小。由于在实践中，专利许可实施方式多种多样，当事人对许可方式的约定各不相同，因此可参照的专利许可费较难确定。

以下列举几个适用合理许可费计算方法的案件以供参考，具体见表6-3。

表 6-3 适用合理许可费计算方法的案件情况

案号	案件名称	起诉金额(元)	判赔金额(元)	计算方法	法院计算依据或标准
(2018)最高法民再 86 号	孔某与吉安宇之源光电科技有限公司侵害外观设计专利权纠纷	10.44 万	9.886 万	许可费合理倍数	本案中,被诉侵权产品数量为 236 盏,孔某许可他人实施是每盏 385 元,许可费案外人也已实际支付,真实合法,可以作为确定赔偿额的依据,一审法院据此认定孔某经济损失为 90860 元。 计算公式:被诉侵权产品数量×许可费×1 倍
(2017)京民终 454 号	索尼移动通信产品(中国)有限公司与西安西电捷通无线网络通信股份有限公司侵害发明专利权纠纷	910.3907万	910.3907 万	许可费合理倍数	对于原告的损失或者被告获得的利益,双方当事人均未提交相关证据予以证明,因此,西电捷通公司主张以涉案专利许可使用费的 3 倍确定赔偿数额,一审法院考虑涉案专利的类型,侵权行为的性质和情节,专利许可的性质、范围、时间等因素,参照涉案专利许可使用费的倍数合理确定索尼中国公司侵犯涉案专利权的赔偿数额具有事实和法律依据,本院予以支持。西电捷通公司提交的 4 份与案外人签订的专利实施许可合同中约定的 1 元/件的专利提成费可以作为本案中

续表

案号	案件名称	起诉金额(元)	判赔金额(元)	计算方法	法院计算依据或标准
					确定涉案专利许可费的标准。 计算公式：涉案专利许可产品销售数量×1元/件的专利提成费×3倍

四、法定赔偿考虑的因素

根据《专利法》第71条的规定，权利人的损失、侵权人获得的利益和专利许可使用费均难以确定的，人民法院可以根据专利权的类型、侵权行为的性质和情节等因素，确定给予3万元以上500万元以下的赔偿。

在我国的司法实践中，由于存在权利人举证难度大、证据采信率低、诉争专利价格不高等原因，绝大多数专利权纠纷案件适用了法定赔偿计算方法。法定赔偿需要考虑如下因素：

1. 专利权的类型和市场价值

《专利法》规定了法定赔偿需要根据专利的类型、侵权行为的性质和情节等因素来确定。从狭义上理解，专利类型分为发明专利、实用新型专利和外观设计专利，即发明专利判赔额度高、实用新型专利次之、外观设计专利最低；但从广义上理解，笔者认为本条的立法本意是考虑技术的创新性和市场价值，即创新性越高，市场价值越大，获得的赔偿就越高。在办理案件的过程中，如果代理原告，代理人可以通过提供能够证明涉案专利创新性和市场价值的证据作为赔偿证据。创新性的证据主要包括现有的背景技术、国际检索报告及书面意见、同族专利的检索报告及审查意见和授权情况、专利产品与现有背景技术产品的性能检测等；市场价值的证据主要包括专利产品与现有背景技术产品的售价差异、专利产品的销量、专利产品的市场认可度、涉案专利被侵权的情形。笔者认为，如果提交的证据能够证明涉案专利的创新性和市场价值，理应获得更高的赔偿。

2. 侵权行为的性质和情节

侵权行为的性质和情节至少要考虑如下因素:

(1)侵权行为类型。根据《专利法》第 11 条的规定,发明和实用新型专利权被授予后,除《专利法》另有规定的以外,任何单位或者个人未经专利权人许可,都不得实施其专利,即不得为生产经营目的制造、使用、许诺销售、销售、进口其专利产品,或者使用其专利方法以及使用、许诺销售、销售、进口依照该专利方法直接获得的产品。

外观设计专利权被授予后,任何单位或者个人未经专利权人许可,都不得实施其专利,即不得为生产经营目的制造、许诺销售、销售、进口其外观设计专利产品。

法定赔偿中会充分考虑侵权行为的类型,如制造、销售、许诺销售或使用,其中制造为其他侵权行为的源头,专利权人理应获得更高的赔偿。

(2)侵权行为的规模,主要包括侵权者的实际经营规模、侵权时间的长短、销售规模、销售数量等。实际经营规模越大、侵权时间越长、销售规模越广、销售数量越多,给权利人造成的损失就越大,权利人就应当获得更高的赔偿。

(3)侵权行为的主观恶意。如果权利人之前向侵权者发送过律师函或者侵权者在接到起诉状后仍然销售的,应当视为侵权者是明知的状态,如果侵权者明知侵权还继续实施侵权行为,权利人应当获得更高的赔偿。

(4)涉案专利对侵权产品的价值,如果涉案专利为基础专利、侵权产品整体侵权,那么在法定赔偿时权利人应当获得较高的赔偿。

在专利侵权案件中,即使原告主张法定赔偿,也要按照上述的论述积极举证,以便获得更高的赔偿额。根据《最高人民法院关于审理侵犯专利权纠纷案件应用法律若干问题的解释(二)》第 27 条的规定,权利人因被侵权所受到的实际损失难以确定的,人民法院应当依照《专利法》第 65 条第 1 款的规定,要求权利人对侵权人因侵权所获得的利益进行举证;在权利人已经提供侵权人所获利益的初步证据,而与专利侵权行为相关的账簿、资料主要由侵权人掌握的情况下,人民法院可以责令侵权人提供该账簿、资料;侵权人无正当理由拒不提供或者提供虚假的账簿、资料的,人民法院可以根据权利人的主张和提供的证据认定侵权人因侵权所获得的利益。权利人可以申请法院责令侵权人提供账簿、资料等,以便获得更高的赔偿额。

以下列举几个适用法定赔偿计算方法的案件以供参考,具体见表6－4。

表6－4　适用法定赔偿计算方法的案件情况

案号	案件名称	起诉金额(元)	判赔金额(元)	计算方法	法院计算依据或标准
(2020)最高法知民终372号	源德盛塑胶电子(深圳)有限公司、宁夏德恒商贸有限公司侵害实用新型专利权纠纷	10000	2000	法定赔偿法	鉴于德恒商贸公司给源德盛公司造成的损失及德恒商贸公司因侵权获利的情况无法查明,结合源德盛公司拥有涉案专利的时间,德恒商贸公司经营规模,侵权行为的具体情节,涉案侵权产品价格低廉、利润微薄的特点,以及源德盛公司为此次维权支出的合理费用,酌情认定德恒商贸公司赔偿源德盛公司经济损失2000元
(2019)最高法知民终181号	东莞市鸿鼎家居有限公司、广东棋胜家具有限公司等侵害实用新型专利权纠纷	20万	15万	法定赔偿法	本案中,棋胜公司未举证证明其因被侵权所受到的实际损失,或康胜公司及鸿鼎公司因侵权所获得的利益,根据专利权的性质、侵权行为的性质、棋胜公司的维权合理支出,并考虑涉案被诉侵权产品的销售金额、涉案专利床卡扣结构对被诉侵权产品的利润贡献率、棋胜公司的诉请等因素,本院酌定棋胜公司因本案侵权行为而应获赔150000元(含维权合理支出)

续表

案号	案件名称	起诉金额(元)	判赔金额(元)	计算方法	法院计算依据或标准
(2019)最高法知民终896号	乐清市巴顿电子有限公司与胡某侵害实用新型专利权纠纷	5万	4万	法定赔偿法	本案中,胡某未证明权利人损失和侵权人获利的事实,且明确要求适用法定赔偿,故原审法院依照《专利法》的规定,综合考虑各种因素,包括被诉侵权产品销售价格及其销售时间、销售规模、范围,胡某为制止侵权所支出的合理费用,涉案专利的授权时间等因素,按照法定赔偿的方式,酌情确定赔偿数额

综上所述,专利权纠纷案件以补偿性原则为核心,灵活适用实际损失、侵权获利、合理许可费、法定赔偿多种计算方法,给予专利权人一个公平合理的专利侵权救济机制,有助于充分调动社会发明创造的积极性。

第九节　恶意侵权的构成要件

权利人维权成本高，而侵权人违法成本低，是当前我国知识产权保护过程中不法商家面临高利诱惑屡次侵权的根本原因。为加强知识产权保护，《中共中央、国务院关于完善产权保护制度依法保护知识产权的意见》明确要求，"加大知识产权侵权行为惩治力度，提高知识产权侵权法定赔偿上限，探索建立对专利权、著作权等知识产权侵权惩罚性赔偿制度，对情节严重的恶意侵权行为实施惩罚性赔偿，并由侵权人承担权利人为制止侵权行为所支付的合理开支，提高知识产权侵权成本"。

专利权作为一种知识产权，其最主要的特点就是排他性，即专利权人对其拥有的专利权享有独占或排他的权利，未经其许可或者出现法律规定的免责情况，任何人不得使用，否则即构成侵权。因此，专利侵权行为的构成要件包括未经专利权人许可；为生产经营目的；实施侵犯专利权的行为；无法定免责事由。

虽然专利侵权行为也属于一种民事侵权责任，但是行为人是否具有主观故意并不影响侵权认定。在司法实践中，一般认为停止侵害专利权的民事责任，不以侵权人的主观过错为要件，即无论侵权人主观上是否存在故意或过失，亦无论其是否知道或应当知道专利权的存在，只要其实施了《专利法》规定的侵害专利权的行为即构成侵权，应当承担停止侵权的民事责任。只是在判断是否需要承担相应的赔偿责任时，会按照《专利法》第 77 条的规定考虑其主观上是否为"不知道"。

恶意侵权，则是在上述构成要件上增加了对主观因素的限制，即指侵权人主动故意侵犯他人专利权的行为，如明知故犯、拒不改正以及频繁侵权等行为。下面针对恶意侵权的构成要件一一进行阐述。

一、未经专利权人许可

专利权是一种排他性权利,专利权人可以针对其专利进行普通许可、排他许可或独占许可,若未经许可实施,则可能涉嫌侵权。

二、为生产经营目的

在专利侵权判定时,对“为生产经营目的”的理解,应着眼于具体的被诉侵权行为,综合考虑该行为是否属于参与市场活动、是否影响专利权人市场利益等因素,既不能将“为生产经营目的”简单等同于从事营利性活动,又不能仅仅根据实施主体的机构性质认定其是否具有生产经营目的。

三、实施侵犯专利权的行为

针对发明专利及实用新型专利,侵权行为包括制造、销售、许诺销售、使用、进口等行为;若是外观设计专利,使用行为则不涉及侵权。

四、无法定免责事由

专利权是一种法定的垄断权,为了防止权利滥用,法律规定了以下几种不视为侵犯专利权的情形:(1)专利权用尽,专利权人制造、进口或者经专利权人许可而制造、进口的专利产品或者依照专利方法直接获得的产品售出后,使用、许诺销售或者销售该产品的;(2)先用权抗辩,在专利申请日前已经制造相同产品、使用相同方法或者已经做好制造、使用的必要准备,并且仅在原有范围内继续制造、使用的;(3)临时通过中国领陆、领水、领空的外国运输工具;(4)专为科学研究和实验而使用有关专利的。

五、主观恶意

《民法典》规定惩罚性赔偿主观要件为“故意”,《商标法》《反不正当竞争法》规定为“恶意”。实践中,构成“故意”还是“恶意”很难严格区分,故对“故意”和“恶意”作一致性解释,防止产生“恶意”适用于商标、不正当竞争领域,而“故意”适用于其他知识产权领域的误解。

行为人是否具有主观恶意可以参照最高人民法院司法解释的内容;对于下

列情形,人民法院可以初步认定被告具有侵害知识产权的故意:(1)被告经原告或者利害关系人通知、警告后,仍继续实施侵权行为的;(2)被告或其法定代表人、管理人是原告或者利害关系人的法定代表人、管理人、实际控制人的;(3)被告与原告或者利害关系人之间存在劳动、劳务、合作、许可、经销、代理、代表等关系,且接触过被侵害的知识产权的;(4)被告与原告或者利害关系人之间有业务往来或者为达成合同等进行过磋商,且接触过被侵害的知识产权的;(5)被告实施盗版、假冒注册商标行为的;(6)其他可以认定为故意的情形。

恶意侵权带来的法律后果是,可能将面临惩罚性赔偿。我国《专利法》有关惩罚性赔偿制度的出台,相较于商标侵权、产品侵权等领域较晚,这也导致了在相关规定落地之前,法院大多会驳回惩罚性赔偿的诉求。例如,(2015)津高民三终字第0041号案件中,法院以专利侵权没有惩罚性赔偿制度,缺乏法律依据驳回了原告的诉求;(2018)粤民终1747号系列案件中,在一审以及后续审判过程中,法院多次以证据不足驳回原告所称的“侵权人明知原告拥有涉案专利,仍然实施侵权行为属于侵权行为”;(2019)最高法知民终55号案件中,法院以原告主张无有力证据支持以及缺乏惩罚性赔偿法律依据为由驳回。究其原因,即使原告所称的“恶意侵权”行为确实存在,但是没有明确的惩罚性赔偿制度予以界定,不仅造成权利人不知对其主张的事实从何举证,而且导致法院对相关事实的适用法律空白而无法作出判决。

根据《民法典》修订后的《专利法》及相关司法解释的规定,如《民法典》第1185条规定的“故意侵害他人知识产权,情节严重的,被侵权人有权请求相应的惩罚性赔偿”,《专利法》第71条第1款确立的1倍以上5倍以下的赔偿范围,《最高人民法院关于审理侵害知识产权民事案件适用惩罚性赔偿的解释》第3条规定的权利人提出相应证据,法院即可初步认定侵权人主观上为故意侵权,可以看出,我国专利领域的惩罚性赔偿制度已经初步建立。由于专利权恶意侵权的表现形式基本可以总结为侵权人直接仿制专利权技术产品、恶意挤兑专利权产品市场、经法院判决或行政处罚后仍不予改正等,因此在面对以上恶意侵权行为时,即使有相关制度保护专利权人合法权益,专利权人在搜集证据时还应当注意以下几点:(1)涉案专利权的合同是否存在往来、双方业务是否有重叠部分等,以上情形均可用来证明被告明知而故意的主观心态;(2)通过侵权比对,向法院论证侵权人的行为并非借鉴,而属于仿制专利权技术;(3)查询侵权人是否有在诉或已结案件，着眼于其侵权行为具有严重性。

因此，在法律依据做支撑的基础上，结合权利人举证到位，人民法院在综合考虑权利人的专利情况，侵权人的主观恶意、生产销售范围等因素后，通常会依据权利人的损失或侵权人的获利情况判决侵权人承担较高的赔偿额，这不仅使权利人受损利益得到有效救济，也让侵权人不因侵权行为而获利，彰显了人民法院着力解决实践中切实存在的侵权成本低、维权成本高等问题。

第七章

专利诉讼的应诉策略

企业在遭遇专利侵权诉讼时，如何进行应诉？专利诉讼应诉策略有时候会直接关系到案件的成败。笔者结合以往的办案经验，总结如下专利诉讼的应诉策略。

第一节　核实涉案专利法律状态

企业申请专利后，国家知识产权局专利局对发明专利进行初步审查和实质审查，经初步审查合格，并且实质审查没有发现驳回的事由后会授予发明专利权；国家知识产权局专利局对实用新型专利和外观设计专利进行初步审查，初步审查合格后会直接授予专利权，取得专利权授权通知书，缴纳相关费用后，国家知识产权局专利局会发放专利证书并进行公告，自公告之日起取得专利权。

企业获得专利权后，需要缴纳专利年费维持专利有效，如未及时缴纳专利年费，可能会导致专利权的终止。

企业获得专利权后，任何单位和个人都可以对专利权提起专利无效宣告程序，如专利复审委员会认为无效宣告请求人的请求事由成立则会宣告专利权无效。

综上所述，被告需要在国家知识产权局官网核实涉案专利是否处于有效状态，涉案专利是否存在授权后修改权利要求的情形，是否涉及专利无效程序等。当被控侵权主体遭遇专利诉讼时，为解决此纠纷，首先要做的是确认涉案专利的法律状态。笔者的顾问单位就曾经遇到过专利权人发来律师函，告知我方侵害了其若干件专利的专利权，然而经我方核实后发现，该若干件专利中，仅有一件是相关且有效的专利，其余专利的法律状态要么尚未授权、要么权利主体不一致、要么是没有进入中国的外国专利。

第二节　核实原告诉权

《最高人民法院关于对诉前停止侵犯专利权行为适用法律问题的若干规定》第1条规定："根据专利法第六十一条的规定，专利权人或者利害关系人可以向人民法院提出诉前责令被申请人停止侵犯专利权行为的申请。提出申请的利害关系人，包括专利实施许可合同的被许可人、专利财产权利的合法继承人等。专利实施许可合同被许可人中，独占实施许可合同的被许可人可以单独向人民法院提出申请；排他实施许可合同的被许可人在专利权人不申请的情况下，可以提出申请。"

《最高人民法院关于审查知识产权纠纷行为保全案件适用法律若干问题的规定》第2条规定："知识产权纠纷的当事人在判决、裁定或者仲裁裁决生效前，依据民事诉讼法第一百条、第一百零一条规定申请行为保全的，人民法院应当受理。知识产权许可合同的被许可人申请诉前责令停止侵害知识产权行为的，独占许可合同的被许可人可以单独向人民法院提出申请；排他许可合同的被许可人在权利人不申请的情况下，可以单独提出申请；普通许可合同的被许可人经权利人明确授权以自己的名义起诉的，可以单独提出申请。"

通过以上司法解释可以看出，专利权人可以作为原告单独提起诉讼；独占实施许可合同的被许可人可以单独提起诉讼，也可以与专利权人共同提起诉讼；排他实施许可合同的被许可人在专利权人不起诉的情况下单独提起诉讼，也可以与专利权人共同提起诉讼；普通许可合同的被许可人经专利权利人明确授权以自己的名义起诉的，可以单独提起诉讼或者与专利权人共同提起诉讼。

在实践中，有部分原告只取得了专利权人的诉讼授权而没有获得专利许可，这种情况下原告方是没有诉权的，作为被告方可以直接以原告方没有诉权来进行抗辩。

《专利实施许可合同备案办法》第5条规定："当事人应当自专利实施许可

合同生效之日起3个月内办理备案手续。”通过该办法可以看出，专利实施许可合同是否备案并不影响其效力，在诉讼实践中，即使专利实施许可合同没有备案，法院也会认可专利实施许可合同的效力。

第三节 核实证据“三性”

民事案件证据的“三性”是指真实性、合法性及关联性，作为被告应当核实证据的“三性”。

证据的真实性也叫作证据的客观性或者确实性。它是指证据所反映的内容应当是真实的、客观存在的。从以下方面审查证据的真实性：证据形成的原因；发现证据时的客观环境；证据是否为原件、原物，复制件、复制品与原件、原物是否相符；提供证据的人或者证人与当事人是否具有利害关系；影响证据真实性的其他因素。在专利案件中，需要重点核实涉案产品是否经过公证、涉案产品是否封存、涉案产品是否为假货、公证过程是否存在程序瑕疵等。

证据的合法性是指证明案件真实情况的证据必须符合法律规定的要求。从以下方面审查证据的合法性：证据是否符合法定形式；证据的取得是否符合法律、法规、司法解释和规章的要求；是否有影响证据效力的其他违法情形。

证据的关联性又称相关性，是指证据与案件事实之间存在客观联系。客观性固然是证据的重要特征，但仅有客观性的事实还不能成为证据，还必须与案件事实存在客观联系。与案件情况没有联系的客观事实，不能起到证明案件真实情况的作用，不能成为案件的证据。

在专利诉讼案件中，涉案产品仅是通过拍照、录像等形式形成的证据，在没有其他证据互相印证的情形下，真实性不予认可；涉案产品没有封存，在没有其他证据互相印证的情形下，真实性不予认可；涉案产品是假货，也就是不是被告生产销售的情形，被告方需要积极采取法律手段确认涉案产品为假货；公证过程存在程序瑕疵，需要结合其他证据确认公证书的真实性。

第四节　不侵权抗辩

作为专利侵权诉讼的被告，其需要进一步分析涉案产品是否落入涉案专利保护范围之内，即专利侵权分析。

（一）专利侵权分析步骤

第一步：通过阅读专利权利要求书、说明书及附图，结合专利审查档案、专利无效决定书、专利行政判决书及公知常识等解释权利要求书，进一步确定涉案专利的保护范围；

第二步：通过对涉案产品进行勘验、技术检测或者鉴定等手段，确定涉案产品的技术方案；

第三步：分析涉案产品是否包含了涉案专利权利要求中的全部技术特征，如果全部包含即构成相同侵权，如果有部分不包含，找出区别技术特征；

第四步：分析涉案产品中是否包含与区别技术特征构成等同的技术方案，如果涉案产品包括了全部区别技术特征对应的等同的技术方案，那么即构成等同侵权。

如果被控产品中缺少权利要求中的一项或几项技术特征并且也不构成等同，即不构成专利侵权。针对不构成专利侵权的情形，直接在应诉时进行不侵权抗辩即可；针对构成专利侵权的情形，还需要进行进一步的分析。

笔者代理被告胜诉的（2019）粤 73 知民初 918 号案件中，我方认为被诉产品热风枪与涉案专利权利要求 1 相比缺少与其对应的“冷风孔”“融热空腔”“固定环”等技术特征，不构成侵权。原告认为被诉产品技术方案落入其权利要求 1 保护范围。经审理，法院支持了我方观点，驳回原告诉讼请求。

（二）禁止反悔原则的适用

禁止反悔是指在专利授权或者无效程序中，专利申请人或专利权人通过对权利要求、说明书的限缩性修改或者意见陈述的方式放弃的保护范围，在侵犯专利权诉讼中确定是否构成等同侵权时，禁止权利人将已放弃的内容重新纳入专利权的保护范围，即在判断是否构成等同侵权时如果适用了禁止反悔原则，则侵权不成立。

禁止反悔原则的适用使得专利权人在专利申请及复审、无效等确权程序中对专利文件进行修改以及意见陈述时变得如履薄冰，该原则在诉讼中也成为法院判断被诉产品的技术特征与权利要求的技术特征是否构成等同时被告可以使用的抗辩理由。

在进行专利侵权对比时，尤其是在解释权利要求的保护范围时要重点注意使用禁止反悔原则。

第五节　现有技术抗辩及现有设计抗辩

尽管经过多年的普法宣传,公众对于“专利公开换保护”理念的理解仍然不尽如人意。在专利侵权诉讼中仍然能看到大量因理解不到位而导致公开不仅没有换来保护,反而使专利权新颖性丧失案例发生。这种公开有的是专利权人自行公开,也有的是他人公开。需要澄清的是,此处公开换保护的“公开”并不包括专利申请日或优先权日以前的公开,在专利申请日或优先权日以前的公开只能导致专利要求保护的技术方案成为现有技术或现有设计。

《专利法》第 67 条规定,在专利侵权纠纷中,被控侵权人有证据证明其实施的技术或者设计属于现有技术或者现有设计的,不构成侵犯专利权。当有证据证明被控侵权技术方案或设计属于现有技术或现有设计,则不构成侵权。

根据《专利法》的相关规定,“现有技术”是指专利申请日以前在国内外为公众所知的技术,“现有设计”是指申请日以前在国内外为公众所知的设计。

需要指出的是,现有技术抗辩的比对对象是被诉侵权产品与现有技术或现有设计进行比对,而不是涉案专利与现有技术或现有设计进行比对。如果被告方使用的是现有技术或者现有设计,可以以此进行抗辩。

第六节　合法来源抗辩

在专利侵权案件中,《专利法》第77条规定,“为生产经营目的使用、许诺销售或者销售不知道是未经专利权人许可而制造并售出的专利侵权产品,能证明该产品合法来源的,不承担赔偿责任”。《专利法》的立法本质在于鼓励权利人打击侵权的源头,对于中间的销售商和使用方不易使其承担过重的责任。

《最高人民法院关于审理侵犯专利权纠纷案件应用法律若干问题的解释(二)》第25条规定:“为生产经营目的使用、许诺销售或者销售不知道是未经专利权人许可而制造并售出的专利侵权产品,且举证证明该产品合法来源的,对于权利人请求停止上述使用、许诺销售、销售行为的主张,人民法院应予支持,但被诉侵权产品的使用者举证证明其已支付该产品的合理对价的除外。本条第一款所称不知道,是指实际不知道且不应当知道。本条第一款所称合法来源,是指通过合法的销售渠道、通常的买卖合同等正常商业方式取得产品。对于合法来源,使用者、许诺销售者或者销售者应当提供符合交易习惯的相关证据。”

合法来源抗辩需要同时满足两个成立要件:一是侵权产品使用者、销售者的主观善意;二是侵权产品有合法来源。

对于主观善意的成立要件,需要侵权产品使用者、销售者证明其不知道使用、许诺销售或者销售的是侵权产品。这是一种消极事实,根据消极事实的证明规则,一般应由权利人来证明侵权者知道或者应当知道其所使用、许诺销售或者销售的是侵权产品,从而否定合法来源抗辩的成立;若权利人无法证明侵权者知道或者应当知道,则一般可以推定侵权者不知道其使用、许诺销售或者销售的是侵权产品,从而认定该侵权产品使用者、销售者是善意的,第一个要件成立。

对于第二个要件,即侵权产品有合法来源,应该完全由侵权产品使用者、销售者进行举证,证明侵权产品是从正规合法渠道、以正常合理价格直接从供货方购进的事实。这是因为合法来源抗辩制度在免除了侵权产品善意使用者、销售者赔偿责任的同时，还是要保护权利人的合法权利。通过侵权产品使用者、销售者的举证，权利人可以继续追究供货方的侵权责任，从而追本溯源地找到侵权产品的源头——制造者，以利于从根本上解决侵权问题。

第七节　先用权抗辩

如果被告方自主研发或合法受让相应的产品、方法，但是出于种种考虑或条件所限，并没有就此相关产品技术方案或使用方法申请专利，而后在专利侵权诉讼中可以以先用权进行抗辩。

一、先用权抗辩作为法定抗辩权的法律法规

现行《专利法》第 75 条第 2 项规定，在专利申请日前已经制造相同产品、使用相同方法或者已经做好制造、使用的必要准备，并且仅在原有范围内继续制造、使用的，不视为侵犯专利权。

有下列情形之一的，人民法院应当认定属于《专利法》第 75 条第 2 项规定的已经做好制造、使用的必要准备：(1)已经完成实施发明创造所必需的主要技术图纸或者工艺文件；(2)已经制造或者购买实施发明创造所必需的主要设备或者原材料。

《专利法》第 75 条第 2 项规定的原有范围，包括专利申请日前已有的生产规模以及利用已有的生产设备或者根据已有的生产准备可以达到的生产规模。

先用权人在专利申请日后将其已经实施或做好实施必要准备的技术或设计转让或者许可他人实施，被诉侵权人主张该实施行为属于在原有范围内继续实施的，人民法院不予支持，但该技术或设计与原有企业一并转让或者承继的除外。

二、先用权抗辩的对比对象及对比方式

在专利侵权诉讼中，在使用先用权抗辩时会存在以下三个对象："涉案专利的技术方案"、"被控侵权的技术方案"以及"在先技术方案"。

从《专利法》第 75 条第 2 项规定可以看出，先用权抗辩如成立则不视为侵犯专利权，而不视为侵权的抗辩的前提是被诉侵权技术方案已经落入权利要求的

保护范围,因此不视为侵权的抗辩属于侵犯专利权的例外情形。

由此可见,需要先进行“涉案专利的技术方案”与“被控侵权的技术方案”之间的对比,如若确定了被控侵权的产品或方法落入涉案专利的保护范围,则再行进行“被控侵权的技术方案”与“在先技术方案”之间的对比。如若确定了被控侵权的产品或方法未落入涉案专利的保护范围,则无“被控侵权的技术方案”与“在先技术方案”之间进行对比的必要。

三、先用权抗辩的理解和适用中的几个问题

1. 关于实施主体

《专利法》第 75 条第 2 项仅规定了“制造”专利产品和“使用”专利方法,先用权的范围是否仅限于此,曾经存在一定的争议。《北京市高级人民法院专利侵权判定指南》第 120 条第 2 款对此予以了明确,认为使用、许诺销售、销售上述情形下制造的专利产品或者依照专利方法直接获得的产品的,也不视为侵犯专利权。

2. 关于“相同”的含义

《专利法》第 75 条第 2 项规定的相同产品或相同方法中的“相同”具有以下含义:

“相同”应包括相同、等同及近似的情形,既包括涉案专利技术方案与在先技术方案相同或等同,以及在先技术方案与被控侵权技术相同或等同,对于外观设计而言,同时包括相似的外观设计。而对于被控侵权产品,并不仅仅局限于必须是在先产品与被控侵权产品的名称、型号相同。

3. 关于先用权抗辩中的举证

在专利侵权诉讼中,被告使用先用权抗辩成功的案例较少,很多情况下是在举证中由于很多证据属于单方形成的证据,相对证明力较弱,最终先用权抗辩无法被认可。这样就需要平时养成固定证据的习惯,如合法来源的固定、使用的时间节点的固定等,做到有备无患。

第八节　非制造行为

在专利侵权诉讼案件中，如果被告方不被认定为制造行为，则会承担较轻的赔偿责任或者适用合法来源抗辩不承担赔偿责任。因此，是否被认定制造行为对被告非常关键。笔者结合办理案件的经验分析专利侵权案件中制造行为的认定标准。

一、《专利法》中制造的定义

根据《北京市高级人民法院专利侵权判定指南》第 99 条的规定，制造发明或者实用新型专利产品，是指权利要求中所记载的产品技术方案被实现，产品的数量、质量不影响对制造行为的认定。

以下行为应当认定为制造发明或者实用新型专利产品行为：(1)以不同制造方法制造产品的行为，但以方法限定的产品权利要求除外；(2)将部件组装成专利产品的行为。

二、侵权产品上标明的制造者

根据《产品质量法》的规定，产品或包装上必须有中文标明的产品名称、生产厂厂名和厂址。在专利侵权案件中，权利人一般通过公证购买固定证据，如果侵权产品为正规厂家生产，那么产品或包装上会有生产厂厂名。那么，产品或包装上标明的生产厂是否就是专利法意义上的制造者呢？

在专利侵权案件中，一般仅凭产品或包装上的标识不能证明其实施了制造行为。在实践中，一般需要结合其他证据才能证明其实施了制造行为，其他证据包括购买时开具的发票、宣传册、被告网站介绍、销售方提供的合法来源证据等；但如果被告方不提供相反证据，法院也会直接认定在产品或包装上标识的生产厂即为制造者。

三、OEM 生产中制造者的确定

OEM 生产也称为定点生产，俗称代工（生产），基本含义为品牌生产者不直接生产产品，而是利用自己掌握的关键核心技术负责设计和开发新产品，控制销售渠道，具体的加工任务通过合同订购的方式委托同类产品的其他厂家生产。之后将所订产品低价买断，并直接贴上自己的品牌商标。

在 OEM 生产中，加工承揽的厂家使权利要求记载的产品技术方案被实现，为专利侵权案件中的制造者毫无疑义；委托方是否构成专利侵权案件中的制造者呢？委托方提供了核心技术设计和开发新产品的设计，因此委托方也属于专利侵权案件中的制造者。

四、ODM 生产中制造者的确定

ODM 生产是指某制造商设计出某产品后，在某些情况下该产品可能会被另外一些企业看中，要求配上后者的品牌名称来进行生产，或者稍微修改一下设计来生产。这样可以使其他厂商减少自己研制的时间。承接设计制造业务的制造商被称为 ODM 厂商，其生产出来的产品就是 ODM 产品。

在 ODM 生产中，委托方是否为专利侵权案件中的制造者存在较大的争议，在实践中也是专利侵权案件的难点。一般情况下，只要委托方提供了相应的技术，那么即为制造者；如果相应技术皆由加工承揽方提供，按照法律规定，委托方应当不属于制造者，但在实践中，委托方往往通过双方的合同来免除其侵权赔偿责任，给权利人维权造成巨大的损害。笔者认为，只要侵权产品专门为委托方所设计并经委托方确认或者侵权产品上标示了委托方为生产者或委托方的商标，那么应当认定其为制造者，以充分保护权利人的利益，在实践中，对于制造者的认定各法院存在不同的判例。

第九节　专 利 无 效

专利无效为专利侵权诉讼的伴生品，在大的专利侵权诉讼中，被诉方一般都选择以专利无效的方式作为一种对抗手段。专利权无效宣告申请是指自国家知识产权局公告授予专利权之日起，任何单位或者个人认为该专利权的授予不符合《专利法》有关规定的，均可以请求国家知识产权局宣告该专利权无效的一种制度。我国专利无效制度的建立，其目的是通过社会监督的方式，纠正国家对依法不满足专利授权条件的发明创造授予专利权的错误决定，以维护专利权授予的合法性和公正性。

一、专利无效的理由

《专利法实施细则》第 65 条第 2 款规定，“无效宣告请求的理由，是指被授予专利的发明创造不符合专利法第二条，第二十条第一款，第二十二条，第二十三条，第二十六条第三款、第四款，第二十七条第二款，第三十三条或者本细则第二十条第二款、第四十三条第一款的规定，或者属于专利法第五条、第二十五条的规定，或者依照专利法第九条规定不能取得专利权”。

1.《专利法》第 2 条

本法所称的发明创造是指发明、实用新型和外观设计。

发明是指对产品、方法或者其改进所提出的新的技术方案。

实用新型是指对产品的形状、构造或者其结合所提出的适于实用的新的技术方案。

外观设计是指对产品的整体或者局部的形状、图案或者其结合以及色彩与形状、图案的结合所作出的富有美感并适于工业应用的新设计。

2.《专利法》第 20 条第 1 款

申请专利和行使专利权应当遵循诚实信用原则。不得滥用专利权损害公共利益或者他人合法权益。

3.《专利法》第 22 条

授予专利权的发明和实用新型,应当具备新颖性、创造性和实用性。

新颖性是指该发明或者实用新型不属于现有技术;也没有任何单位或者个人就同样的发明或者实用新型在申请日以前向国务院专利行政部门提出过申请,并记载在申请日以后公布的专利申请文件或者公告的专利文件中。

创造性是指与现有技术相比,该发明具有突出的实质性特点和显著的进步,该实用新型具有实质性特点和进步。

实用性是指该发明或者实用新型能够制造或者使用,并且能够产生积极效果。

《专利法》所称现有技术,是指申请日以前在国内外为公众所知的技术。

4.《专利法》第 23 条

授予专利权的外观设计,应当不属于现有设计;也没有任何单位或者个人就同样的外观设计在申请日以前向国务院专利行政部门提出过申请,并记载在申请日以后公告的专利文件中。

授予专利权的外观设计与现有设计或者现有设计特征的组合相比,应当具有明显区别。

授予专利权的外观设计不得与他人在申请日以前已经取得的合法权利相冲突。

《专利法》所称现有设计,是指申请日以前在国内外为公众所知的设计。

5.《专利法》第 26 条第 3 款、第 4 款

说明书应当对发明或者实用新型作出清楚、完整的说明,以所属技术领域的技术人员能够实现为准;必要的时候,应当有附图。摘要应当简要说明发明或者实用新型的技术要点。

权利要求书应当以说明书为依据,清楚、简要地限定要求专利保护的范围。

6.《专利法》第 27 条第 2 款

申请人提交的有关图片或者照片应当清楚地显示要求专利保护的产品的外观设计。

7.《专利法》第 33 条

申请人可以对其专利申请文件进行修改,但是,对发明和实用新型专利申请

文件的修改不得超出原说明书和权利要求书记载的范围,对外观设计专利申请文件的修改不得超出原图片或者照片表示的范围。

8.《专利法实施细则》第20条第2款

独立权利要求应当从整体上反映发明或者实用新型的技术方案,记载解决技术问题的必要技术特征。

9.《专利法实施细则》第43条第1款

依照《专利法实施细则》第42条规定提出的分案申请,可以保留原申请日,享有优先权的,可以保留优先权日,但是不得超出原申请记载的范围。

10.《专利法》第5条

对违反法律、社会公德或者妨害公共利益的发明创造,不授予专利权。

对违反法律、行政法规的规定获取或者利用遗传资源,并依赖该遗传资源完成的发明创造,不授予专利权。

11.《专利法》第25条

对下列各项,不授予专利权:(1)科学发现;(2)智力活动的规则和方法;(3)疾病的诊断和治疗方法;(4)动物和植物品种;(5)原子核变换方法以及用原子核变换方法获得的物质;(6)对平面印刷品的图案、色彩或者二者的结合作出的主要起标识作用的设计。对前款第4项所列产品的生产方法,可以依照《专利法》规定授予专利权。

12.《专利法》第9条

同样的发明创造只能授予一项专利权。但是,同一申请人同日对同样的发明创造既申请实用新型专利又申请发明专利,先获得的实用新型专利权尚未终止,且申请人声明放弃该实用新型专利权的,可以授予发明专利权。

两个以上的申请人分别就同样的发明创造申请专利的,专利权授予最先申请的人。

二、专利稳定性分析步骤

实践中分析涉案专利的稳定性,一般按照如下步骤进行:

1.查阅分析涉案专利的申请文件、公布文件、公告文件,分析涉案专利是否具有不授予专利权的情形。

2.查阅并分析涉案专利的审查档案,包括检索报告、审查意见、意见陈述、修改的权利要求等，分析涉案专利是否具有不授予专利权的情形，并结合检索报告中的对比文件重点分析涉案专利的新颖性和创造性。

3. 查阅并分析涉案专利的PCT国际检索报告及书面意见，并结合PCT国际检索报告中的对比文件重点分析涉案专利的新颖性和创造性。

4. 查阅并分析涉案专利的同族专利审查档案，分析涉案专利是否具有不授予专利权的情形，并重点分析涉案专利的新颖性和创造性。

5. 查阅并分析涉案专利的无效宣告请求审查决定书、专利无效行政判决书，并重点分析涉案专利是否具有不授予专利权的情形。

6. 查阅并分析涉案专利的专利权评价报告，分析涉案专利是否具有不授予专利权的情形，并结合专利权评价报告引用的对比文件重点分析涉案专利的新颖性和创造性。

7. 对涉案专利进行全面的检索分析，找出影响涉案专利新颖性和创造性的对比文件和对比文件组合。

通过上述分析后，如果找出影响涉案专利稳定性的证据或证据组合，被告方可以向国家知识产权局提起专利无效程序。

三、专利权无效宣告申请制度

在实践中，对授权专利提起专利权无效宣告申请的主体主要有两类：一类是被控专利侵权的主体；另一类是在商业竞争中，认为授权专利严重影响其发展的主体。

在专利侵权诉讼中，审理专利权效力问题的主管部门是国家知识产权局，而不是法院或其他专利行政管理部门，被告为了达到从根本上排除专利侵权风险的目的，不能向法院主张审查涉案专利权的有效性，只能转而向国家知识产权局提起专利权无效宣告申请。申请提交后，在答辩期内向法院提出中止诉讼的请求的，法院可视专利权无效宣告的理由是否充分，裁定中止诉讼或不中止诉讼。

《专利法》第47条规定，宣告无效的专利权视为自始即不存在。可见，当原告提起诉讼的权利基础不存在时，被控的侵权行为也就不存在了。

正是有了专利权无效宣告申请制度，才使得权利人在发起维权之前，特别是提起诉讼之前，需要充分评估权利基础的稳定性，同时被控侵权主体以及公众也有了可以对抗专利权垄断的机会，使得法律在保护专利权人利益的同时也能兼顾保护公众利益。

笔者代理的长沙得悦科技发展有限公司与佛山市宇森医疗器械有限公司、常州益锐医疗器材有限公司侵害发明专利权纠纷案[(2020)最高法民再132号]中,我方代理被告在一审、二审均不利的情况下,通过专利权无效宣告程序成功将案涉发明专利的专利权全部无效,进而在该再审案中逆转改判。

第十节　滥用专利权抗辩

在我国，实用新型专利和外观设计专利的授权门槛较低，以至于存量专利中可能含有较大量的非正常专利申请被授权的情况，这些非正常申请本身就违反了诚实信用原则，专利权人利用此类专利发起专利侵权诉讼更不具有正当性，这种滥用专利权的行为应当予以规制。

《民事诉讼法》第 13 条第 1 款规定，民事诉讼应当遵循诚信原则。

《最高人民法院关于知识产权民事诉讼证据的若干规定》第 1 条规定，知识产权民事诉讼当事人应当遵循诚信原则，依照法律及司法解释的规定，积极、全面、正确、诚实地提供证据。

《北京市高级人民法院专利侵权判定指南》第 126 条规定，被诉侵权人提供证据证明涉案专利为专利权人恶意取得的，可以判决驳回原告的诉讼请求。

《北京市高级人民法院专利侵权判定指南》第 127 条规定，恶意取得专利权是指将明知不应当获得专利保护的发明创造申请专利并获得了专利权的行为。其包括下述情形：(1)将申请日前专利权人明确知悉的国家标准、行业标准等技术标准中的技术方案申请专利并取得专利权的；(2)国家标准、行业标准等技术标准的制定参与人，将在上述标准的起草、制定等过程中明确知悉的他人技术方案申请专利并取得专利权的；(3)将明知为某一地区广为制造或使用的产品申请专利并取得专利权的；(4)采用编造实验数据、虚构技术效果等手段使涉案专利满足专利法的授权条件并取得专利权的；(5)将域外公开的专利申请文件所披露的技术方案在中国申请并获得专利权的。

在笔者代理上诉人胜诉的(2018)粤民终 49 号案中，我方认为被诉产品是现有设计，上诉人恶意抄袭现有设计，滥用诉权。法院经审理查明相关事实，支持我方观点，撤销一审判决，驳回原告的诉讼请求，并在判决书中特别指出，“本案专利具有较为复杂的形状和图案，其与在先设计在所有细节部分的形状与图案设计上均完全相同,出于巧合而构成雷同的情形几乎不存在,因此,本案专利权人明显属于抄袭在先设计申请专利并发起诉讼,违反了《民事诉讼法》第 13 条关于诚信诉讼的相关规定。同时,权利人还声称其与欧盟专利的专利权人 ARDAK DEVELOPMENT LIMITED 系关联公司,其并非恶意抄袭。如果其声称内容属实,则证实其明知有在先设计存在,依然申请专利并发起诉讼,并且在诉讼中拒绝确认欧盟专利的真实性,同样违反诚信诉讼的相关规定”。

第十一节　确认不侵权之诉

确认不侵权之诉是指权利人向他人发出侵犯专利权的警告后怠于行使诉权,使他人长期陷入不确定的法律风险之中,被警告人主动提请法院确认其行为不构成侵权的一种诉讼制度。

《最高人民法院关于审理侵犯专利权纠纷案件应用法律若干问题的解释》第 18 条规定了法院受理确认不侵权之诉应同时满足的三个条件:权利人向他人发出侵犯专利权的警告;被警告人或者利害关系人经书面催告权利人行使诉权;自权利人收到该书面催告之日起 1 个月内或者自书面催告发出之日起 2 个月内,权利人不撤回警告也不提起诉讼。

设立确认不侵权之诉制度,一方面可给予长期处于不确定风险中的当事人以司法救济途径,另一方面可规制权利人滥发侵权警告的行为。其较为严格的受理条件,还可防止当事人随意向法院提起确认不侵权之诉。

可见,当遭遇维权时,被控侵权主体并非只能被动应对,在特定条件下,也可以化被动为主动起诉权利人。

第十二节　案例分析

贝卡尔特公司(原告)2013 年在北京市第二中级人民法院起诉山东胜通钢帘线有限公司(被告)发明专利侵权(专利号:ZL02808857.3,以下简称涉案专利),案号为(2013)二中民初字第 12572 号。笔者为被告的代理人,通过制定合适的专利诉讼应诉策略,使得原告主动与被告和解,并且允许被告方未来可以免费实施涉案专利;而与本案件案情基本相同的另一起案件被告方张家港骏马钢帘线有限公司却因专利诉讼应诉策略的问题而导致被判停止侵权、赔偿损失。本案件充分体现了专利诉讼应诉策略的重要性,现就本案件的基本情况和应诉策略介绍如下:

一、案件基本情况

1.原告简介

原告贝卡尔特公司为一家比利时的跨国企业,主营产品为钢丝产品,在中国设有多家子公司。原告方拥有钢帘线领域的核心技术,在中国申请了多项核心专利,其专利产品在中国的销量稳居第一。

2.被告简介

被告山东胜通为一家中国企业,主营产品为钢帘线,钢帘线产能达到 40 万吨/年,在中国销量稳居前三。

3.涉案专利简介

专利号:ZL02808857.3;

申请日:2002 年 4 月 8 日;

授权日:2006 年 9 月 6 日;

发明名称:用于增强橡胶制品的钢丝帘线;

涉案专利通过 PCT/EP2002/003849 进入中国;

涉案专利包括7项权利要求,其中权利要求1为独立权利要求,其余为从属权利要求;

涉案专利的同族专利在欧盟、美国等多个国家和地区获得了授权;

权利要求1的内容:一种钢丝帘线,该钢丝帘线包括一个第一组和一个第二组,所述第二组以帘线缠绕间距螺旋缠绕在所述第一组周围,所述第一组包括第一数目的第一钢丝,所述第一数目是3~8,所述第二组包括第二数目的第二钢丝,所述第二钢丝以一个组缠绕间距相互缠绕,所述第二数目大于所述第一数目,所述第一钢丝具有一个大于300mm的加捻间距,至少一根所述第二钢丝进行多边预成形。

4. 涉案产品简介

涉案产品为一种4+6的钢丝帘线结构,涉案产品年销售量为1万吨,涉案产品供应下游轮胎企业。涉案产品与原告的专利产品结构完全一样。

5. 诉讼请求

原告方要求被告停止侵权,并赔偿损失100万元。如果被判停止侵权,涉案产品无法进行生产,被告每年的经营性损失高达5000万元。

二、应诉方案

笔者作为被告的代理人,通过与被告技术人员的沟通和到被告生产现场查验,完全了解了涉案专利、涉案产品技术方案及其背景技术;调取了涉案专利的审查档案,了解了专利的审查过程及审查员认定的创新点;对涉案专利进行了无效检索分析,找出了最接近的对比文件;并了解原告公证购买涉案产品的过程及涉案产品技术方案的检测方法等。在以上基础上,制订了以下应诉方案:

1. 为了获得更多的案件准备时间,将案件拖入鉴定程序

权利要求1中限定了以下技术特征:所述第一钢丝具有一个大于300mm的加捻间距,至少一根所述第二钢丝进行多边预成形。这些技术特征无法通过肉眼和简单的工具来确定,尤其是第二钢丝进行多边预成形的技术特征。

原告当庭提交国家标准,并由原告的技术人员用自己的实验仪器进行了检测,以此来确定上述技术特征。

针对原告用自己的实验仪器进行检测,用自己的软件进行分析,得出相关结论,作为被告的代理人认为至少存在如下问题:

第一,实验仪器不可信,原告自己提供了一台实验仪器,法院并不具备对该实验仪器检测的技术手段。

第二,检测方法不可信,原告提供证据中的检测方法不可信,此方法并不属于本领域的常规检测方法,原告也没有提供相关证据来证明此检测方法的可靠性。

第三,实验环境不可靠,原告也陈述,该实验仪器会受到环境的影响(如灰尘等)从而影响实验的结果,通过原告提供的证据9,也可以很清楚地看出,原告主张的结果应为圆形,但实际图形中却有很多的凸起,与原告主张完全不一致,从而说明在法庭演示的方法本身的不可靠;另外,证据9的实验是在被告没有参加的情况下进行的测量,不应作为本案的证据使用,没有任何的证明力;在法庭中没有进行除尘和特定处理的情况下,该实验仪器也不具备检测的条件。

第四,分析手段不可信,原告使用自己的分析软件,在没有经过被告或法庭勘验的情况下,将所采集的数据进行分析后形成的图形不可信;并且,我方认为,所形成图形的形状主要受到捻距和钢帘线本身结构的影响,而原告的此处理方法都没有考虑这些必要的因素。

综上所述,被告认为,原告的检测方法和实验仪器皆不可信,实验数据和证据8、证据9的真实性均有问题,该测试形成的图形主要是由捻距和钢帘线本身的结构形成的,不能证明被封存的产品第二组为多边预成形。被告认为,为了方便本案查明基本事实,建议送交权威第三方检测机构或司法鉴定中心进行检测或鉴定。

法院采纳了我方的代理意见,本案件进入鉴定程序。

2. 鉴定过程中对检测方法提出质疑,争取达到无法确定涉案产品的结果

在进入鉴定程序后,鉴定机构提供了涉案产品技术检测的检测方案,我方针对“第二钢丝进行多边预成形”这个技术特征的检测方法多次提出合理质疑,主要理由如下:

第一,涉案专利权利要求1保护的是钢丝捻制在钢丝帘线上的形状,而检测方案检测的是钢丝从钢丝绳上手动解捻后的形状。

第二,通过检测方案中的附件1可以得知,股绳捻制过程中有两种应力:钢丝生产过程中的残余拉应力和捻制过程中钢丝作螺旋线运动产生的捻制应力。钢丝内因旋转产生的扭转应力,产生的扭转力矩使钢丝松捻、股绳旋转和松散。

钢丝在股中的螺旋状依靠捻制变形得到,变形中同时存在弹性变形和塑性变形,并以一定弯曲曲率成型,因而捻制应力中也必然存在一定大小的弯曲应力。

通过上述陈述可以得知,钢丝在钢丝帘线上的形状依靠多种力来维持,并且存在弹性变形和塑性变形,当手动解捻后,钢丝会因为多种残余拉应力和捻制应力的释放及弹性变形的恢复而发生形状改变。

综上所述,钢丝在钢丝绳上的形状和手动解捻后的形状会有所不同。

第三,通过检测方案中的附件 2 可以得知,不松散性能检测时,一般股的螺旋高度是钢丝绳直径的 0.90~0.95 倍,说明钢丝在钢丝帘线上的形状和手动解捻后的形状会有所不同。

综上所述,检测方案并不能完全还原涉案产品的技术方案,建议修改检测方案,直接测量钢丝捻制在钢丝帘线上的形状,或者增加检测步骤证明钢丝捻制在钢丝帘线上的形状和手动解捻后的相同。

对鉴定机构检测方案的多次合理质疑,使得鉴定机构多次更改检测方案,仅检测方案的确定就用了 1 年多的时间。

3. 进行不侵权抗辩

作为被告的代理人,我方先确定涉案专利的创新点,并对涉案专利的保护范围进行了相应的解释,具体分析如下:

第一,通过对涉案专利的审查档案进行分析,发现涉案专利的第一次审查意见认为权利要求 1 不具备创造性,原告在答复审查意见时将"所述第二钢丝以一个组缠绕间距相互缠绕"这一技术特征加入权利要求 1 中,并最终因此获得授权。通过以上分析,确定"所述第二钢丝以一个组缠绕间距相互缠绕"为涉案专利的创新点。

第二,对"所述第二钢丝以一个组缠绕间距相互缠绕"这一技术特征进行解释,笔者认为存在两种解释:其一,按照字面含义进行解释,即第二组钢丝之间相互缠绕;其二,结合涉案专利的实施例,发现基本工作原理是,先通过加捻机将第一组钢丝之间缠绕到一起,再在二次加捻处反加捻将第一组钢丝解捻的同时第二组钢丝缠绕到第一组钢丝周围,通过工作原理可以看出第二组钢丝之间是平行状态。因此,如果结合专利实施例,专利权人也可能会解释为第二组钢丝之间是平行状态。

第三,涉案产品的工作原理与涉案专利的实施例完全一致,因此涉案产品中第二组钢丝之间是一种平行状态。如果专利权人按照第一种解释,那么不构成侵权;如果专利权人按照第二种解释,那么构成侵权。

我方通过如下方式确定涉案产品第二组钢丝的状态:

通过原告的退捻试验,可以清楚地看出,在解开帘线缠绕间距之后(也就是解开第二组和第一组之间的缠绕间距),第二组钢丝为平行状态,而原告所主张的在解开帘线缠绕间距的同时也解开了组缠绕间距是毫无根据的,并且事实上如果存在第二组相互缠绕情况通过庭审的退捻试验解开帘线缠绕间距的同时无法解开第二组钢丝,本案中,因为第二组是缠绕在第一组周围,在解捻的过程中就一定会出现一个第一组和第二组解开分离的状态,在此试验中,分离的状态就是第二组为平行的状态;

通过被告方庭审提供的动画演示,可以看出被封存产品经过第一次加捻和第二次加捻,先使第一组相互缠绕,经过第三次加捻和第四次加捻(本两次加捻方向与第一次加捻和第二次加捻方向相反)使第一组的捻距解开,使第二组缠绕在第一组周围,形成了钢帘线,自始至终也没有第二组自身相互缠绕形成组缠绕间距的过程;

通过被告方现场用电线模拟被封存产品成型过程,先将第一组进行加捻使其相互缠绕,再通过集线器使第二组的钢丝平行在第一组的周围,通过加捻,使第二组缠绕在第一组周围,第一组的捻距解开,可以清楚地看到第二组是相互平行的状态,并非相互缠绕;

通过对钢帘线外表直接进行肉眼观察(或用放大镜进行观察),可以清楚看到,第二组以平行状态缠绕在第一组周围,第二组本身并没有相互缠绕,也没有组缠绕间距;

通过用手动的方式将钢帘线解开,可以发现就只有一个第二组缠绕在第一组周围的帘线缠绕间距。

综上所述,被封存产品第二组钢丝之间为平行状态,相互平行即不相交、不相互缠绕,也就是根本不存在所谓的组缠绕间距。原告方为避免涉案专利被无效,按照第一种解释解释该技术特征,因此,涉案产品不具有"所述第二钢丝以一个组缠绕间距相互缠绕"这一技术特征,不构成专利侵权。

第四,以涉案专利不符合《专利法》第 26 条第 4 款和《专利法》第 22 条第 3 款相结合的方式提出无效程序。

经过前期的涉案专利无效检索分析,所找出的最接近的对比文件的技术特征为:一种 2 +2 技术方案,加捻原理与涉案专利完全一致,与权利要求的区别仅在于第一组和第二组钢丝数量的不同。

如果专利权人按照第一种解释,在涉案专利说明书中完全没有记载第二组钢丝之间相互缠绕的方法,因此权利要求书得不到说明书的支持;并且按照第一种解释,不构成专利侵权。

如果专利权人按照第二种解释,对比文件公开了一种 2 +2 技术方案,加捻原理与涉案专利完全一致,在加捻机上第一组显示 4 个供应钢丝的辊轮,第二组显示 6 个供应钢丝的辊轮,本领域技术人员在对比文件的基础上容易想到涉案专利权利要求 1 的技术方案;并且涉案专利解决的技术问题是通过第二组钢丝无法完全包裹第一组钢丝使得橡胶能够渗透到钢丝之间,从而在轮胎中不会产生气泡,增加轮胎的耐用性,涉案专利解决的技术问题与对比文件一致。因此,涉案专利相对于对比文件加公知常识不具备创造性。

第五,公证书存在重大瑕疵,无法证明被封存产品为被告所生产。

被告提供的证据 1 至证据 5 显示,被告的发货单位为沾化鹏辉物流有限公司(以下简称沾化公司),被告是委托沾化公司进行货物运输,而原告的公证书中明确显示,国鑫公司收货的单位为齐旺达物流有限公司北京分公司(以下简称齐旺公司),没有其他证据证明沾化公司与齐旺公司之间存在关联关系,即本案公证书内容无法充分证明所封存的货物为胜通公司被告所生产;

原告没有向法庭出示公证过程中所取得的原件,包括送货单、子午线轮胎用钢帘线质量证明书、产品外包装等,而在公证书中明确表明上述原件由原告自行保管,经我方多次要求原告出示上述物品的原件,原告拒不提供,导致以上产品的真实性无法确认,我方认为,原告应承担举证不能的责任;

原告没有向法庭出示被封存的货物,而只是提供了样品,通过公证书可以明确看出,样品和货物是分开的,不是通常意义上的样品装在货物中,在没有勘验被封存货物的情况下,无法确认样品跟被封存的产品的一致性。

综上所述,原告提供的公证购买的证据并不能证明被封存的货物为被告所生产。

笔者代理被告,通过以上专利诉讼应诉策略,使得案件 2 年多仍未作出一审判决。原告方在面临不侵权和专利无效的双重压力下,主动以近乎零代价的方式与被告和解,并允许被告免费使用涉案专利。

第八章

化工医药行业重点专利问题和经典案例解析

笔者结合对化工医药行业的理解，对化工医药行业重点法律问题和经典案例进行解析。

第一节　Bolar 例外的抗辩

Bolar 例外(Bolar exception)又称为 Bolar 豁免(Bolar exemption),是指在专利法中对药品专利到期前他人未经专利权人的同意而进口、制造、使用专利药品进行试验,以获取药品管理部门所要求的数据等信息的行为视为不侵犯专利权的例外规定。Bolar 例外源于美国,是由 Bolar v. Roche 案催生的专利侵权例外规定,也被称为安全港(Safe Harbor)条款。

我国在 2008 年修订《专利法》时引入了 Bolar 例外,根据现行《专利法》第 75 条第 5 项,为提供行政审批所需要的信息,制造、使用、进口专利药品或者专利医疗器械的,以及专门为其制造、进口专利药品或者专利医疗器械的,不视为侵犯专利权。该条款即我国药品侵权的 Bolar 例外条款。

Bolar 例外条款是为了克服医药上市审批制度对仿制药品和医疗器械在专利权期限届满后上市造成的延迟,从而避免变相延长相关原研药品和医疗器械专利的保护期。根据 Bolar 例外条款,仿制药企业就可以在专利药品的专利到期之前,提前进行相应的生产和准备,提供行政审批所需的信息,从而在原研药品的专利到期之后能够立即投入市场,社会公众也能够及时购买到价格更便宜的仿制药品,提高药品的可及性。

第二节　药品专利纠纷早期解决机制

2020年10月,新修正的《专利法》第76条引入药品专利纠纷早期解决的有关规定,明确由国务院药品监督管理部门会同国务院专利行政部门制定药品上市许可审批与药品上市许可申请阶段专利纠纷解决的具体衔接办法,报国务院同意后实施。2021年7月4日国家药品监督管理局、国家知识产权局颁布了《药品专利纠纷早期解决机制实施办法(试行)》(以下简称药品专利纠纷早期解决机制),药品专利纠纷早期解决机制旨在保护药品专利权人合法权益,鼓励新药研究和促进高水平仿制药发展。本文对药品专利纠纷早期解决机制政策进行解读。

一、药品专利纠纷早期解决机制的出台背景

为了提高药企的国际竞争力,提高仿制药的质量,规范我国药品市场的秩序,鼓励药品企业进行市场转型,从“仿制药”向“原研药”的转变,合理平衡药品权利人和仿制药企业之间的利益,提早解决药品企业之间的专利纠纷,我国相关部门出台了药品专利纠纷早期解决机制。

药品专利纠纷早期解决机制可以提前确定仿制药是否侵犯权利人的专利权,并且不涉及赔偿问题。药品专利纠纷早期解决机制一方面可以避免仿制药上市后给权利人造成的市场损害,另一方面可以避免仿制药上市后因侵权纠纷可能产生的高额赔偿和停产损失。

二、药品专利纠纷早期解决机制的内容

药品专利纠纷早期解决机制主要包括上市药品专利信息登记制度、仿制药专利声明制度、仿制药批准等待期制度、首仿药市场独占期制度等。

1. 上市药品专利信息登记制度

药品上市许可持有人可自愿在专利信息登记平台对药品的相关专利进行登

记,如未来与仿制药企业产生专利纠纷,可以适用药品专利纠纷早期解决机制进行解决。

仿制药申请人可以查阅药品上市许可持有人登记的专利信息,根据该专利信息进行前期立项选择,对专利权提前进行无效宣告或设计规避专利权的技术方案等。

2. 仿制药专利声明制度

仿制药上市许可申请人需要对被仿制药的专利状态作出声明,共分为四类声明,药品监督管理局会根据该仿制药申请人的具体声明,适用不同的评审程序。这四类声明具体如下:

第一类声明是上市药品专利信息登记平台没有“被仿制药”的相关专利信息;

第二类声明是“被仿制药”的相关专利权已经终止或者被宣告无效;

第三类声明是仿制药申请人承诺在“被仿制药”的相关专利权到期后,所申请的仿制药才上市;

第四类声明是“被仿制药”的相关专利应当被宣告无效,或仿制药不落入相关专利的保护范围。

其中,作出第一类和第二类声明的,药品监督管理局依据技术评审结论决定是否批准药品上市的决定;作出第三类声明的“仿制药”,技术评审通过的,作出批准上市决定,相关仿制药品的上市时间是专利权届满之后;作出第四类声明的,对通过技术评审的仿制药,国家药品评审机构结合法院生效判决或专利行政部门的行政裁决作出相应处理。

3. 仿制药批准等待期制度

仿制药上市许可申请人作出第四类声明的,需要将相应声明及依据通知专利权人,专利权人需要在规定期限内作出是否起诉或行政裁决的申请。如果专利权人或利害关系人提出相关申请,药品监督管理局评审程序设置 9 个月的等待期,等待期内不停止技术评审。专利权人或者利害关系人未在规定期限内提起诉讼或者请求行政裁决的,国务院药品监督管理部门根据技术评审结论和仿制药申请人提交的声明情形,直接作出是否批准上市的决定;仿制药申请人可以按相关规定提起诉讼或者请求行政裁决。

4. 首仿药市场独占期制度

“首仿药”是该仿制药上市许可申请人对“被仿制药”相关专利提出宣告专利权无效请求，并首个获得成功的仿制药品。如果“首仿药”挑战成功，药品监督管理局将在12个月内不再批准其他同类型“仿制药”的上市申请，即药品监督管理局对“首仿药”挑战成功给予12个月的特殊行政保护。

三、药品专利纠纷早期解决机制对药品企业的影响

截至2021年10月27日，国家知识产权局已收到专利权人或药品上市许可持有人提起的药品专利纠纷行政裁决请求23件，药品专利纠纷早期解决机制行政裁决委员会根据《药品专利纠纷早期解决机制行政裁决办法》对上述请求进行了初步审查，对符合受理条件的12件请求发出受理通知书，予以正式立案。下一步，国家知识产权局将依法依规对相关药品专利纠纷早期解决机制行政裁决案件进行审理。

2022年4月15日，北京知识产权法院公开宣判了原告中外制药株式会社诉被告温州海鹤药业有限公司确认是否落入专利权保护范围纠纷一案，法院经审理认为，涉案仿制药并未落入涉案专利权的保护范围，判决驳回了原告的诉讼请求。如该判决生效，温州海鹤药业有限公司向国家药品监督管理部门申请注册的名称为“艾地骨化醇软胶囊”的仿制药上市许可申请将会获得批准，在免除了仿制药上市之后面临的专利侵权风险的同时还享有首仿药12个月的特殊行政保护期。该案为新《专利法》实施以来全国首例药品专利链接诉讼案件，对后续类似案件具有指导意义。

药品专利纠纷早期解决机制有助于“仿制药”企业和“原研药”企业之间的利益平衡；有助于保护药品专利权人合法权益，鼓励新药研究，鼓励企业从仿制药向原研药企业转型升级；有助于鼓励仿制药企业积极挑战权利人的专利权和进行规避性设计，降低仿制药上市后专利侵权风险；有助于提早解决专利纠纷，减轻仿制药企业和专利权人双方的诉讼成本。

第三节　化学领域被控侵权产品技术方案的确定方法

在专利侵权诉讼案件中，首先要确认涉案专利的技术方案、被控侵权产品使用的技术方案，之后才能进行侵权判定。化学领域的发明创造相对于其他领域具有特殊性，需要借助专业的方法、专业的工具、专业的人员才能确定被控侵权产品使用的技术方案。此处主要分析被控侵权产品涉及化合物、组合物以及工艺流程时技术方案的确定方法。

一、涉及化合物的被控侵权产品技术方案的确定方法

1. 通过 CAS 号确认

CAS 号（CAS Registry Number 或称 CAS Number、CAS Rn、CAS #）又称 CAS 登录号，是某种物质［化合物、高分子材料、生物序列（Biological Sequences）、混合物或合金］的唯一的数字识别号码。鉴于 CAS 号的唯一性，并且绝大多数化合物都有对应的 CAS 号，在涉及化合物专利侵权诉讼案件中，可以通过 CAS 号确定被控侵权产品的技术方案。

案例一：在山德士（中国）制药有限公司诉北京汇康博源医药科技有限公司侵害发明专利权纠纷一案［案号：（2017）京 73 民初 190 号］中，法院通过被控侵权产品的 CAS 号确定了被控侵权产品的名称、结构式等，认为被控侵权产品为维格列汀，并落入涉案专利保护范围之内。

2. 聘请专业的检测机构运用特定的检测方法确定被控侵权产品的成分

在涉及化合物的专利诉讼中，因特定的化合物具有特定的理化性质及特定的光谱，一般可以通过专业检测机构的检测确定被控侵权产品的成分。

案例二：在拜耳先灵制药股份公司诉南京仕浪药业有限公司发明专利权侵

权纠纷一案［案号：(2010)宁知民初字第500号］中，拜耳先灵制药股份公司提供的检测报告记载，用红外光谱法(IR)对样品进行检测，并用该公司留存的盐酸莫西沙星标准品作为参照，得到红外光谱谱图，通过表征分析，该公司认为该样品为盐酸莫西沙星。法院结合CAS号确定了被控侵权产品的成分。

结合以上分析可以看出，单一化合物在专利侵权诉讼案件中可以通过CAS号或者检测机构检测报告来确定被控侵权产品的成分，当然在实践中也可能通过被告的自认等方式来确定被控侵权产品的成分。

二、涉及组合物的被控侵权产品技术方案的确定方法

1. 通过司法鉴定确定被控侵权产品的技术方案

由于涉及组合物的专利往往包括多种组分和各组分的含量等多个技术特征，在专利诉讼过程中一般需要借助专业的机构进行检测并进行司法鉴定，通过检测或者鉴定意见确定被控侵权产品的技术方案。

案例三：在三菱化学株式会社诉烟台希尔德新材料有限公司侵害发明专利权纠纷一案［案号：(2015)深中法知民初字第201号］中，法院委托北京国威知识产权司法鉴定中心出具司法鉴定书，司法鉴定中心委托专业的检测机构出具了检测报告，在检测报告的基础上鉴定中心出具了《司法鉴定意见》，最终法院采纳了《司法鉴定意见》，认定被控侵权产品落入涉案专利的保护范围之内，构成侵权并判令其赔偿损失。

2. 通过检测机构出具的检测报告确定被控侵权产品的技术方案

原告方可以通过委托专业的检测机构出具检测报告来证明被控侵权产品的技术方案。但是，如果是原告自行送交检测机构检测，原告需要证明检测样品没有被污染的可能性，否则可能会承担举证不利的责任。

案例四：在亨斯迈先进材料(瑞士)有限公司诉江苏锦鸡实业股份有限公司、泰兴锦云染料有限公司等发明专利侵权纠纷一案［案号：(2017)京73民初348号］中，亨斯迈先进材料(瑞士)有限公司主张：其曾采用高效液相色谱、质谱、紫外可见光谱方法，将被控侵权产品的样品与已知化学结构的参照化合物进行对比检测，检测报告显示被控侵权产品落入涉案专利权利要求1的保护范围之内。法院认为，因亨斯迈先进材料(瑞士)有限公司用于检测的样品未记载在公证书中，亨斯迈先进材料(瑞士)有限公司提交的在案证据不能证明上述样品

与被控侵权产品的同一性，因此检测报告未被采纳，亨斯迈先进材料（瑞士）有限公司承担举证不利的责任。

3. 检测或者鉴定不能的情形，原告需要承担举证不利的责任

鉴于化学领域的复杂性，存在部分技术特征无法通过检测的方式确定被控侵权产品技术方案的情形，这种情况下原告需要承担举证不利的责任。

案例五：在松下电器产业株式会社诉福建赛特新材股份有限公司等发明专利侵权纠纷一案［案号：（2015）沪知民初字第265号］中，委托鉴定后，鉴定机构认为，由于无法通过检测手段获知真空绝热板"反复压缩强度比"的特征，因此无法对其与权利要求5中的技术特征A3是否相同或等同作出评价。最终法院以此判定原告败诉。

三、涉及工艺流程的被控侵权产品技术方案的确定方法

涉及工艺流程的技术一般为方法专利，被告方也一般是在自己工厂内使用该技术，这种情况下原告比较难以取得被控侵权产品的技术方案。下面先分析几个涉及工艺流程的专利诉讼案例：

案例六：托普索公司诉安徽昊源化工集团有限公司等发明专利侵权案［案号：（2020）最高法知民终604号］，本案件使用了如下几种方式确定被控侵权产品的技术方案：（1）将技术转让合同、环评报告等作为初步侵权的证据；（2）申请法院到被告处进行了现场勘验；（3）申请法院到第三方调取了设计图纸。法院采纳了原告的主张，认定被控侵权产品落入原告专利的保护范围之内，构成侵权。

案例七：荷兰解决方案研究有限公司和迈图化工企业管理（上海）有限公司诉河北四友卓越科技有限公司等侵犯发明专利权纠纷案［案号：（2011）苏中知民初字第0304号］，本案中原告主张使用涉案专利生产的CarduraE10P产品在初始颜色、热稳定性、颜色稳定性以及纯度等各方面均优于申请日前的同类产品，使用涉案专利生产的CarduraE10P属于新产品。法院最终认为使用涉案专利生产的CarduraE10P产品不构成专利法意义上的新产品，因此应当由原告承担举证不利的责任。

案例八：亚什兰许可和知识产权有限公司、北京天使专用化学技术有限公司诉北京瑞仕邦精细化工技术有限公司、苏州瑞普工业助剂有限公司、魏某等发明

专利侵权案[案号:(2010)苏中知民初字第0301号],本案中法院认为,原告已尽合理努力穷尽其举证能力但仍难以证实被告确实使用了其专利方法,考虑到魏某及苏州瑞普工业助剂有限公司主要技术人员原均系天使公司工作人员,有机会接触到涉案专利方法的完整生产流程,同时苏州瑞普工业助剂有限公司虽主张其生产工艺中某些物质的添加方式和含量与涉案专利技术方案不同,但在法院释明的情况下仍拒绝提供相应证据予以佐证,被告使用专利方法生产完全水性聚合物浓缩液的可能性较大,在被告未提供进一步相反证据的前提下,根据本案具体情况可以认定被控侵权技术方案侵犯了涉案专利权,苏州瑞普工业助剂有限公司和北京瑞仕邦精细化工技术有限公司构成专利侵权。

通过以上案例结合诉讼实践,原告方一般可以通过如下几种方法确定被控侵权产品工艺流程的技术方案:

1. 因化学行业生产大都涉及环评,原告可以通过环评报告确定被控侵权产品的部分技术方案,并以此作为被告侵权的初步证据;

2. 化学工程的施工一般会要求第三方设计施工图纸,并且化工工程在施工过程中一般都有专门的施工方,与专利侵权相关的技术资料可以申请法院到第三方调取;

3. 在有被告初步侵权证据的情况下,申请法院到被告生产现场保全被控侵权产品的技术方案;

4. 通过证明生产工艺生产出来的产品为新产品,将涉案产品不侵犯涉案专利的举证责任转移到被告方;

5. 原告提交所有被告可能侵权的证据,证明被告方大概率使用了原告的技术,争取法院将举证责任分配给被告,使被告承担举证不利的责任。

在涉及工艺流程等的方法专利诉讼中,一般需要综合运用以上方式来确定被控侵权产品的技术方案,以争取实现原告取得维权胜诉的结果。

第四节　方法专利侵权诉讼案件中新产品的认定

《专利法》第 66 条第 1 款规定："专利侵权纠纷涉及新产品制造方法的发明专利的，制造同样产品的单位或者个人应当提供其产品制造方法不同于专利方法的证明。"该条款规定了涉及新产品制造方法专利侵权纠纷时，适用举证责任倒置的情形，即被诉侵权方需承担其产品制造方法不同于专利方法的证明责任。此处结合案例对本条款进行解读。

一、适用新产品举证责任倒置的法定条件

为满足《专利法》第 66 条第 1 款规定的举证责任倒置的条件，权利人首先需要证明或说明被控侵权方法所生产的产品与涉案专利方法所生产的产品属于相同的产品；同时，专利权人还应当证明或说明其专利方法所生产的产品是新产品。如果被控侵权方法所生产的产品不同于涉案专利方法所生产的产品，则不适用该条款。

在（2008）民监字第 191 号案件中，贾某、大庆市泰兴建材有限公司诉河北冀能环保新材料有限责任公司侵害其 ZL98100704. X 发明专利权纠纷，最高人民法院认为，在新产品制造方法专利侵权诉讼中，专利权人首先应当证明或说明被控侵权方法所生产的产品与涉案专利方法所生产的产品属于相同的产品；同时，专利权人还应当证明或说明其专利方法所生产的产品是新产品。在专利权人有充分的证据或者有充分的理由说明被控方法所生产的产品与涉案专利方法所生产的产品相同且为新产品的情况下，被控侵权人才负有举证证明其产品的生产方法不同于专利方法的责任。因案件证据不足以证明被控侵权方法所生产的产品与涉案专利方法所生产的产品相同，对贾某、大庆市泰兴建材有限公司提出的

应由河北冀能环保新材料有限责任公司对"生产多孔砖和空心砖的方法不同于涉案专利方法"承担举证责任的申请再审理由,法院未予支持。

二、权利人如何证明涉案专利方法制造的产品是"新产品"

为了证明涉案专利方法制造的产品是新产品,权利人可以提供由行业主管部门、全国性行业组织、相关科技查新检索机构或国家知识产权局专利检索咨询中心出具的关于涉案专利方法及其生产产品新颖性和创造性的报告,在所述报告能完整反映专利方法生产产品的技术特征时,一般可以确认其证明力。

法院在认定是否属于新产品的过程中,亦会结合专利文献说明书的背景介绍、专利审查档案、被控侵权人提供的其他相反证据等,综合判断所述产品是否为新产品。

在(2009)郑民三初字第388号案件中,原告恒昊公司为证明涉案专利方法生产的产品属于新产品,委托河南省知识产权事务中心对涉案发明专利"凹蒙玻璃的生产方法"进行新颖性检索,检索结论为,该专利技术具备新颖性,利用该技术生产的产品属于新产品。后恒昊公司又委托国家知识产权局专利检索咨询中心对利用涉案发明专利"凹蒙玻璃的生产方法"直接生产的凹蒙玻璃进行检索,检索结论为,利用涉案发明专利"凹蒙玻璃的生产方法"生产的凹蒙玻璃具有新颖性和创造性。

据此,河南省郑州市中级人民法院认为涉案发明专利权利要求涉及的是凹蒙玻璃的生产方法,河南省知识产权事务中心检索报告和国家知识产权局专利检索咨询中心报告能够证明利用涉案专利方法制造的凹蒙玻璃是一种新产品。

从上述案例可以看出,权利人可以通过委托第三方出具涉案专利方法及其所生产产品的查新报告,从而确定涉案专利方法所制造的产品是否为新产品,以完成初步证明责任。

三、"新产品"的认定标准

在方法专利侵权诉讼案件中,什么样的产品构成新产品?"新产品"的认定标准与专利法中新颖性和创造性的认定标准并不完全一致,关于"新产品"的认定标准在我国的司法实践中一般是这样认为的:如果利用涉案专利方法生产的产品与专利申请日之前已有的同类产品相比,在产品的组分、结构或者其质量、性能、功能方面没有明显区别，则该产品不属于新产品。

在（2008）高民终字第164号案件中，原告BASF公司起诉称其拥有专利号为ZL 92115325.2的“基本无粉尘四氢－3，5－二甲基－1，3，5－噻二嗪－2硫酮颗粒的制备”发明专利权，被告南通施壮公司未经许可，以生产经营为目的，生产、销售了依原告的专利方法直接得到的产品“垄鑫综合土壤消毒剂”（98%棉隆微粒剂），因涉案专利方法制造的产品为新产品，被告应承担所使用方法不同的举证责任。

北京市高级人民法院经审理认为，涉案专利涉及的是一种制备基本无粉尘的四氢－3，5－二甲基－1，3，5－噻二嗪－2硫酮颗粒的方法，在其专利说明书中记载了该专利的发明目的是提供一种更为简便的棉隆产品的制备方法。在涉案专利申请日前，农药检定所发布的农药登记公告中公开了涉案专利涉及的产品，因依据涉案专利所生产的产品与专利申请日之前已有的同类产品相比，在产品的组分、结构或者其质量、性能、功能方面没有明显区别，故不属于新产品。

四、以依照涉案专利方法直接获得的原始产品作为“新产品”的认定依据

《最高人民法院关于审理侵犯专利权纠纷案件应用法律若干问题的解释（二）》第20条规定，对于将依照专利方法直接获得的产品进一步加工、处理而获得的后续产品，进行再加工、处理的，人民法院应当认定不属于《专利法》第11条规定的“使用依照该专利方法直接获得的产品”。涉案专利方法所生产的产品是否属于新产品，应以涉案专利方法所生产的原始产品为依据，不包括以该原始产品为原材料，进一步生产获得的产品。

在（2009）民提字第84号案件中，张某认为中奇公司、华盛公司和欧意公司等分别研发、生产和销售的产品侵害了其ZL00102701.8（发明名称：氨氯地平对映体的拆分）发明专利权，起诉至吉林省长春市中级人民法院。该涉案专利公开了制造左旋氨氯地平新产品的方法，而被告研发、生产或销售的是由左旋氨氯地平进一步制得的马来酸左旋氨氯地平和马来酸左旋氨氯地平片新药。因此，在再审程序中，最高人民法院认为，在认定一项方法专利是否属于新产品制造方法时，应当以依照该专利方法直接获得的产品为依据。所谓“依照专利方法直接获得的产品”，是指使用专利方法获得的原始产品，而不包括对该原始产品作

进一步处理后获得的后续产品。因张某提供的证据并不足以证明华盛公司、欧意公司制造的产品与依照涉案专利方法直接获得的产品属于同样的产品，因此本案不应由华盛公司、欧意公司承担证明其产品制造方法不同于专利方法的举证责任。

综上所述，权利人应先证明被控侵权产品与涉案专利方法所直接获得的产品为同一产品，并证明涉案专利方法所获得的产品确为新产品后，才能适用《专利法》第 66 条第 1 款的举证责任倒置。

第五节 “氮化钒的生产方法”专利诉讼策略分析

四川省高级人民法院公布的2021年四川法院知识产权司法保护十大典型案例，其中之一为攀钢集团有限公司、攀钢集团钒钛资源股份有限公司与成都锦汇科技有限公司、江苏渝鑫科技股份有限公司等侵害发明专利权纠纷案[案号：(2020)川01知民初505号]。该案件涉及的专利为“氮化钒的生产方法”，一审判决侵权成立并判决赔偿损失2900多万元，现一审判决已经生效。笔者经过检索发现涉案专利涉及多起专利侵权诉讼，索赔总额超4.4亿元。笔者依据公开可查询的信息，对涉案专利情况、涉案专利侵权诉讼策略及潜在的应诉抗辩方案等进行了归纳分析。

一、涉案专利情况

1. 涉案专利基本信息

专利号：ZL01139886.8；

发明名称：氮化钒的生产方法；

申请日：2001年12月4日；

授权日：2005年3月30日；

法律状态：专利权至2021年12月4日后因保护期届满失效；

专利权人：攀钢集团钒钛资源股份有限公司、攀钢集团有限公司。

2. 涉案专利权利要求保护范围

涉案专利授权文本中，共有7项权利要求，其中权利要求1为独立权利要求，权利要求2~7为从属权利要求。

权利要求1的内容为：

氮化钒的生产方法，是先将粉末状的钒氧化物、碳粉和黏结剂混合均匀后压块、成型，再将成型后的物料加入制备炉中，同时制备炉通入保护和反应气体，制备炉需加热到1000～1800℃的温度区域，物料在该温度区域发生碳化和氮化反应，最终生成氮化钒。其特征在于：

(1)物料是连续式进出制备炉的；

(2)制备炉内部是用含N_2或NH_3或是它们的混合气作为反应和保护气体，并使该炉内压力始终保持为101335～101425Pa；

(3)所述物料在此温度区域反应的持续时间为2～6h，随后冷却到100～250℃自动出炉。

3. 涉案专利审查过程

涉案专利因申请时间较早，通过公开渠道查询到的信息可能不全面。现查询到涉案专利审查过程中的公开信息如下：

(1)专利审查过程中的首次检索报告，检索报告中只有A类文件，即没有发现存在影响专利新颖性和创造性的文件。

(2)涉案专利在审查过程中，申请人分别于2004年8月18日、2004年10月14日、2004年11月23日、2004年11月30日提交了4次意见陈述。意见陈述可能是对审查意见的答复，也可能是申请人主动提交的意见陈述。2004年8月18日申请人递交了修改后的权利要求书。

(3)涉案专利公布文本和授权文本权利要求1的对比。

通过对涉案专利公布文本和授权文本对比可以发现，申请人通过在权利要求1中增加了部分技术特征而获得了授权。增加的技术特征为：A. 反应温度限定为“1000～1800℃”；B. 将反应和保护气体限定为“N_2或NH_3或是它们的混合气”；C. 炉内压力限定为“101335～101425Pa”；D. 将冷却温度限定为“100～250℃”。

因在检索报告中只有A类文件，没有影响新颖性和创造性的文件，因此推断申请人修改权利要求书大概率是为了克服权利要求保护范围不清楚、得不到说明书支持的问题。

4. 涉案专利无效程序

在国家知识产权局官方网站上对涉案专利进行查询，可以查询到涉案专利至少有6次无效宣告请求程序,其中4次已经作出无效宣告请求审查决定书,皆维持专利权有效。已经公开的无效宣告请求程序中,无效宣告请求人采用的无效理由为:涉案专利不符合《专利法》第26条第3款、《专利法》第26条第4款、《专利法》第22条第3款、《专利法》第33条、《专利法实施细则》第20条第1款、《专利法实施细则》第21条第2款等。6次无效宣告请求程序具体信息见表8-1。

表8-1 6次无效宣告请求程序具体信息

序号	案件编号	无效请求人	请求日	决定日	无效结果
1	4W112787	湖南众鑫新材料科技股份有限公司	2021.7.30	2022.2.14	维持有效
2	4W113006	陕西丰源钒业科技发展有限公司	2021.9.10	2022.3.9	维持有效
3	4W111474	新疆众豪钒业科技有限公司	2020.11.24	2021.4.15	维持有效
4	4W110886	王某	2020.7.23	2020.11.25	维持有效
5	4W01461	未公开	未公开	未公开	未公开
6	4W113445	未公开	未公开	未公开	未公开

综上所述,涉案专利经过多次无效宣告请求程序仍维持有效,并且无效请求人使用的对比文件皆没有公开"物料是连续式进出制备炉的"和"炉内压力始终保持为101335~101425Pa"这两个技术特征。由此可见,涉案专利的专利权非常稳定。

二、涉案专利侵权诉讼

通过中国裁判文书网进行查询,涉案专利至少针对6家生产企业发起了6起专利侵权诉讼,索赔总额超4.4亿元。除1起专利侵权诉讼已经判决并生效外,其他案件皆在审理过程中。6起专利侵权诉讼的具体信息见表8-2。

表8-2 专利侵权诉讼具体信息

序号	被告	案号	索赔额	案件结果
1	江苏渝鑫科技股份有限公司	(2020)川01知民初505号	9000万元	一审判决2900多万元,已生效

续表

序号	被告	案号	索赔额	案件结果
2	新疆众豪钒业科技有限公司	(2020)川01知民初506号	9000万元	审理中
3	崇阳县崇青钒合金有限公司	(2021)川01知民初329号	5000万元	审理中
4	陕西丰源钒业科技发展有限公司	(2021)川01知民初330号	9000万元	审理中
5	盘锦禾祥新材料科技有限公司	(2021)川01知民初331号	3000万元	审理中
6	湖南众鑫新材料科技股份有限公司	(2021)川01知民初332号	9000万元	审理中

三、专利权人的专利诉讼策略

依据能够查询到的公开信息,可以看出权利人采取了正确的专利诉讼策略来保证了案件的成功。现对专利权人的专利诉讼策略分析如下:

1. 诉讼时机的选择

专利权人攀钢集团钒钛资源股份有限公司、攀钢集团有限公司选择在涉案专利保护期快要届满时,对江苏渝鑫科技股份有限公司、新疆众豪钒业科技有限公司、崇阳县崇青钒合金有限公司、陕西丰源钒业科技发展有限公司、盘锦禾祥新材料科技有限公司、湖南众鑫新材料科技股份有限公司等发起了6起专利侵权诉讼。选择专利保护期快要届满时发起专利侵权诉讼至少有如下好处:

(1)侵权方侵权时间较长,侵权所得达到最大化,选择这种时机进行专利侵权诉讼可以获得最大的赔偿额;

(2)专利保护期限届满之后,任何人都可以使用该专利技术,专利权人将不再享有独占使用的权利,发起专利侵权诉讼将侵权方拉入重大诉讼中,可以最大限度地打击和限制侵权方;

(3)发起大标的额的专利侵权诉讼,可以迫使侵权方因诉讼的压力主动退出市场或者与专利权人和解。

2. 取证方法的选择

专利权人在公证获得的《环境监测报告》中确定了侵权方使用的技术方案，该技术方案为："a：一种氮化钒的生产方法。b：先将片状的五氧化二钒（纯度大于等于98%）精细研磨，研磨后的大小为200目。将五氧化二钒粉体、脱氧化剂（石墨）、催化剂和自来水按一定配比混合后，进入压球机内压制成球，球体为长方形。c：将制备的球状物料送入推板窑中。d：通入反应和保护气体。e：物料在窑内经历四个阶段，干燥阶段（升温区300℃）、碳化阶段（1500℃）、氮化阶段（降温区1250℃）。f：五氧化二钒中氧和石墨发生反应（碳化阶段），后与高纯度氮气结合生成氮化钒（氮化阶段）。g：制备好的物料球被连续送入推板窑。h：所通入的反应和保护气体为氮气。i：推板窑内压力为微正压。j：物料在推板窑内经历6h。k：出炉后氮化钒的温度小于等于80℃。"

通过《环境监测报告》确定侵权方使用的技术方案，为后续的侵权比对提供了重要的依据，解决了方法专利侵权诉讼取证难的问题。

3. 赔偿依据

专利权人主张以销售侵权产品所获利益作为赔偿依据，即以侵权产品的销售金额乘以利润率所得之积计算，并提供了侵权方销售数量的证据、合理利润率的证据等。一审法院综合考虑侵权方生产销售时间跨度、开始生产的时间以及侵权方制造销售侵权产品利润率等酌定侵权方的利润为2900万元。

4. 选择侵权方的策略

笔者注意到(2020)川01知民初505号案件的被告方江苏渝鑫科技股份有限公司（以下简称渝鑫公司），在专利权人提起诉讼时没有提起管辖权异议，并且在一审判决后没有提起上诉。笔者认为至少存在如下可能：

（1）专利权人与渝鑫公司之间达成了和解；

（2）渝鑫公司比较弱小、无实际支付能力，公司处于停产停业状态；

（3）渝鑫公司已经实质上完成了财产转移，现已成为壳公司。

综上所述，鉴于专利权人和侵权方皆没有提起上诉，（2020）川01知民初505号判决已经成为生效判决，对于专利权人后续的维权是一个重大利好。尤其是该判决确定的一些事实对专利权人的后续维权有重大帮助，如判决书中认定，涉案专利中的"随后冷却到100～250℃出炉"与侵权方的"出炉后氮化钒的温度小于等于80℃"技术方案构成等同侵权。

四、侵权方可能的抗辩策略

结合专利审查过程中的检索报告及4份专利无效宣告请求审查决定书，初步可以推定涉案专利权非常稳定，侵权方通过专利无效宣告程序使得涉案专利无效的可能性较小。笔者结合以往办理类似案件的经验，认为侵权方的突破点主要在于针对专利权利要求1中的如下技术特征进行不侵权抗辩：(1)炉内压力始终保持为101335～101425Pa；(2)冷却到100～250℃自动出炉；(3)权利要求1中限定的其他参数。侵权方的主要抗辩策略为：

1. 鉴于上述(1)、(2)、(3)的技术特征在《环境监测报告》等公开资料中一般都不会公开，在侵权方使用的上述(1)、(2)、(3)技术方案与权利要求1中方案不相同的情况下，侵权方要积极举证。

如果侵权方不积极进行举证，按照(2020)川01知民初505号判决法院会依法适用举证妨碍规则，责令侵权方提供被诉侵权产品的生产线工艺操作规程等材料，在侵权方未举证证明其生产方法的情况下，法院将根据权利人提供的相关证据，认定其被诉行为构成侵权。

2. 侵权方应结合涉案专利审查档案、专利公开文本和授权文本，来说明技术特征(1)、(2)、(3)对专利授权产生的影响。专利权人通过在授权文本的权利要求1中增加了A、B、C、D四项技术特征，其中(1)技术特征相当于C、(2)技术特征相当于D、(3)技术特征相当于A，即技术特征(1)、(2)、(3)对专利授权产生了实质影响，促使法院审慎使用等同原则。

3. 侵权方应结合专利无效决定，来说明技术特征(1)、(2)、(3)对专利维持产生的影响以及对应的技术效果，促使法院审慎使用等同原则。

4. 侵权方应积极提交证据，证明其使用的技术方案对应的技术效果与专利中技术效果的差异，证明被控侵权产品与权利要求1中的技术方案无法达到基本相同的技术效果。

5. 侵权方应向法院积极提交指导案例及司法解释，证明实践中如果权利人主张的权利要求包括数值范围特征的，权利人主张与其不同的数值特征属于等同技术特征的，一般不予支持。

例如，2017年修订的《北京市高级人民法院专利侵权判定指南》规定，权利要求采用数值范围特征的，权利人主张与其不同的数值特征属于等同特征的，一般不予支持。但该不同的数值特征属于申请日后出现的技术内容的除外。

综上所述,化学领域的方法专利诉讼具有复杂性、重大性、专业性等特点,权利人和侵权方的诉讼策略会直接关系案件的成败,双方当事人都要根据案件实际情况采取合适的诉讼策略来争取取得有利的结果。

第六节　以“左旋奥硝唑专利无效案”为例评价医药专利的创造性

最高人民法院知识产权法庭通过统一审理技术类知识产权行政和民事上诉案件的“二合一”协同审理模式，审理了“左旋奥硝唑”专利无效行政诉讼和专利侵权民事诉讼4起关联案件，案号分别为（2020）最高法知行终475号、476号和（2020）最高法知民终1156号、1158号。4起关联案件涉及专利名称为“左旋奥硝唑在制备抗寄生虫感染药物的应用”和“左旋奥硝唑在制备抗厌氧菌感染药物的应用”（以下简称涉案专利）两项发明专利，鉴于两项发明专利皆为左旋奥硝唑的用途专利，本书以“左旋奥硝唑在制备抗厌氧菌感染药物的应用”专利无效案（以下简称“左旋奥硝唑专利无效案”）为例来评述医药专利的创造性。笔者结合“左旋奥硝唑专利无效案”相关材料以及检索出来的相关材料，对涉案专利基本情况、涉案专利无效信息、医药专利创造性的评价进行归纳分析。

一、涉案专利基本情况

1. 涉案专利基本信息

专利号：ZL200510068478.9；

发明名称：左旋奥硝唑在制备抗厌氧菌感染药物的应用；

申请日：2005年4月28日；

授权日：2007年5月9日；

法律状态：专利权维持；

专利权人：南京圣和药业股份有限公司；

同族专利：US8530507B2、EP1875910B1。

2. 涉案专利权利要求保护范围

涉案专利授权文本中，共有10项权利要求，其中权利要求1、权利要求7为独立权利要求，权利要求2~6、8~10为从属权利要求。

权利要求1的内容为：

左旋奥硝唑在制备抗厌氧菌感染药物中的应用。

权利要求7的内容为：

一种抗厌氧菌感染药物制剂，其中主要含有左旋奥硝唑作为活性成分。

3. 涉案专利审查过程

涉案专利在实质审查过程中没有发出审查意见，直接获得了授权。

4. 涉案专利同族专利情况

涉案专利通过PCT进入美国和欧盟申请了专利，并皆获得了授权。

二、涉案专利无效信息

1. 涉案专利无效信息统计

在国家知识产权局官方网站上对涉案专利进行查询，可以查询到涉案专利至少有4次无效宣告请求程序，并且4次皆已经作出无效宣告请求审查决定书，皆维持专利权有效。无效宣告请求人采用的无效理由为：涉案专利不符合《专利法》第26条第3款、《专利法》第26条第4款、《专利法》第22条第3款、《专利法》第25条、《专利法实施细则》第20条第1款。4次无效宣告请求具体信息见表8-3。

表8-3 4次无效宣告请求具体信息

序号	案件编号	无效请求人	请求日	决定日	无效结果
1	4W108559	郑某	2019.2.21	2022.1.4	维持有效
2	4W108585	长沙市华美医药科技有限公司	2019.3.7	2022.1.4	维持有效
3	4W107497	郑某	2018.7.2	2019.1.17	维持有效
4	4W107081	长沙市华美医药科技有限公司	2018.4.2	2018.11.28	维持有效

2. 涉案专利无效行政诉讼信息

针对案件编号为4W107081的第38076号无效宣告请求审查决定（以下简

称被诉决定)，长沙市华美医药科技有限公司向北京知识产权法院提起了行政诉讼，北京知识产权法院(2019)京73行初1801号行政判决(以下简称一审判决)认定涉案权利要求1不具有创造性，撤销了被诉决定；最高人民法院(2020)最高法知行终475号行政判决(以下简称二审判决)认定涉案专利权利要求1具有创造性，撤销一审判决，维持被诉决定。

三、医药专利创造性的评价

根据《专利法》第22条的规定，创造性是指与现有技术相比，该发明具有突出的实质性特点和显著的进步。《专利审查指南》规定了评价创造性的"三步法"：一是确定最接近的现有技术；二是确定发明的区别特征和实际解决的技术问题；三是判断现有技术是否给出将区别技术特征应用到最接近的现有技术以解决其存在的技术问题的启示。现结合被诉决定、一审判决和二审判决来分析涉案专利的创造性。

1. 关于最接近的对比文件

被诉决定、一审判决和二审判决皆认定证据1("奥硝唑的药理作用及临床应用"，参见田怀平、王美纳：《奥硝唑的药理作用及临床应用》，载《中国医院用药评价及分析》2002年第5期，第303~304页)为最接近的对比文件。

2. 关于区别技术特征和实际解决的技术问题

被诉决定、一审判决和二审判决皆认定区别技术特征为：权利要求1使用的是左旋奥硝唑，证据1使用的是奥硝唑的外消旋体。

关于解决的技术问题：(1)被诉决定和二审判决认定为，提供一种降低消旋奥硝唑的毒性(中枢毒性)、用药更安全的抗厌氧菌感染用途；(2)一审判决认定为，奥硝唑的单一对映体的用药问题。

3. 关于现有技术的启示

被诉决定、二审判决认定解决的技术问题为，提供一种降低消旋奥硝唑的毒性(中枢毒性)、用药更安全的抗厌氧菌感染用途。虽然现有技术公开了左旋奥硝唑，但没有公开左旋奥硝唑可以降低毒性，也没有相应的技术启示，因此认定涉案专利权利要求1具备创造性。

一审判决认定解决的技术问题为，奥硝唑的单一对映体的用药问题。现有技术公开了左旋奥硝唑，本领域技术人员有动机研究奥硝唑对映体的成药性能，发现某一对映体具有活性较高和/或毒性较低的效果只是研究的必然结果，并且没有预料不到的技术效果，因此认定涉案专利权利要求 1 不具备创造性。

被诉决定、二审判决与一审判决认定解决的技术问题不一致，因此得出了完全相反的结论。被诉决定、二审判决认定解决的技术问题主要源于专利文件的记载，一审法院认定解决的技术问题主要来源于主观推测（主观认定权利人可能是先分离出左旋奥硝唑，后通过毒理试验发现其具有降低毒性的效果；而非权利人在专利文件中记载的将研发思路定为如何降低消旋奥硝唑的毒性）。相对而言，被诉决定、二审判决的认定更加符合专利法的规定。

四、针对“左旋奥硝唑专利无效案”的建议

1. 通过“左旋奥硝唑专利无效案”可以看出，专利文件的内容可以直接决定涉案专利是否有效。专利权人通过聘请专业的服务机构提供了一篇高质量的专利文件，进而维持了涉案专利有效。在重要核心技术的专利布局时，建议企业一定要聘请专业的服务机构，争取将核心技术形成高价值专利，进而形成技术壁垒。

2. 如果企业计划再次对涉案专利提起专利无效，建议无效宣告请求人进一步提供光学异构体之间毒性（中枢毒性）不同的证据，以证明本领域技术人员有动机通过光学异构体进行拆分使用来达到降低毒性（中枢毒性）的效果。

如在 US4847265A 专利中公开了 α－5[4,5,6,7－四氢(3,2－c)噻吩并吡啶基](2－氯苯基)－乙酸甲酯左旋异构体毒性明显高于右旋异构体，也进一步说明了光学异构体之间毒性会有不同。

无效宣告请求人可以在此基础上找出更多和更接近的光学异构体之间毒性不同的证据，来证明通过光学异构体尤其是咪挫基类光学异构体进行拆分来达到降低毒性的效果属于本领域人员惯用技术手段，至少证明存在相应的启示。

综上所述，医药专利尤其是原研药专利对于企业至关重要，企业一定要重视专利布局，争取通过高价值专利形成技术壁垒；对于挑战医药专利的无效请求人，一定要做好充分的检索分析工作，严格按照专利文件公开的内容以及创造性的三步法准备专利无效证据材料，以增加专利无效的概率。

第七节　从专利无效案例谈农药组合物专利稳定性

2013 年江苏龙灯化学有限公司（以下称专利权人）申请了主题为“一种除草组合物”的发明专利，2014 年获得授权，该专利公开了一种含有丙嗪嘧磺隆及丙草胺的除草组合物及其用途，以及相应的杂草防除方法。通过复配包括丙嗪嘧磺隆及丙草胺的除草剂，由于丙嗪嘧磺隆具有对已知磺酰脲类除草剂具抗性的杂草的防治能力，且进行两种除草剂的二元复配，使得除草组合物具备增益效果，相较于单独使用一种除草剂来说，其对农作物生长环境中杂草的防治效果得到显著提升。

一、涉案专利情况

住友化学提起专利无效宣告请求：

住友化学于 2016 年 1 月 8 日向专利复审委员会提出了无效宣告请求，并提交了 6 组无效证据。无效证据包括：专利 JP2005126415A；《世界农药大全（除草剂卷）》；《农药品种手册》；《农药管理与使用标准汇编》；专利 CN1725952A；《现代农药剂型加工技术》。2016 年 7 月 20 日，该专利被宣告全部无效。

专利权人提交了修改文本，但修改无效，仍以专利授权公告文本为基础进行审查：

在无效宣告程序中，专利权人提交了修改后的权利要求书，其中，将权利要求 1 中的重量配比由“100∶1 至 1∶100”修改为“1∶25 至 1∶100”，这种修改方式既不属于权利要求或技术方案的删除，也不属于权利要求的合并，因而不符合《专利审查指南》关于无效宣告程序中专利文件修改的相关规定，本决定以本专利的授权公告文本为基础进行审查。

二、专利权利要求及无效理由(部分)

权利要求1:一种除草组合物,其特征在于所述除草组合物的有效组分由丙嗪嘧磺隆和丙草胺组成,其中丙嗪嘧磺隆与丙草胺重量配比为100∶1至1∶100。

无效理由:证据1日本专利JP2005126415A说明书中公开了丙嗪嘧磺隆+丙草胺,二者的重量配比分别为0.6/4.5、0.8/4.5的技术内容。与权利要求1保护的技术方案进行对比,二者的活性成分和应用领域均相同,因此二者的技术方案实质上是相同的,本专利权利要求1相对于证据1不具备新颖性,不符合《专利法》第22条第2款的规定。

权利要求4:根据权利要求1所述的一种除草组合物,其特征在于还包括安全剂,安全剂选自解草嗪、解草啶、烯丙酰草胺、吡唑解草酯,其中所述安全剂相对于丙嗪嘧磺隆和丙草胺的混合物重量配比为1∶100至20∶1。

无效理由:权利要求4是权利要求1的从属权利要求,其附加技术特征为"还包括安全剂……",这构成了权利要求4与证据1的区别特征。证据5给出了在除草组合物中使用安全剂及其用量的技术启示,加入安全剂后其能够降低对作物的损害、提高除草组合物安全性的效果是可以预期的。因此,在证据1的基础上结合证据5从而得到权利要求4的技术方案对于本领域技术人员而言是显而易见的,权利要求4相对于证据1和证据5不具备创造性,不符合《专利法》第22条第3款的规定。

权利要求5:根据权利要求1或权利要求4所述的一种除草组合物,其特征在于所述除草组合物的剂型为可湿性粉剂、乳油、油悬浮剂、悬浮乳剂、水分散粒剂、种衣剂。

无效理由:权利要求5对权利要求1和权利要求4作了进一步限定,其附加技术特征为"所述除草组合物的剂型为可湿性粉剂、乳油、油悬浮剂、悬浮乳剂、水分散粒剂、种衣剂",证据1也公开了所述除草组合物可制成乳油、油剂、喷雾剂、可湿性粉剂等剂型,给出了相应的技术启示,并且上述剂型也是本领域常用的剂型,在权利要求1、权利要求4不具备新颖性或创造性的基础上,权利要求5相对于证据1和本领域的公知常识不具备创造性,不符合《专利法》第22条第3款的规定。

三、笔者提示

1. 专利无效程序中对专利文本的修改，不得扩大原权利要求的保护范围，不得超出原说明书和权利要求记载的范围，因此权利要求书的具体修改方式一般限于权利要求的删除、合并和技术方案的删除。

2. 在无效农药专利时，有关无效证据的搜集，除在先专利外，还可充分检索期刊、农药产品手册、管理手册等。尤其是对农药组合物、复配产品、农药用途等类型专利的无效，应加大对非专利文献证据的检索力度。

3. 对于专利申请主体来说，在进行专利申请之前，应当对在先专利和非专利文献进行充分查新检索和分析，对自有技术方案的新颖性、创新性有初步评判。对于明显不具备新颖性或创造性的技术方案，建议终止专利申请，避免不必要的资源浪费；对于有一定新颖性或创造性的技术方案，可基于在先技术公开的技术方案，适当调整权利要求所包含的技术特征，提高专利授权率，避免一项确实有创新点的技术方案，因为撰写不当而未获得专利权保护，白白公之于众。

4. 可湿性粉剂、乳油、油悬浮剂、悬浮乳剂、水分散粒剂、种衣剂等剂型，在专利无效中大概率会被认定为公知常识。

第八节　以“纯白色真姬菇菌株案”为例探讨微生物的鉴定方法

最高人民法院知识产权法庭审理的“纯白色真姬菇菌株”发明专利侵权案件为我国首例微生物专利侵权案件，案号为(2020)最高法知民终1602号。本案件确定了微生物的鉴定方法，对未来处理类似案件有很强的借鉴意义。本书结合本案件的具体情况对微生物的鉴定方法进行归纳分析。

一、涉案专利基本情况

1. 涉案专利基本信息

专利号：ZL201310030601.2；

发明名称：纯白色真姬菇菌株；

申请日：2013年1月25日；

授权日：2015年7月22日；

法律状态：专利权维持；

专利权人：上海丰科生物科技股份有限公司。

2. 涉案专利权利要求保护范围

涉案专利授权文本中，共有1项权利要求。

权利要求1的内容为：一种纯白色真姬菇菌株Finc-W－247，其保藏编号是CCTCC NO：M2012378。

3. 涉案专利审查过程

涉案专利在实质审查过程中经过了两次审查意见，专利权人通过意见陈述并对权利要求作了形式上的修改，最终获得了授权。

最接近的对比文件为US2006/0041984 A1，公布了一种真姬菇菌种，其生物学特征与涉案专利有一定的近似性，选育方法与涉案专利选育方法相同。

4. 涉案专利无效信息

在国家知识产权局官方网站上对涉案专利进行查询，可以查询到涉案专利至少有一次无效宣告请求程序，并且已经作出无效宣告请求审查决定书，维持专利权有效。无效宣告请求人采用的无效理由为涉案专利不符合《专利法》第26条第3款和《专利法》第22条第3款。无效宣告请求具体信息见表8-4。

表8-4 无效宣告请求具体信息

序号	案件编号	无效请求人	请求日	决定日	无效结果
1	4W106212	天津鸿滨禾盛农业技术开发有限公司	2017.8.30	2018.1.8	维持有效

二、微生物的鉴定方法

在微生物领域判断被诉侵权产品是否落入涉案专利保护范围，形态学特征判断和分子生物学特征判断缺一不可，而分子生物学特征判断必须借助相关的方法、试剂、仪器在实验室中才能完成。为确定微生物的分子生物学特征需要采取鉴定手段、借助鉴定机构的专业能力。笔者结合“纯白色真姬菇菌株案”和微生物的专业知识，对微生物的鉴定方法总结分析如下：

1. 全基因测序检测方法

全基因测序检测方法是指对涉案微生物进行全基因测序，之后与涉案专利保藏菌珠的全基因序列进行比对，判断是否属于同一种菌种。

采取本方法可以精准确定微生物的全基因序列，但微生物基因存在突变的可能，因此即便是同种微生物，其基因序列也可能不完全一致。而对于两个微生物，二者基因序列的相似程度达到何种比例即可认定二者为同一种微生物，这一标准目前在该领域中并未达成共识。

关于微生物的基因序列比对，其不仅是比对二者的基因序列有多少是相同或相似的，还要进行基因序列测序后的基因解读和分析，由于基因组结构的复杂以及测序过程中的偏向性等原因，确实很难根据二者相似程度的大小认定二者是否为同一种微生物。

因此，全基因测序检测方法具有可能无法确认是否为同一种微生物的缺陷。

本案一审、二审法院也依此排除了全基因测序检测方法。

2. 基因特异片段检测方法

SCAR 分子标记技术是在 RAPD 基础上发展起来的，其结果不受外界环境因素和生长发育阶段的影响，直接反映被鉴定菌株的遗传本质。SCAR 分子标记可以通过获得某个菌株的“株特异性”标记来实现菌株的鉴定。涉案专利说明书明确记载了与市场上主要栽培品种并且是亲本之一的白玉菇 H-W、市场购买的真姬菇 G-W 以及日本葛城新育成的白玉菇 GC-W 菌株相比，所述保藏菌株具有特有的 SCAR 分子标记 975bp 片段。

本案中，涉案微生物具有特异性 975bpDNA 片段；并且根据形态学比对，二者菌盖、菌褶和菌柄的颜色、形状、排列等形态特征基本相同。因此，一审、二审法院据此认定涉案微生物与涉案专利保护的微生物为同一种菌株。

基因特异片段检测方法可以方便快捷地确定涉案微生物的分子生物学特征，结合形态学比对，可以确定涉案微生物与涉案专利保护的微生物是否为同一种菌株。但是，如何确定基因特异片段会成为一个难点，大部分微生物专利仅是保藏了微生物菌株，在专利说明书中并没有记载基因特异片段的确定方法和相应的基因特异片段。涉案专利说明书中完整记载了基因特异片段的确定方法，并确定了基因特异片段，为后续的鉴定提供了依据。

综上所述，涉及微生物的专利侵权案件，对于如何确定涉案微生物与保存的微生物为同一种菌株存在较大争议，导致很多微生物专利无法用于维权。本案确定的基因特异片段检测 + 形态学比对相结合的方式，为未来办理微生物专利侵权案件提供了指引。

三、笔者建议

专利权人在布局微生物专利时一定要考虑维权的需求，可以参照涉案专利说明书的记载确定基因特异性片段检测方法和相应的基因特异性片段。“纯白色真姬菇菌株案”不但为如何办理微生物专利侵权案件提供了指引，也为如何布局微生物专利指明了方向。

综上所述，现阶段微生物鉴定方法的可行方式为基因特异片段检测 + 形态学比对相结合的方式。相信随着科学技术的不断进步、微生物专利侵权案件的增加，会有更多的微生物鉴定方法出现。

第九章

企业 IPO 过程中的专利策略

“专精特新”是指中小企业具备专业化、精细化、特色化、新颖化的特征，“专精特新”企业是未来产业链的重要支撑，是强链补链的主力军。“专精特新”“小巨人”企业是指专注于细分市场、创新能力强、市场占有率高、掌握关键核心技术、质量效益优的排头兵企业。截至 2021 年年底，我国现有“专精特新”企业超过 4 万家，其中“专精特新”“小巨人”企业达 4762 家，平均拥有 50 项以上专利，超六成集中在工业基础领域，超七成深耕细分行业 10 年以上。未来将会有一大批“专精特新”企业、“专精特新”“小巨人”企业和科技创新企业上市。

2018 年 11 月 5 日，我国宣布设立科创板，主要服务于符合国家战略、突破关键核心技术、市场认可度高的科技创新企业。科创板的设立为“专精特新”及科技创新企业提供了一种更为便捷的上市途径。科创板对企业与核心技术相关的专利审核更加严格，有部分企业因专利问题而导致上市被否或主动撤回。

本章结合企业在 IPO 中尤其是科创板上市过程中常见的专利问题，为准备或正在进行 IPO 尤其是科创板上市的企业提供相应的专利策略。

第一节　企业 IPO 过程中的专利问题

企业在 IPO 过程中，需要全面梳理企业专利信息和专利风险，以满足上市的相关要求，专利问题尤其是重大专利诉讼会关系到企业上市的成败。笔者就企业 IPO 中的专利问题汇总如下：

一、专利信息披露与事实不符

企业 IPO 申报过程中，需要企业提供专利信息清单，包括专利数量、法律状态、权利人等基本信息。上市过程中有部分企业因没有准确披露专利信息而导致 IPO 被否或主动撤回。

案例 1：苏州恒久光电科技股份有限公司 IPO 被否案例

中国证监会创业板市场发行审核委员会 2010 年第 35 次工作会议对苏州恒久光电科技股份有限公司首次公开发行股票并在创业板上市会后事项进行了审核，审核结果是未通过。

中国证监会创业板市场发行审核委员会审核认为，苏州恒久光电科技股份有限公司招股说明书和申报文件中披露的全部 5 项专利以及 2 项正在申请专利的法律状态与事实不符。苏州恒久光电科技股份有限公司目前全部产品均使用被终止的 4 项外观设计专利，50% 的产品使用被终止的 1 项实用新型专利，总体来看，5 项专利被终止对申请人存在不利影响。

二、专利由股东、高管、创始人、关联公司等持有，未及时办理变更登记

专利的专利权人应当是企业，不应由公司股东、高管、创始人或关联公司持有，如果关键专利不在公司名下，会给公司经营造成潜在的风险；如果专利作为

无形资产出资，专利权人应当及时变更为企业，否则可能会造成出资不实的后果。

案例2：乐普（北京）医疗器械股份有限公司创业板上市案例

2009年，乐普（北京）医疗器械股份有限公司（以下简称乐普公司）申请创业板上市。中国证监会创业板市场发行审核委员会认为，乐普公司的股东之一美国WP公司将两项于1998年获得的专利权作为资产向乐普出资，但直到2004年才办理变更手续，存在股东出资瑕疵。

乐普公司回复称，该两项专利权虽未进行变更登记，但一直由乐普公司使用，且在变更登记后也并未支付任何对价给WP公司，双方从未产生纠纷。未及时办理变更登记手续的瑕疵并不影响发行人的利益，且已经得到纠正，并不会对本次发行上市构成任何实质性的影响。最终乐普公司于当年成功上市。

三、专利许可协议存在问题

如果企业使用某项专利技术是来源于专利权人的授权，那么双方需要签订明确具体的专利许可协议；如果未签订专利许可协议，则会给公司经营造成潜在的风险；如果企业是通过专利权人的授权使用专利技术，若正在发生专利许可协议纠纷，也会给公司经营造成潜在的风险。

案例3：吉林省西点药业科技发展股份有限公司上市被否案例

2012年12月，吉林省西点药业科技发展股份有限公司（以下简称西点药业）首次提交IPO申请拟赴主板上市，苦等4年后，因专利纠纷被否决上市申请。

西点药业招股说明书中记载，利培酮口腔崩解片为西点药业的核心产品之一，该产品的注册商标为“可同”，利培酮口腔崩解片使用的商标及专利技术均系授权方式获得。2007年利培酮口腔崩解片使用的商标及专利由权利人转让给了第三方，西点药业一直未能与第三方达成正式的专利实施许可合同。因此，监管部门认为，西点药业在该产品的专利技术使用许可事宜方面有诸多问题。

四、专利权属纠纷

企业的专利权不应存在权属纠纷。专利权属纠纷主要分为两大类：第一类是与员工的专利权属纠纷,第二类是与合作方的专利权属纠纷。其中,第一类又分为两种情形,一种是企业的入职员工与上家雇用单位存在专利权属纠纷,另一种是企业的离职员工与企业存在专利权属纠纷。

案例4:湖北泰晶电子科技股份有限公司上市案例

2016年,湖北泰晶电子科技股份有限公司(以下简称泰晶电子)在上市过程中,因与员工存在纠纷,发行审核委员会提出问询:发行人与李某、黄某等离职员工围绕专利技术、商业秘密涉及多起诉讼仲裁事项,且相关当事人均涉及有关刑事案件程序。请发行人代表补充说明上述案件目前的相关状况,对发行人是否存在不利影响,相关信息披露及风险揭示是否充分。请保荐代表人发表核查意见。

案例5:上海克来机电自动化工程股份有限公司上市案例

2016年,上海克来机电自动化工程股份有限公司上市过程中,发行审核委员会问询:其中6项发明专利由发行人和上海大学共同申请并共同共有的原因及其合理性、合法合规性,这些技术是否来源于上海大学的研发成果,是否存在相关技术合作协议及其对相关专利申请共有和使用的约定情况,上海大学依据相关法律法规以及规范性文件的规定是否有权无偿许可发行人使用并处置相关的发明专利,是否存在专利权属的纠纷,是否存在国有资产流失等情形。

案例6:江苏久吾高科技股份有限公司上市案例

2017年,江苏久吾高科技股份有限公司上市过程中,发行审核委员会问询:发行人若干专利为发行人与南京工业大学共同享有,请发行人代表说明相关权利、义务及经济利益安排。

五、重大专利纠纷

企业IPO申报阶段是专利纠纷比较频发的时间段,重大专利纠纷会直接影响到企业的上市。在科创板上市过程中重大专利纠纷发生更多,影响更大,本部分内容在后文中单独介绍。

第二节　企业科创板上市过程中的专利问题

科创板支持和鼓励硬科技企业在科创板发行上市，在科创板上市过程中，对企业的行业和科创板属性有更高的要求，科创板企业应属于“6 +1”行业，并满足科创属性“4 +5”指标。此处结合科创板的相关规定介绍科创板上市过程中的专利问题。

一、科创板规定的“6 +1”行业

2021 年 4 月修订的《上海证券交易所科创板企业发行上市申报及推荐暂行规定》第 4 条规定如下：

申报科创板发行上市的发行人，应当属于下列行业领域的高新技术产业和战略性新兴产业：

(1)新一代信息技术领域，主要包括半导体和集成电路、电子信息、下一代信息网络、人工智能、大数据、云计算、软件、互联网、物联网和智能硬件等；(2)高端装备领域，主要包括智能制造、航空航天、先进轨道交通、海洋工程装备及相关服务等；(3)新材料领域，主要包括先进钢铁材料、先进有色金属材料、先进石化化工新材料、先进无机非金属材料、高性能复合材料、前沿新材料及相关服务等；(4)新能源领域，主要包括先进核电、大型风电、高效光电光热、高效储能及相关服务等；(5)节能环保领域，主要包括高效节能产品及设备、先进环保技术装备、先进环保产品、资源循环利用、新能源汽车整车、新能源汽车关键零部件、动力电池及相关服务等；(6)生物医药领域，主要包括生物制品、高端化学药、高端医疗设备与器械及相关服务等；(7)符合科创板定位的其他领域。

限制金融科技、模式创新企业在科创板发行上市。禁止房地产和主要从事

金融、投资类业务的企业在科创板发行上市。

二、科创属性"4+5"指标

2021年4月16日,中国证券监督管理委员会公布修订后的《科创属性评价指引(试行)》。

该指引第1条规定:"支持和鼓励科创板定位规定的相关行业领域中,同时符合下列4项指标的企业申报科创板上市:(1)最近三年研发投入占营业收入比例5%以上,或最近三年研发投入金额累计在6000万元以上;(2)研发人员占当年员工总数的比例不低于10%;(3)形成主营业务收入的发明专利5项以上;(4)最近三年营业收入复合增长率达到20%,或最近一年营业收入金额达到3亿元。采用《上海证券交易所科创板股票发行上市审核规则》第二十二条第(五)款规定的上市标准申报科创板的企业可不适用上述第(4)项指标中关于'营业收入'的规定;软件行业不适用上述第(3)项指标的要求,研发投入占比应在10%以上。"

该指引第2条规定:"支持和鼓励科创板定位规定的相关行业领域中,虽未达到前述指标,但符合下列情形之一的企业申报科创板上市:(1)发行人拥有的核心技术经国家主管部门认定具有国际领先、引领作用或者对于国家战略具有重大意义;(2)发行人作为主要参与单位或者发行人的核心技术人员作为主要参与人员,获得国家科技进步奖、国家自然科学奖、国家技术发明奖,并将相关技术运用于公司主营业务;(3)发行人独立或者牵头承担与主营业务和核心技术相关的国家重大科技专项项目;(4)发行人依靠核心技术形成的主要产品(服务),属于国家鼓励、支持和推动的关键设备、关键产品、关键零部件、关键材料等,并实现了进口替代;(5)形成核心技术和主营业务收入的发明专利(含国防专利)合计50项以上。"

三、企业科创板上市过程中的专利问题

企业在科创板上市过程中,除前文介绍的专利问题外,发行审核委员会重点关注的专利问题除重大专利纠纷外,还包括专利技术的来源、专利与核心技术的对应、专利权属等,此外也有较多的问询涉及专利数量、专利申请时间、核心技术人员与发明人的对应、专利出资、专利质押等。这体现了发行审核委员会对企业

审核的重点体现在考察企业的科创硬实力。

（一）专利技术的来源

有部分企业的专利技术是通过购买或者收购关联公司取得，发行审核委员会关注的重点在于考察企业是否真正具有可持续的技术研发能力，而非仅仅通过“购买”的方式满足科创板上市指标。常见的问题包括说明专利的取得情况；受让取得专利的具体情况和风险，转让价款是否公允，说明独立研发能力；说明专利引进开发的产品；说明境外专利具体情况，境外受让专利是否符合当地政策；说明受让取得专利与核心技术的关联，核心技术是否来自受让专利。

案例1：无锡盛景微电子股份有限公司上市案例

无锡盛景微电子股份有限公司在首轮问询时，发行审核委员会对其提出了核心技术主要为自主研发与发明专利均为外部取得是否存在矛盾的问题。具体如下：

企业招股书显示发行人核心技术主要为高压超低功耗芯片设计和高效、鲁棒的通信校验机制等，技术来源主要为自主研发，保护方法主要为专利保护。但是其拥有的8项发明专利中，有7项为受让取得，1项为收购子公司取得。请发行人说明：(1)形成主营业务收入发明专利的具体情况、应用场景及重要性程度；(2)芯片设计所使用核心技术的具体情况，在研发和设计过程中所起的作用；(3)核心技术主要为自主研发与发明专利均为外部取得是否存在矛盾。

发行人对发行审核委员会的问询进行了回复，具体回复内容如下：

不存在矛盾。原因系发行人形成主营业务收入的5项发明均来自购买的电子延期模块和起爆器基本功能的基础性技术，并对收购的基础性技术不断进行升级和拓展，取得了多项实用新型、著作权和集成电路布图设计等。电子延期模块相关的11项核心技术中仅通讯线无极性且可抗直流、交流、ESD、高低压冲击技术这一项是在受让专利的基础上更新迭代的，其余10项核心技术均为自主研发取得并使用了专利、著作权等形式的保护，其中包括芯片设计涉及的核心技术高低压超低功耗芯片设计及高效、鲁棒的通信校验机制也是自主研发取得并形成了集成电路和著作权保护，故不存在矛盾。

案例2:江苏容汇通用锂业股份有限公司上市案例

江苏容汇通用锂业股份有限公司在问询时,发行审核委员会对其提出了关于受让所得技术是否具备自主研发能力的问题。具体如下:

锂产品根据原材料的不同可以分为矿石提锂和卤水提锂两种工艺路线。盐湖与矿石并非单纯的取代关系,更多的是相互补充。目前国内锂产品供应逐渐形成了以矿石提锂为主,盐湖提锂为辅的格局。国外主要锂产品生产企业主要的锂资源来源于盐湖卤水,但也在逐步进入矿石提锂领域。公司拥有“卤水直接吸附提锂技术”,相关技术系受让取得,目前处于中试阶段。

请发行人说明:(1)公司是否同时掌握矿石提锂与卤水提锂两种工艺路线所需的必要技术;(2)公司“卤水直接吸附提锂技术”当前能够适用于哪些盐湖,投入实际生产的具体情况;(3)“卤水直接吸附提锂技术”的出让方及其是否为公司竞争对手,具体受让情况,是否存在纠纷或潜在争议,公司在卤水提锂领域是否存在其他技术储备、是否具备相关领域的自主创新能力。

(二)专利与核心技术的对应

专利与核心技术是否对应,是判断是否符合科创板条件的要素,也是判断企业核心技术能否得到专利保护的关键。常见的问题包括说明核心技术与专利的对应关系,核心技术是否存在未申请专利保护的情况及原因,专利对应核心技术在产品中的应用;说明发明专利的主要内容,实现的技术效果及专利产品的竞争力;说明发明专利与主营业务收入之间的对应关系;说明核心技术的专利门槛和技术壁垒;即将到期的专利技术产生的营业收入,该专利到期后是否会产生重大不利影响;核心专利未取得授权的影响。

案例3:长沙兴嘉生物工程股份有限公司上市案例

长沙兴嘉生物工程股份有限公司上市时,发行审核委员会对其提出发行人多项科创属性指标研发投入和发明专利数量等信息披露前后不一致、专利核心技术和主营业务关系不密切、上市过程中修改其研发费用中的高管薪酬列支情况等表明其关于研发投入的内部控制或存在缺陷的问题。结合科创板发行审核委员会审议意见,上海证券交易所决定对长沙兴嘉生物工程股份有限公司首次公开发行股票并在科创板上市申请予以终止审核。

（三）专利权属

企业与员工、员工的前雇用单位、合作研发方之间容易产生专利权属纠纷，企业需要同员工、合作研发方对专利权属作出清楚的约定，避免产生专利权属纠纷。常见的问题包括说明合作研发过程中的分工，知识产权权属约定的具体情形；核心技术人员参与的技术研发是否涉及其他单位的职务发明，专利技术实施是否需要发明人的授权；共有专利权属是否清晰，是否存在潜在的纠纷；专利申请权属纠纷；兼职人员完成发明创造的专利权属。

案例4：征图新视（江苏）科技股份有限公司上市案例

征图新视（江苏）科技股份有限公司在问询时，发行审核委员会对其提出了关于核心技术人员与研发人员的问题。具体如下：

根据申报材料：(1)发行人实际控制人及部分核心技术人员曾于北京凌云光技术集团有限责任公司（以下简称凌云光）任职，凌云光为印刷领域机器视觉设备制造商；(2)相关人员竞业禁止可能涉及的违约金及赔偿金最高额相对较小，且目前已过诉讼时效；(3)发行人的专利技术均为自主研发，主要发明专利于报告期内申请；(4)发行人共有核心技术人员4名；(5)发行人存在3起作为原告的、尚未了结的竞业禁止诉讼案件。

请发行人说明：(1)核心技术的底层技术来源、与核心技术人员及其从业经历的关系，发行人及其技术人员是否存在违反保密条款、侵犯知识产权或商业秘密的情况，是否存在侵权情形；(2)研发人员、核心技术人员认定标准、相关标准开始执行时间点及报告期内标准的执行情况，近3年研发人员人数情况；(3)发行人竞业禁止在诉人员历史贡献及其离职并违反《竞业限制协议书》对发行人的影响，发行人在维持核心技术人员稳定性方面是否存在重大缺陷；(4)报告期内，发行人与凌云光存在往来款项的原因。

请保荐机构核查：(1)核心技术人员在公司研发、取得专利、软件著作权、主要核心技术等方面的具体贡献；(2)结合公司研发部门主要成员、主要专利发明人、主要研发项目参与人等情况，核查核心技术人员的认定是否存在缩小范围的情况。

（四）专利数量、专利申请时间

专利数量达标是申报科创板的基础要求，并且专利申请时间的连续性与合理性是企业研发能力可持续性的外在体现。发行审核委员会关注的问题包括核心技术未申请专利的原因；专利数量计算是否准确，是否存在境内/境外专利重复计算的情况；较短时间内申请大量专利的合理性；今年未申请专利/未取得发明专利的原因；发行人某某年之后无新增专利申请，说明某某年之后的研发情况；在审期内取得较多专利的合理性，说明新增专利情况；说明相关专利时间线与公司主要产品技术迭代是否对应；发明专利数量相对于同行业竞争对手较少的原因及合理性，与竞争对手专利对比情况。

案例5：上海芯龙半导体技术股份有限公司上市案例

上海芯龙半导体技术股份有限公司在首轮问询时，发行审核委员会对其提出了短时间内集中申请大量专利的问题。具体如下：

根据招股说明书，发行人员工人数35名，研发人员20名，25项发明专利中有23项系在2020年下半年后取得，另2项系在报告期取得。请发行人说明：发行人专利绝大部分在2020年下半年以后取得的原因，参与专利的研发人员，专利申请各个时间节点；2020年前后，发行人核心技术是否存在重大差异，大量申请专利前发行人的核心技术如何体现；专利主要技术突破点、在发行人产品中的具体作用、是否为关键核心作用、先进性如何体现。

发行人对发行审核委员会的问询进行了回复，具体回复内容如下：

近年来，美国蓄意打压中国芯片行业发展，加上受国外新冠肺炎疫情影响半导体企业开工不足等原因，导致国内外集成电路市场产品供不应求，带动中国半导体行业全产业链迅速发展，吸引了不少企业投资、跻身于半导体集成电路行业。得益于电源芯片产业的蓬勃发展，为稳固公司产品的市场竞争优势，公司遂将多年积累的核心技术向国家知识产权局申请发明专利。由于公司核心技术涉及“高集成、高电压大功率、高可靠性和低功耗”等多项关键参数指标和电路功能模块、元器件及连接关系，故而专利相关的技术整理相对复杂，影响了发明专利的申请时间，因此自2020年下半年起，公司方陆续获得发明专利授权。截至本回复出具日，公司已取得33项自主研发的发明专利。

（五）核心技术人员与发明人

研发人员的占比是申报科创板的指标之一，核心技术人员也是企业研发能力的重要体现。常见的问题包括说明核心技术人员与专利的对应关系；员工为多项专利的发明人，却未被认定为核心技术人员；核心技术人员与前雇用单位是否存在技术纠纷及劳动合同纠纷；核心技术人员离职对公司研发存在的影响；核心技术人员的稳定性；是否存在对核心技术人员的依赖。

案例6：浙江禾川科技股份有限公司上市案例

浙江禾川科技股份有限公司在上市问询时，发行审核委员会对其提出了关于核心技术人员与前雇用单位是否存在技术纠纷的问题。

对于相关问询，浙江禾川科技股份有限公司回复称，公司的核心技术和其他专利技术、非专利技术不属于核心技术人员于原单位任职时的职务发明或职务作品，不存在来源于原任职单位或与原任职单位相关的情况；公司及其核心技术人员与核心技术人员原任职单位不存在因专利、商业秘密侵权等所引发的任何争议、纠纷或潜在纠纷。

（六）专利出资、专利质押

专利作为无形资产出资，是否完成了专利权人的转让手续，以及专利是否存在质押等情形。常见的问题包括：发行人以专利出资，是否存在出资不实的情形；说明专利质押的情形。

案例7：三生国健药业（上海）股份有限公司上市案例

三生国健药业（上海）股份有限公司在上市问询时，发行审核委员会对其提出了以专利出资未办理转让手续是否构成出资不实的问题。

三生国健药业（上海）股份有限公司回复如下：

发明名称为“细胞性修饰疫苗及其免疫治疗和制备方法”和“细胞疫苗、免疫治疗以及它们的制备方法”的两项专利，已经向发行人移交了全套技术资料；并且该项技术系基础科学研究，在可预见的专利有效期内进入商业使用领域的可能性不存在，且境外专利权变更及维护的费用较高，因此各方未实质性推进该专利权和专利申请权的过户手续；目前，“细胞性修饰疫苗及其免疫治疗和制备方法”在澳大利亚的专利权已处于失效状态,“细胞疫苗、免疫治疗以及它们的制备方法”在中国的专利申请权已处于视为撤回状态,均已不具有法律权利;发行人股东未按照约定全面履行出资义务,但是,上述出资瑕疵不构成出资不实,对发行人本次发行上市不构成实质性障碍。

科创板在上市过程中,发行审核委员会重点关注核心技术相关的问题,如核心技术的来源、核心技术的竞争优势、核心技术的专利布局、核心技术的持续研发能力等。未来,为进一步体现核心技术给企业带来的竞争优势,发行审核委员会可能会关注核心专利的保护范围、核心专利的稳定性、核心技术是否建立技术壁垒、海外专利布局情况等。

第三节 企业IPO过程中重大专利纠纷的应对策略

在企业IPO过程中尤其是科创板上市过程中是重大专利纠纷比较频发的时间段,重大专利纠纷包括重大专利侵权纠纷、重大专利权属纠纷和重大专利无效纠纷。截至2021年7月,在科创板上市过程中已有31家企业遭遇了专利纠纷,有部分企业因专利纠纷而导致IPO被否或主动撤回。此处结合实际案例讲解企业在IPO过程中遭遇重大专利纠纷如何应对。

一、成都纵横自动化技术股份有限公司上市案例

1. 成都纵横自动化技术股份有限公司上市案例的基本事实

成都纵横自动化技术股份有限公司(以下简称纵横股份)科创板申请于2020年4月20日受理,2021年1月29日获批网上发行。

纵横股份于2020年6月17日和6月18日收到山东省济南市中级人民法院关于案号为(2020)鲁01民初2216~2220号诉讼案件《开庭传票》及《民事起诉状》等相关诉讼资料,河北雄安远度科技有限公司起诉纵横股份产品存在侵犯其专利权的情形。其中涉及的专利包括"无人机、无人机起飞控制方案及装置"(专利号:201610802810.8);"无人机、无人机降落控制装置及方法"(专利号:201610802445.0);"一种无人机获取图像的系统及方法"(专利号:201511021419.6);"一种无人机获取图像的系统"(专利号:201521135230.5);"飞行器的飞行控制方法、装置及系统"(专利号:201610575475.2)。河北雄安远度科技有限公司起诉纵横股份的诉讼请求包括:停止制造、销售、许诺销售侵权产品,销毁全部库存和专用模具,用户停止使用侵权产品;支付涉案发明专利临时保护期使用费并赔偿原告经济损失及维权合理开支共计2000万元等。

2021年3月30日,纵横股份收到山东省济南市中级人民法院关于案号为(2020)鲁01民初2216~2219号诉讼案件民事裁定书,裁定结果为,准许原告撤诉,案件受理费由原告负担。2021年6月7日,纵横股份收到山东省济南市中级人民法院关于案号为(2020)鲁01民初2220号诉讼案件民事裁定书,裁定结果为,准许原告撤诉,案件受理费由原告负担。

2. 纵横股份的专利侵权诉讼应对策略

(1)充分披露专利侵权诉讼的诉讼情况、目前所处阶段和案件的最新进展。

(2)收到诉讼材料后,公司委托代理律师及其他相关专业机构,对纵横股份涉案产品和原告涉案专利进行分析,收集纵横股份涉案产品不存在侵犯原告专利权的证据,并向专利复审委员会针对涉案专利提起无效宣告请求。

(3)对涉案产品进行专利侵权对比分析,由专业鉴定机构出具知识产权鉴定意见书,鉴定意见书认为涉案产品不落入涉案专利保护范围之内,不构成专利侵权。

(4)委托律师事务所出具《关于河北雄安远度科技有限公司诉成都纵横大鹏无人机科技有限公司、成都纵横自动化技术股份有限公司以及山东省防汛抗旱物资储备中心专利权侵权纠纷案法律意见书》。该法律意见书认为,涉案产品实施的技术未全面覆盖涉案专利权利要求的所有技术特征,且涉案产品使用的部分技术是现有技术,因此不构成专利侵权。

(5)对纵横股份的"CW系列"无人机产品进行专利侵权对比分析,由专业鉴定机构出具知识产权鉴定意见书。该鉴定意见书认为,纵横股份"CW系列"无人机产品所使用的相关技术方案没有包含涉案专利权利要求所限定的相同或等同的全部技术特征。

(6)纵横股份销售涉案产品的销售收入分别为44.44万元、176.49万元、519.87万元,占纵横股份当年营业收入比例分别为0.43%、1.51%、2.47%,即使纵横股份败诉,按照各年综合营业利润率测算可能认定的侵权获利金额为169.20万元,金额相对较小。

(7)即使诉讼出现不利后果,未来停止销售涉案产品亦不会对公司业务造成重大影响。此外,公司仍将持续研发,推动技术迭代,不断丰富产品系列,降低不利后果带来的不利影响。

(8)发行人控股股东、实际控制人任某于2020年6月20日出具承诺:"如因上述诉讼败诉导致发行人向原告支付侵权赔偿或支付诉讼费，本人同意连带地向发行人予以全额补偿。”即便发行人败诉，也不会对发行人的生产经营产生重大不利影响。

纵横股份在IPO过程中遭遇了重大专利侵权诉讼，纵横股份采取了合理的应对策略，使其顺利上市。

二、常州聚和新材料股份有限公司上市案例

1. 常州聚和新材料股份有限公司上市案例基本事实

常州聚和新材料股份有限公司（以下简称常州聚和）科创板申请于2021年6月29日受理，2022年3月18日审议通过。

常州聚和在IPO期间涉及3起重大专利侵权诉讼，具体情形如下：

（1）江苏索特电子材料有限公司（以下简称江苏索特）发起的发明专利侵权案件

2021年8月31日，江苏索特以常州聚和制造、销售的单晶硅正银系列浆料产品落入专利号为201180032359.1、201180032701.8的发明专利所要求的保护范围，侵害了其合法权益为由，向江苏省苏州市中级人民法院提起了2起以常州聚和为被告的专利侵权诉讼，请求法院判决常州聚和停止侵权行为并赔偿其经济损失及合理支出每案各1亿元。两起发明专利侵权案件共计索赔2亿元。

（2）Solar Paste在美国发起的发明专利侵权案件

2021年9月1日，江苏索特的全资子公司Solar Paste向美国特拉华州地区法院提起了以常州聚和、东方日升、美国日升为被告的专利侵权诉讼。Solar Paste认为常州聚和制造的正面银浆产品落入其拥有的编号为US7767254、US8497420、US8889979、US8889980、US8895843的5项美国专利要求的保护范围，东方日升使用常州聚和的导电浆料制造太阳能电池并销售至美国损害了其利益，Solar Paste请求法院确认被告存在专利侵权行为并颁布永久禁制令以禁止被告进一步的侵权行为，同时向其赔偿包括过去侵权损害赔偿、恶意侵权3倍罚款、合理的律师费用以及其他费用在内的各项损失。

（3）苏州思美特表面材料科技有限公司（以下简称思美特）发起的发明专利侵权诉讼

2021年10月26日，思美特就常州聚和、上海磐维、宁波汉宜侵害两项发明

专利事宜,向苏州市中级人民法院提起了专利侵权诉讼,苏州市中级人民法院于2021年11月15日予以立案。思美特认为,常州聚和未经其许可通过上海磐维、宁波汉宜购买中船重工生产的前述银粉以及上海磐维、宁波汉宜未经其许可销售前述银粉,侵犯了其ZL201510981595.8和ZL201810071825.0两项专利权,两起案件分别索赔1800.14万元和1720.28万元。

2.常州聚和的专利侵权诉讼应对策略

常州聚和在面临多起重大专利侵权诉讼的情况下,制定了相应的应对策略,具体如下:

(1)江苏索特发起的发明专利侵权案件

①常州聚和聘请了专业律师代理江苏索特专利侵权诉讼案件,并聘请专业律师出具了法律意见书。

②常州聚和认为专利侵权败诉的可能性低,主要理由包括常州聚和已继受三星SDI在《专利许可协议》项下的所有权利及义务,常州聚和享有涉诉专利的使用权,常州聚和享有涉诉专利的诉讼豁免权;常州聚合聘请专业律师事务所出具了常州聚和享有涉诉专利的诉讼豁免权的意见。

③发行人聘请专业律师事务所在假设专利侵权成立的前提下对赔偿金额进行测算,测算的赔偿金额远低于原告主张的2亿元。

综上所述,江苏索特主张的2亿元最高赔偿金额被法院支持的可能性较小,且即使发生最坏结果,公司仍然能够符合申请上市的财务标准。加之常州聚和已取得涉案专利的非独占性许可,即使常州聚和在相关诉讼案件中败诉,对常州聚和产生的不利影响整体可控。

(2)Solar Paste在美国发起的发明专利侵权案件

①为应对境外专利侵权诉讼,常州聚和聘请了美国律师事务所作为其美国专利诉讼的代理人,该律师事务所出具了法律意见书。

②涉案产品及其收入情况说明,Solar Paste起诉的涉案产品系型号为S6021 V253S、M3D ST204EV61、M3H1 ST004A、M3H1 ST204G、M3H1 WL698、M3H3 AL1086和M5CH3 ST095C的导电银浆产品,涉案产品常州聚和营业收入比例非常小。

③常州聚和认为公司被认定为专利侵权的整体可能性较低,主要理由包括涉案产品不直接在美国生产销售;常州聚和已继受三星SDI在《专利许可协议》

项下的所有权利及义务，常州聚和享有涉诉专利的使用权，常州聚和享有涉诉专利的诉讼豁免权；美国律师事务所出具的常州聚和非常可能取得案件胜诉的意见。

综上所述，常州聚和在美国被认定专利侵权的可能性较低，上述案件对公司财务状况、持续经营能力产生重大不利影响的可能性较小。

(3)思美特发起的发明专利侵权诉讼

①常州聚和聘请了专业的律师代理思美特专利诉讼案件，该专业律师出具了法律意见书。

②常州聚和认为上述案件中公司被认定为专利侵权的整体可能性较低，主要理由包括符合合法来源的法定条件；主观无过错；合法来源抗辩成立可能性高，无须承担赔偿责任，也无须停止继续使用涉案产品；即使法院全额支持思美特诉讼请求，也不会对常州聚和的财务状况造成重大不利影响，并且常州聚和可以根据协议追偿。

综上所述，该案件不会对发行人的持续经营能力产生重大不利影响。

常州聚和在 IPO 过程中遭遇了多起重大专利侵权诉讼，通过采取积极的应对策略，使其顺利上市。

三、苏州敏芯微电子技术股份有限公司上市案例

1. 苏州敏芯微电子技术股份有限公司上市案例基本事实

苏州敏芯微电子技术股份有限公司(以下简称敏芯股份)科创板申请于2019 年 11 月 1 日受理，2020 年 6 月 2 日审议通过。敏芯股份在科创板上市过程中遭遇了竞争对手歌尔股份有限公司(以下简称歌尔股份)的多起专利侵权诉讼，具体如下：

(1)歌尔股份 2019 年 7 月发起 3 起专利侵权诉讼

2019 年 7 月 29 日，歌尔股份以敏芯股份及北京百度网讯科技有限公司(以下简称百度网讯)产品中产品编码为 MB17H11N、MB10H11X、MB16H11Y 的产品侵害其 ZL201521115976. X、ZL201520110844. 1 及 ZL201020001125. 3 实用新型专利权为由向北京知识产权法院提起诉讼，请求法院判令敏芯股份立即停止侵害其实用新型专利权的行为，包括立即停止制造、销售和许诺销售被控侵权产品的行为，销毁被控侵权产品，以及销毁专用于制造被控侵权产品的零部件、工

具、模具及设备,并要求发行人赔偿400万元、300万元及300万元(合计1000万元),承担诉讼费用以及歌尔股份为制止侵权行为所支出的合理费用;并请求法院判令百度网讯立即停止侵害实用新型专利权的行为,包括立即停止使用和销售被控侵权产品的行为。

截至本招股说明书签署日,歌尔股份已撤回关于敏芯股份及百度网讯侵害ZL201520110844.1实用新型专利权的起诉,其余案件尚未开庭审理。上述案件涉诉专利中,专利号为ZL201020001125.3的实用新型专利已于2020年1月12日到期并被宣告部分无效;2020年1月16日,国家知识产权局作出第43091号无效宣告请求审查决定书,宣告专利号为ZL201520110844.1的实用新型专利权全部无效;2020年1月16日,国家知识产权局作出第43092号无效宣告请求审查决定书,宣告专利号为ZL201521115976.X的实用新型专利权部分无效,且歌尔股份未提交涉诉产品是否侵犯上述专利项下剩余权利要求、支持其侵权诉讼的举证,经上海硅知识产权交易中心有限公司司法鉴定所鉴定,涉诉产品没有包含ZL201521115976.X涉诉专利尚未被宣告无效的权利要求相同或等同的全部技术特征。

(2)歌尔股份2019年11月发起1起专利侵权诉讼

2019年11月18日,歌尔股份再次向北京知识产权法院提起诉讼,继续就产品编码为MB17H11N、MB10H11X、MB16H11Y的产品主张敏芯股份及百度网讯侵害其编号为ZL201410525743.0的发明专利。具体诉讼请求包括主张敏芯股份与百度网讯立即停止侵害歌尔股份专利权的行为,包括停止制造、销售和许诺销售被控侵权产品,销毁被控侵权产品,以及销毁专用于制造被控侵权产品的零部件、工具、模具、设备;主张敏芯股份赔偿3000万元;主张敏芯股份承担本案诉讼费和歌尔股份为制止侵权行为所支出的合理费用。

(3)歌尔股份2020年3月发起2起专利侵权诉讼

2020年3月4日,歌尔股份及其子公司歌尔微电子有限公司向北京知识产权法院提起诉讼,继续就产品编码为MB17H11N、MB10H11X、MB16H11Y的产品主张敏芯股份及百度网讯侵害其ZL201520987396.3的实用新型与ZL201410374326.0的发明专利。具体诉讼请求包括主张敏芯股份与百度网讯立即停止侵害歌尔股份专利权的行为,包括停止制造、使用、销售和许诺销售被诉侵权产品,销毁制造被诉侵权产品的专用模具和设备;主张敏芯股份赔偿1500万元与3000万元;主张敏芯股份与百度网讯共同承担歌尔股份及其子公司维权的合理支出各 100 万元。截至本招股说明书签署日,案件尚未开庭审理。

(4)歌尔股份 2020 年 4 月发起 3 起专利侵权诉讼

2020 年 4 月 17 日,歌尔股份向青岛市中级人民法院提起诉讼,就产品编码为 MB50R11G 的产品主张敏芯股份及潍城区华阳电子科技中心侵害其 ZL201220626527.1 的实用新型专利,就产品编码为 MB50R11G、HVWA1823 与 MB28H12F 的产品主张敏芯股份及潍城区华阳电子科技中心侵害其 ZL201310320229.9 的发明专利及 ZL201420430405.4 的实用新型专利。具体诉讼请求包括主张敏芯股份立即停止侵害原告专利权的行为,包括停止制造、销售和许诺销售被控侵权产品的行为,销毁被控侵权产品,以及销毁专用于制造被控侵权产品的零部件、工具、模具、设备;主张潍城区华阳电子科技中心立即停止侵害原告专利权的行为,包括立即停止使用和销售被控侵权产品的行为;上述 3 起诉讼合计主张敏芯股份赔偿 5000 万元;主张敏芯股份与潍城区华阳电子科技中心共同承担三个案件原告维权的合理支出各 50 万元。

2. 敏芯股份的专利侵权诉讼应对策略

敏芯股份在面临多起重大专利侵权诉讼的情况下,制定了相应的应对策略,具体如下:

(1)歌尔股份 2019 年 7 月发起的 3 起专利侵权诉讼

①3 起专利侵权诉讼涉及的专利技术,与发行人的核心技术无关。

②敏芯股份在研项目均为自主研发且具有行业领先地位的技术,7 月侵权诉讼不涉及敏芯股份的在研项目。

③7 月专利侵权诉讼不会对敏芯股份的销售及持续经营能力造成实质性影响,具体理由包括已委托专业鉴定机构出具不侵权的鉴定意见,7 月侵权诉讼产生对敏芯股份不利诉讼结果的可能性较小;歌尔股份在上述诉讼中主张侵权的产品范围较小,即使产生不利诉讼结果对敏芯股份后续业务的开展不会构成实质性影响;敏芯股份产品结构及相应技术持续更新,现有麦克风产品结构与涉诉产品存在显著差异。

④7 月侵权诉讼对发行人财务状况的影响小,3 起案件共计索赔 1000 万元。

⑤7 月发起的侵权诉讼使用的三件涉案专利,有两件被部分无效,一件全部无效;上海硅知识产权交易中心有限公司司法鉴定所出具司法鉴定意见书,认为涉案产品不落入涉案专利保护范围,不构成侵权;律师事务所出具法律意见书,

认为敏芯股份的产品实施的技术属于现有技术或未全面覆盖涉案专利权利要求的所有技术特征，因此敏芯股份的产品不构成侵权。

(2)歌尔股份2019年11月发起的1起专利侵权诉讼

①11月专利侵权诉讼涉及的专利，与敏芯股份的核心技术无关。

②11月侵权诉讼不涉及敏芯股份的在研项目。

③11月侵权诉讼不会对敏芯股份的销售及持续经营能力造成实质性影响，具体理由包括11月侵权诉讼产生对敏芯股份不利诉讼结果的可能性较小；歌尔股份在上述诉讼中主张侵权的产品范围较小，即使产生不利诉讼结果对敏芯股份后续业务的开展也不会构成实质性影响。

④11月侵权诉讼对发行人财务状况的影响小，共计索赔3000万元。

⑤对于11月侵权诉讼，委托上海硅知识产权交易中心有限公司司法鉴定所出具司法鉴定意见书，认为涉案产品不落入涉案专利保护范围，不构成侵权。

(3)歌尔股份2020年3月发起的2起专利侵权诉讼

委托律师事务所出具《关于歌尔股份有限公司诉苏州敏芯微电子技术股份有限公司、北京百度网讯科技有限公司专利侵权案法律分析报告》。该法律分析报告认为，敏芯股份的产品实施的技术未全面覆盖ZL201410374326.0专利权利要求的所有技术特征，因此敏芯股份的产品不构成侵权；ZL201520987396.3专利共包括10项权利要求。敏芯股份的产品不侵犯所有权利要求1～10的专利权，该专利不符合专利法中关于权利要求新颖性和创造性的规定，该专利被宣告无效的可能性很高。

(4)歌尔股份2020年4月发起的3起专利侵权诉讼

①4月侵权诉讼不涉及敏芯股份核心技术。

②4月侵权诉讼不涉及敏芯股份在研项目。

③4月侵权诉讼不会对敏芯股份的销售及持续经营能力造成实质性影响，具体理由包括4月侵权诉讼产生对敏芯股份不利诉讼结果的可能性较小；即使产生不利诉讼结果对敏芯股份后续业务的开展也不会造成重大不利影响；敏芯股份产品结构及相应技术持续更新，现有麦克风产品结构与涉诉产品存在显著差异。

④4月侵权诉讼对敏芯股份财务状况的影响小，共计索赔5000万元。

敏芯股份在IPO过程中遭遇了歌尔股份发起的多起重大专利侵权诉讼，通过采取积极的应对策略，使其顺利上市。

四、成都极米科技股份有限公司上市案例

1. 成都极米科技股份有限公司上市案例基本事实

成都极米科技股份有限公司（以下简称极米股份）科创板申请于2020年5月8日受理，2020年9月29日审议通过。极米股份在科创板上市过程中遭遇了重大专利侵权诉讼，在诉讼过程中与对方达成和解，加快了上市进程。

2020年6月23日，发行人收到天津市第三中级人民法院送达的《民事起诉状》。该案件当事人为原告峰米（北京）科技有限公司（以下简称峰米科技），被告一为极米股份，被告二为成都极米视界电子商务有限公司天津第二分公司。峰米科技以极米股份制造的Z6系列型号投影仪所采用的技术方案完全落入光峰科技作为专利权人且已以“排他许可”方式许可峰米科技使用的ZL201110086731.9号发明专利之权利要求的保护范围构成侵权为由，请求判令：被告一立即停止侵权行为，即停止制造、销售、许诺销售侵害涉案专利权的Z6系列型号投影仪，并立即销毁专用于制造被诉侵权产品的模具和设备，销毁库存侵权产品；被告二立即停止销售、许诺销售被诉侵权产品；两被告赔偿原告经济损失4500万元人民币，以及维权合理支出共计100万元人民币，合计4600万元人民币。

2. 极米股份的专利侵权诉讼应对策略

极米股份在面临重大专利侵权诉讼的情况下，制定了相应的应对策略，具体如下：

（1）委托专业的司法鉴定机构出具《司法鉴定意见书》，鉴定结论为涉案产品Z6系列型号投影仪不落入涉案专利保护范围，即不构成专利侵权。

（2）涉诉的技术方案不属于核心技术，不构成极米股份产品的核心竞争力。

（3）2020年8月31日，极米股份与光峰科技、峰米科技签署《和解协议》，双方撤回所有行政、民事案件。

极米股份在IPO过程中遭遇了重大专利侵权诉讼，其积极与权利人协商，达成《和解协议》，加快了上市进程。

五、安翰科技（武汉）股份有限公司上市案例

1. 安翰科技（武汉）股份有限公司上市案例基本事实

安翰科技（武汉）股份有限公司（以下简称安翰科技）科创板申请于2019年

3月22日受理,2019年5月20日收到重庆市第一中级人民法院发送的《民事起诉状》和原告证据材料,重庆金山医疗器械有限公司(以下简称金山医疗)和重庆金山科技(集团)有限公司(以下简称金山科技)以安翰科技侵犯其专利权为由,分别向重庆市第一中级人民法院提起诉讼,要求安翰科技停止侵权并共计赔偿5000万元。2019年11月25日,安翰科技递交撤回IPO文件的申请书。

金山医疗对安翰科技发起了4起专利侵权诉讼,案号分别为(2019)渝01民初394号、(2019)渝01民初395号、(2019)渝01民初396号、(2019)渝01民初397号;金山科技对安翰科技发起了4起专利侵权诉讼,案号分别为(2019)渝01民初398号、(2019)渝01民初399号、(2019)渝01民初401号、(2019)渝01民初402号。

2. 安翰科技的专利侵权诉讼应对策略

安翰科技在面临重大专利侵权诉讼的情况下,制定了相应的应对策略,具体如下:

(1)对8件涉案专利委托国家知识产权局专利检索咨询中心出具8份授权专利检索报告,用来评价涉案专利的稳定性。

(2)由鉴定机构出具8份鉴定报告意见书,用来评价涉案产品是否构成专利侵权。

(3)由律师事务所出具法律意见,用来评价涉案产品是否构成专利侵权。

(4)说明涉案专利与发行人的核心技术无关。

安翰科技因涉嫌重大专利侵权诉讼递交撤回IPO文件的申请书。之后2019年11月,涉案专利中的6项专利被国家知识产权局宣布无效,金山科技和金山医疗随后撤回该6项专利的诉讼请求;2020年8月,重庆市第一中级人民法院一审判决,驳回了金山科技和金山医疗余下2项专利的诉讼请求,金山科技和金山医疗不服,对其中一件案件提起了上诉;2021年10月,最高人民法院知识产权法庭作出二审判决,驳回上诉,维持原判。

安翰科技虽然最终取得了专利侵权诉讼的胜诉,但因专利侵权诉讼撤回了IPO申请,给公司造成重大损失。

第四节　企业在 IPO 过程中遭遇重大专利侵权纠纷的应对策略

结合上述企业处理科创板上市过程中遭遇重大专利侵权诉讼的案例，企业在科创板上市过程中遭遇重大专利侵权纠纷的应对策略如下：

1. 充分披露专利侵权诉讼的诉讼情况、目前所处阶段和案件的最新进展。企业在 IPO 过程中遭遇重大专利侵权纠纷时必须及时充分披露专利侵权诉讼的信息。

2. 进行专利侵权对比分析。委托专业律师或鉴定机构对涉案产品是否落入涉案专利的保护范围进行分析，并出具法律意见或鉴定意见。如果涉案产品不落入涉案专利保护范围则不构成侵权，可以将本法律意见或鉴定意见提交给发行审核委员会。

专利侵权的判定是专利诉讼案件的核心，基本上在每个侵权案件中成为争议的焦点，专利侵权判定的步骤主要包括权利要求保护范围的确定、涉案产品是否具有权利要求的全部技术特征、涉案产品与权利要求技术特征不同的技术特征是否构成等同。

（1）法律法规和司法解释

《最高人民法院关于审理专利纠纷案件适用法律问题的若干规定》第 13 条规定："专利法第五十九条第一款所称的'发明或者实用新型专利权的保护范围以其权利要求的内容为准，说明书及附图可以用于解释权利要求的内容'，是指专利权的保护范围应当以权利要求记载的全部技术特征所确定的范围为准，也包括与该技术特征相等同的特征所确定的范围。等同特征，是指与所记载的技术特征以基本相同的手段，实现基本相同的功能，达到基本相同的效果，并且本领域普通技术人员在被诉侵权行为发生时无须经过创造性劳动就能够联想到的特征。”

《最高人民法院关于审理侵犯专利权纠纷案件应用法律若干问题的解释》第7条规定:“人民法院判定被诉侵权技术方案是否落入专利权的保护范围,应当审查权利人主张的权利要求所记载的全部技术特征。被诉侵权技术方案包含与权利要求记载的全部技术特征相同或者等同的技术特征的,人民法院应当认定其落入专利权的保护范围;被诉侵权技术方案的技术特征与权利要求记载的全部技术特征相比,缺少权利要求记载的一个以上的技术特征,或者有一个以上技术特征不相同也不等同的,人民法院应当认定其没有落入专利权的保护范围。”

(2)权利要求保护范围的确定

很多时候权利要求的保护范围单从字面上看并不是非常清楚,需要结合专利说明书及附图、审查档案以及公知技术等来解释权利要求的保护范围。解释专利权利要求的保护范围,尤其是专利权利要求保护范围可能存在歧义的情形,可根据专利说明书和附图进行解释,也可以按照本领域技术人员的常规理解进行解释等。

(3)侵权判定

依据全面覆盖原则判定涉案产品是否侵犯涉案专利权时,可分为相同侵权和等同侵权两种情况。一般而言,应当先判断被控侵权技术方案是否构成相同侵权;如不构成相同侵权,再判断是否构成等同侵权。

①相同侵权

相同侵权是指被控侵权产品含有专利权利要求的全部技术特征,落入专利权利要求限定的范围。

相同侵权中的“相同”,包括被控侵权产品的技术特征与专利权利要求的技术特征在表述上完全相同,或者表述上虽不同,但实质表达的含义相同,或者被控侵权产品的技术特征属于专利权利要求相应技术特征的下位概念等。

如果被控侵权产品除包含涉案专利的权利要求中的全部技术特征外,还增加了新的技术特征,由于专利权利要求的全部技术特征在被控侵权产品中都有体现,因此构成相同侵权。

②等同侵权

等同侵权是指权利要求的保护范围不仅包括权利要求记载的必要技术特

征，而且包括与该必要技术特征实质上等同的技术特征。尽管被控侵权产品不具备权利要求的全部技术特征，但是其不具备的技术特征在被控侵权产品上能够找到该特征的等同技术方案，这种情况下，涉案产品构成等同侵权。

如何适用等同原则，一直是专利侵权判定中的难点。根据《最高人民法院关于审理专利纠纷案件适用法律问题的若干规定》第13条“等同特征，是指与所记载的技术特征以基本相同的手段，实现基本相同的功能，达到基本相同的效果，并且本领域普通技术人员在被诉侵权行为发生时无须经过创造性劳动就能够联想到的特征”的规定，在判断是否构成等同侵权时，必须从手段、功能、效果及本领域技术人员是否显而易见四个方面进行分析，如果两者的手段、功能、效果基本相同，而且对于本领域技术人员来说也属于显而易见的话，则可以认为构成等同侵权。

3. 进行涉案专利的稳定性分析。委托专业人员对涉案专利进行检索分析，并出具专利稳定性分析报告。如果涉案专利具有不符合专利法规定的授予专利权的情形，可以将专利稳定性分析报告提交给发行审核委员会，并同时启动涉案专利的无效宣告程序。

（1）专利无效的理由

《专利法》第2条、《专利法》第20条第1款、《专利法》第22条、《专利法》第23条、《专利法》第26条第3款和第4款、《专利法》第27条第2款、《专利法》第33条、《专利法》第5条、《专利法》第9条、《专利法》第25条、《专利法实施细则》第20条第2款、《专利法实施细则》第43条第1款。

（2）专利稳定性分析的步骤和方法

①对涉案专利的审查档案、专利文件的技术内容进行整体分析，全面了解涉案专利的背景技术，分析涉案专利是否符合《专利法》第2条、《专利法》第20条第1款、《专利法》第26条第3款和第4款、《专利法》第27条第2款、《专利法》第33条、《专利法》第5条、《专利法》第9条、《专利法》第25条、《专利法实施细则》第20条第2款和《专利法实施细则》第43条第1款的规定。

发明专利和实用新型专利后续进一步分析是否符合《专利法》第22条的规定，外观设计专利后续进一步分析是否符合《专利法》第23条的规定。

②查阅分析涉案专利的检索报告、审查意见及答复，了解涉案专利检索报告中引用的对比文件和确定的最接近对比文件，以及涉案专利的创新点。

③查阅分析 PCT 专利的检索报告、书面意见。如果涉案专利申请了 PCT,查阅 PCT 专利检索报告引用的对比文件、最接近的对比文件及书面意见。

④查阅分析同族专利的检索报告、审查意见及答复。如果涉案专利有同族专利,调取同族专利的检索报告、审查意见及答复,进一步了解涉案专利检索报告中引用的对比文件和最接近的对比文件,以及涉案专利的创新点。

⑤查阅分析涉案专利无效审查档案。如果涉案专利有被提起专利无效的记录,查阅涉案专利无效涉及的无效理由、证据材料以及专利无效宣告请求审查决定书认定的内容等。

⑥对涉案专利进行全面的检索分析。综合分析检索出来的对比文件,并分析涉案专利相对于对比文件或对比文件的结合是否符合《专利法》第 22 条规定的新颖性和创造性,外观设计专利是否符合《专利法》第 23 条的规定。

通过以上步骤和方法全面分析涉案专利的稳定性,分析涉案专利被无效的概率。

4. 制订专利侵权案件的应诉方案。委托专利律师针对专利侵权案件出具应诉方案,并将应诉方案提交给发行审核委员会。

5. 说明涉案产品在发行人公司的营收比重。按照实际运营情况,说明涉案产品在发行人公司所占的营收比重,并将该情况说明递交发行审核委员会。

6. 涉案产品如果被判停止侵权,预计发行人可能要承担的赔偿损失的数额,以及因停止侵权给发行人造成的损失数额。

7. 涉案产品是否有改进和升级方案。如果涉案产品能够通过改进或者升级,使其不落入涉案专利保护范围,即涉案产品即使专利诉讼败诉也不需要停止生产,这种情况下,可以提交改进或升级方案,以及将专利律师出具的专利自由实施分析(FTO)报告提交给发行审核委员会。

8. 主营产品是否涉嫌侵权。面临重大专利侵权诉讼时,发行人应当主动对主营产品进行专利风险排查,委托专业人员出具 FTO 报告,并将 FTO 报告提交给发行审核委员会。

9. 实际控制人承诺承担所有因专利侵权案件所带来的全部损失。

10. 与原告主动进行和解,以加快 IPO 的进程。

以上是企业在 IPO 过程中遭遇重大专利侵权纠纷的十大应对策略,企业可以根据专利侵权纠纷的实际情况,制定具体的专利侵权纠纷应对策略。

第五节　企业在 IPO 过程中遭遇重大专利无效纠纷的应对策略

企业在 IPO 过程中除可能会遭遇重大专利侵权纠纷外，还可能会遭遇重大专利无效纠纷，即竞争对手对涉及发行人核心技术的专利提起无效程序。如果企业在 IPO 过程中遭遇重大专利无效纠纷，发行审核委员会一般会问询：如果核心专利被无效，企业相应的专利产品是否还能有技术壁垒？针对重大专利无效纠纷的应对策略如下：

1. 聘请专业人员分析涉案专利无效宣告请求书及证据材料，分析无效请求人请求涉案专利无效的具体理由和证据组合，比较常见的无效理由包括涉案专利不符合《专利法》第 26 条第 3 款、第 26 条第 4 款、第 22 条第 2 款、第 22 条第 3 款等。

2. 针对无效理由为涉案专利不符合《专利法》第 26 条第 3 款、第 26 条第 4 款的情形，通过分析涉案专利申请文件、涉案专利审查档案以及公知常识等来确定无效请求理由是否成立。

3. 针对无效理由为涉案专利不符合《专利法》第 22 条第 2 款、第 22 条第 3 款的情形，通过分析涉案专利申请文件、涉案专利审查档案以及无效请求的证据组合来确定无效宣告理由是否成立。

4. 如果涉案专利是发明专利，提交发明专利审查过程中的检索报告、审查意见以及意见陈述来证明涉案专利符合专利法规定的授权条件。

5. 如果涉案专利是实用新型专利，提交国家知识产权局出具的实用新型专利权评价报告来证明涉案专利符合专利法规定的授权条件；实用新型未作专利权评价报告的，可以向国家知识产权局申请出具实用新型专利权评价报告，或者委托专业机构对涉案专利出具专利权稳定性分析报告。

6. 如果涉案专利经历过专利无效程序并维持有效，提交专利无效宣告请求审查决定书来证明涉案专利的稳定性。

7. 如果涉案专利申请过 PCT，提交 PCT 检索报告及书面意见证明涉案专利的稳定性。

8. 如果涉案专利有同族专利，提交同族专利的检索报告、审查意见以及授权通知来证明涉案专利的稳定性。

9. 如果涉案专利获得过相应的专利奖项，或者涉案专利的发明人因该项技术获得过相应的奖项，可以以此来证明涉案专利的技术创新性及稳定性。

10. 说明涉案专利与发行人核心技术的关系，以及涉案专利对应的专利产品占营收的比重，并重点说明发行人核心技术的保护方式、核心技术的具体内容，以及哪部分技术内容通过专利的方式进行保护、专利保护采用的专利组合方式、哪部分技术内容通过商业秘密的方式进行保护、发行人的商业秘密合规体系。

以上是企业在 IPO 过程中遭遇重大专利无效纠纷的十大应对策略。企业可以根据专利无效纠纷的实际情况，制定具体的专利无效纠纷应对策略。

综上所述，未来越来越多的“专精特新”企业和科技创新企业会在科创板上市，企业需要提前制定专利策略，以避免上市过程中遭遇的专利问题，加快科创板上市的进程，提高上市通过率。

第六节 企业科创板上市之前的专利策略

为提早解决企业在科创板上市过程中遇到的专利问题，增加上市通过率，建议企业提早聘请知识产权专业人员介入，为企业制定合适的专利策略。专利策略主要包括如下内容：

1. 建立科学的专利管理制度。企业需要建立科学的专利管理制度，包括企业专利管理办法、专利申请工作管理制度、知识产权奖励与惩罚办法等。科学的管理制度可以提高发明人的积极性，将核心技术及时申请专利，加强专利申请后的管理等。

2. 与核心技术人员签订保密协议和竞业限制协议。企业需与核心技术人员签订保密协议和竞业限制协议，保护企业的核心技术，防止核心技术人员的流动造成核心技术外泄。

3. 全方位的专利布局。对企业的核心技术，以专利维权为导向进行专利布局，争取形成技术壁垒。进行专利布局重点考虑以下问题：第一，核心专利的发明人应当主要为企业的核心技术人员；第二，核心专利注重以维权为目的进行布局，争取形成技术壁垒；第三，核心技术注重国外专利布局，在主要竞争对手和主要市场所在地需要布局专利；第四，专利布局要有连续性，企业应当保持每年度专利申请量有一定的连续性；第五，专利布局要充分考虑竞争对手的技术，通过监控竞争对手的专利信息，及时调整企业的专利布局；第六，核心专利与主要营业收入的专利产品要保持一致性。

4. 对主要产品提前进行 FTO。企业的主要产品在研发立项时、产品上市前、产品进入国外市场前、企业 IPO 前等关键环节需要进行 FTO，提前了解相关技术领域和主要竞争对手的专利布局情况，及早排查出有风险的专利，及时提出专利无效或者设计规避方案。企业的 FTO 在下文具体介绍。

5. 提早做好专利的尽职调查。企业在科创板 IPO 之前,要提早做好专利的尽职调查,包括专利的数量、法律状态、专利权人、专利权属等。

6. 提早设计好专利诉讼应对方案。企业在 IPO 之前要认真分析风险专利和主要竞争对手,并做好在 IPO 过程中发生专利侵权诉讼的应对方案。

第七节　FTO 报告的必要性

专利自由实施分析(FTO)报告是指对企业实施的技术是否侵犯他人的专利权进行尽职调查和发表法律意见,并作出是否侵犯他人专利权的分析报告。

FTO 报告主要在以下情况下使用:(1)产品/技术开发立项之前或者开发的过程中;(2)产品/技术的开发后期或者临近产业化之前;(3)产品进行海外生产和销售之前;(4)融资、并购或 IPO 过程之前;(5)产品或技术获得许可或受让之前。

FTO 报告的作用主要为:(1)帮助企业及时获知本领域研发背景和研发方向,避免重发研发;(2)帮助企业及时调整产品的技术方案,避免专利侵权风险;(3)有利于避免惩罚性赔偿;(4)为企业上市扫清障碍,有利于在科创板上市;(5)了解竞争对手的专利布局,及时调整研发方向和企业专利布局。

企业面对是否构成专利侵权甚至是恶意侵权等不确定的经营风险时,可以委托专利代理师或有专利代理师资质的双证律师出具《专利自由实施检索和侵权分析报告》(FTO 报告),在进行产品生产、销售或许诺销售等商业行为之前,开展全面的专利检索和侵权分析。

一、出具 FTO 报告的方法

那么,如何出具一份专业的 FTO 报告？笔者结合多个 FTO 项目的实施经验,对项目各阶段的操作方法总结如下:

第一阶段:明确 FTO 需求,确定标的产品/技术的技术特征。

很多企业只知道自己要做 FTO,但都存在技术方案未最终确定、预算有限无法针对所有零部件做 FTO、盲目自信觉得某特定结构不需要做 FTO 等问题。这就需要律师从专业角度给出建议,引导企业明确需求,从而正确罗列出技术特征。

其一,产品/技术有大致技术方案,但未最终投产,还有改动的空间,怎么确定技术特征?

这种情况下,企业不仅想了解目前已有的初步技术方案能不能做,有没有侵权风险,更想通过专利信息的检索和分析,了解到有哪些规避方案。因此,律师可以从技术的必要性、功能性、可替代性出发,将技术特征划分为必要的、可替代的、附加的等不同类别,以此扩大技术特征的广度。

其二,预算有限,无法针对整个产品做 FTO,如何做 FTO 性价比更高?

一般来说,对一项产品或技术做全面 FTO 是不切实际的,如对机械领域产品的组件、连接方式、外观等,化学领域的原料、合成工艺、用途、复配产品、制剂等方方面面都做 FTO,不仅耗时太长影响进展,而且大多数企业难以支付这笔费用。

这就需要律师从专业角度进行调研,从企业研发人员口中挖掘出有用信息,最终给出专业建议。比如,了解目标产品的核心零部件,与市面上产品相比目标产品的技术功效和如何实现这种技术功效,主要的竞争对手,外观的特殊设计,哪些零部件是通过采购获得等。通过技术调研对目标产品有更深入的掌握,从而在企业预算范围内给出合理建议。

其三,及时指出企业认知误区。

对于一些常见的认知误区,如企业产品已经有专利了肯定不侵权,同行企业都在做一样的产品肯定不侵权等错误观点,律师应当及时指正,提高企业对 FTO 的认知和重视程度。

第二阶段:确定产品上市地区,制定专利检索策略。

由于专利具有地域性,因此需要企业先确定产品生产和上市的目标市场,确定专利检索的区域范围。

制定一个具有较高查全率和查准率的检索式并非易事,首先需要确定检索要素,其次需要对这些检索要素进行逻辑组合。

以机械领域为例,检索要素一般包括组件、功效、连接结构等,而每个检索要素又可以通过中文关键词、英文关键词、IPC、CPC 等来表达。对这些检索要素进行逻辑组合,需要考虑不同检索要素的搭配方法、逻辑词的连接、通配符的使用等。

而在化学领域,又需要采取不同的检索策略,化合物检索需要运用 SciFinder

等检索工具。

初步检索后，还需要通过竞争对手、同族专利扩展、专利追踪等检索策略进行多次补充检索。

第三阶段：筛选最相关专利。

通过上一阶段专利检索获得的专利清单（排除无效专利），就是我们用于筛选最相关专利的数据集。

如果不考虑时间成本，当然是阅读越多的专利越容易排查侵权风险，但无止尽地看专利，不考虑时间限制显然不可能，毕竟 FTO 的目的是让目标产品/技术投产、上市。

因此，需要根据项目预算和时间限制，在可控数量范围内筛选出与第一阶段确定的技术特征最为接近的专利，厘清权利要求的保护范围和目标产品的技术特征，确定专利与目标产品技术方案的接近程度。

第四阶段：技术特征比对，进行侵权判断。

侵权判断是知识产权律师的基本功，律师需要结合实务经验和大量专利侵权案例的总结，深度理解全面覆盖原则、等同侵权原则、禁止反悔原则的判定标准，制定技术特征比对表，将目标产品的技术特征和权利要求记载的技术特征进行一一比对，判断目标产品是否落入专利权的保护范围。

第五阶段：慎重写结论。

对于企业而言，一份 FTO 报告的结论当然最好是"没有专利侵权风险"，然而在很多报告中我们都发现了"高风险专利，侵权风险极大"。这两种结论都不适合简单粗暴地出现在 FTO 报告中。

如果经过全面检索和侵权对比，确实没有找到风险专利，那么也需要找出最接近的专利文件，解读最接近专利的权利要求保护范围，明确目标产品不构成专利侵权的原因，使得结论更具有说服力。

如果发现了高风险专利，直接给企业目标产品判"死刑"也不是明智之举，而是需要从专利稳定性出发，进一步帮助企业寻找现有技术或者抵触申请，在穷尽风险对抗手段之后，帮助企业制定正确的商业策略。

二、"八亿时空"系列自由实施分析报告案例

北京八亿时空液晶科技股份有限公司（以下简称八亿时空）借助 FTO 逐步

成长为液晶领域的龙头企业,并成功在科创板上市。笔者自2015年至今为八亿时空提供了十几份涵盖其所有液晶产品的国内外专利自由实施分析报告,成功帮助八亿时空突破了国外液晶巨头的专利壁垒,进入液晶产品的高端市场。现对本案例的基本情况、FTO策略以及FTO报告的作用介绍如下:

(一)本案例的基本情况

1.液晶产品简介

某些物质在熔融状态或被溶剂溶解之后,尽管失去固态物质的刚性,却获得了液体的易流动性,并保留部分晶态物质分子的各向异性有序排列,形成一种兼有晶体和液体的部分性质的中间态,这种由固态向液态转化过程中存在的取向有序流体称为液晶。液晶可以广泛应用于手机、笔记本、电脑显示器、大尺寸液晶显示屏等。

2.液晶产业背景

中国的液晶材料起步较晚,在2008年以前中国的液晶厂家主要集中于TN、STN等低端液晶领域,利润微薄;高端液晶如TFT技术等被德国的MERK、日本的DIC、日本的CHISSO等国外巨头垄断,并且这几家国外巨头在液晶领域布局了大量的专利,形成了高端液晶领域的专利壁垒,赚取了大量高额利润;BOE、天马微电子、华星光电等液晶面板企业作为液晶产品的下游产业,每年都需要高额的花费从国外巨头处购买高端液晶。

3.高端液晶国产化的需求和痛点

中国的液晶厂家和下游液晶面板企业都需要中国国产化的高端液晶。液晶产品属于上游产品,被用来制作液晶显示屏,液晶显示屏则使用在手机、电脑、电视等终端产品上,终端产品会销往世界各地。如果液晶产品涉嫌专利侵权,那么会给液晶生产厂家、液晶面板企业、终端产品制造商带来难以想象的重大损失,因此高端液晶国产化的前提是必须突破国外巨头的专利壁垒。

4.八亿时空高端液晶之路

自2014年起八亿时空开始进军高端液晶领域,前期全面分析了国外三大液晶巨头MERK、DIC、CHISSO在中国、美国、德国、日本等主要生产地和市场所在地的专利布局情况,基本上掌握三大巨头的专利保护范围;之后进行了全面的规避性设计,在基本保持液晶性能的前提下避开国外巨头的专利保护范围,经过数次试验测试和技术方案的调整,终于研发出了企业独有的高端液晶产品。

5. FTO 助力八亿时空在科创板上市

鉴于前文提到涉嫌专利侵权对液晶生产厂家、液晶面板企业等可能带来重大损失，八亿时空为保证其高端液晶产品不涉嫌侵犯国外三大巨头的专利权，委托笔者出具十几份 FTO 报告，使其高端液晶产品成功进入 BOE 等液晶面板企业，实现了企业的飞速发展，并于 2020 年 1 月在科创板上市，逐步成长为液晶领域的龙头企业。

（二）FTO 策略

八亿时空 FTO 涉及中国、美国、德国、日本等多个国家和地区，并且涉及的专利数量庞大，笔者采取了如下策略：

1. 液晶产品技术方案的确定

液晶产品大部分为组合物，其中的组分、配比、一部分参数对于液晶产品的性能都起到非常重要的作用，准确确定液晶产品的技术方案是 FTO 报告的第一步。如果液晶产品技术方案限定的范围过大，检索出来的专利会非常多，导致工作量特别大；如果液晶产品技术方案限定的范围过小，会因专利漏检而给客户带来风险。笔者通过跟八亿时空的技术人员多次沟通，确定了合适的液晶产品技术方案。

2. 地域的确定

鉴于专利的地域性特点和前文分析的液晶产业的特点，综合考虑竞争对手所在地和主要市场所在地，将地域确定为中国、美国、德国、日本。

3. 竞争对手的确定

液晶产业具有高度的垄断性，高端液晶技术基本上掌握在 MERK、DIC、CHISSO 三大巨头手里，因此在 FTO 中直接限定分析三大巨头的专利技术。

4. 合适的检索分析方案的确定

液晶产品由多种组分组成，并且多种组分之间并不存在化学反应。因此，一种液晶产品需要检索多种排列组合的方式，每一种方式都会检索出非常多的专利文件，如果对每种排列组合都进行全面检索分析，工作量会非常庞大。笔者与八亿时空多次沟通以后，制订了相应的检索方案。首先，将液晶产品的技术方案分成多种排列组合；其次，针对在检索分析日前 20 年就已经公开的组分和组分组合方式予以排除；最后，针对剩余的排列组合进行检索分析。采取这种检索分析方案，在保证检索效果的前提下大大减少了工作量。

5. 相关专利的初筛

对检索出来的专利文件进行初筛。第一步，排除未授权、专利权终止和专利权无效的专利；第二步，同族专利中只留一件专利；第三步，进行专利权利要求的比对。通过以上三步进一步筛选出重点专利。

6. 重点专利技术特征比对

对于重点专利，由中国律师进行专利侵权对比分析，出具在中国是否构成专利侵权的法律意见。

7. 专利稳定性的分析

如果经专利侵权对比分析，认为构成专利侵权的可能性较大，那么需要对相关专利进行专利稳定性分析，分析相关专利被宣告无效的概率。

8. 外方律师的合作

因各国的法律有所不同，对于重点专利，如果在德国、美国、日本有同族专利并且是正处于有效状态的专利，则委托德国、美国、日本当地的专利律师出具是否构成专利侵权的意见。

9. 调整液晶产品技术方案

如果经过上述分析，发现仍有部分专利涉嫌较高的侵权风险，则由笔者和公司技术人员共同商量规避性方案，即调整液晶产品的技术方案。

10. 出具结论

综合分析之后，结合德国、美国、日本当地专利律师出具的是否构成专利侵权的意见，笔者出具完整的 FTO 报告。

通过八亿时空的案例可以看出，FTO 是中国企业突破国外企业专利壁垒的重要工具；中国企业在向高端技术领域突破过程中、在申请科创板上市过程中一定要重视 FTO，通过 FTO 避免可能的专利侵权风险。

第八节　小　　结

科创板主要服务于符合国家战略、突破关键核心技术、市场认可度高的科技创新企业，重点支持新一代信息技术、高端装备、新材料、新能源、节能环保以及生物医药等高新技术产业和战略性新兴产业，推动互联网、大数据、云计算、人工智能和制造业深度融合，引领中高端消费，推动质量变革、效率变革、动力变革。随着我国科技水平的不断提高，"专精特新""小巨人"企业和高科技企业持续涌现，企业科创板上市的需求会越来越大。

科创板重点支持在特定行业拥有核心技术的企业上市，而核心技术很大程度体现在专利上，所以科创板上市过程中专利非常重要，有部分企业因专利问题而导致上市被否或者撤回申请。上市过程中常见的专利问题包括专利的数量不足、突击申请专利、购买专利、专利与核心技术不对应、专利权属纠纷、专利许可纠纷、专利无效纠纷、专利侵权纠纷等。

企业应当及早制定企业专利策略，包括建立科学的专利管理制度、与核心技术人员签订保密协议和竞业限制协议、进行全方位的专利布局、对主要产品提前进行 FTO、提早做好专利的尽职调查、提早设计好专利诉讼应对方案等。企业制定专利策略并实施，有助于保护企业的核心技术，进而推动企业的科创板上市进程。

第十章

核心技术的商业秘密保护

我国分别在2017年、2019年两次修改了《反不正当竞争法》，2020年出台了《最高人民法院关于审理侵犯商业秘密民事案件适用法律若干问题的规定》《最高人民法院、最高人民检察院关于办理侵犯知识产权刑事案件具体应用法律若干问题的解释（三）》。通过出台一系列的法律法规，完善了商业秘密的法律保护体系，减轻了权利人的举证责任，加大了对商业秘密的保护力度，提高了商业秘密权利人维权的积极性，一大批商业秘密维权案件随之产生。

商业秘密是指不为公众所知悉，具有商业价值，并经权利人采取相应保密措施的技术信息、经营信息等商业信息。商业秘密侵权行为类型包括以盗窃、贿赂、欺诈、胁迫、电子侵入或者其他不正当手段获取权利人的商业秘密；披露、使用或者允许他人使用以前项手段获取的权利人的商业秘密；违反保密义务或者违反权利人有关保守商业秘密的要求，披露、使用或者允许他人使用其所掌握的商业秘密；教唆、引诱、帮助他人违反保密义务或者违反权利人有关保守商业秘密的要求，获取、披露、使用或者允许他人使用权利人的商业秘密；第三人明知或者应知商业秘密权利人的员工、前员工或者其他单位、个人实施前款所列违法行为，仍获取、披露、使用或者允许他人使用该商业秘密的，视为侵犯商业秘密。

第一节 商业秘密的概述

一、商业秘密的构成要件

《反不正当竞争法》第 9 条第 4 款规定："本法所称的商业秘密，是指不为公众所知悉、具有商业价值并经权利人采取相应保密措施的技术信息、经营信息等商业信息。"

商业秘密作为知识产权的法定客体，其本质是一种商业信息，是不为公众所知悉、具有商业价值并经权利人采取相应保密措施的商业信息。根据《反不正当竞争法》第 9 条第 4 款的规定，商业秘密的构成要件包括：(1)秘密性，要求构成商业秘密的商业信息不为公众所知悉；(2)价值性，要求构成商业秘密的商业信息必须能为权利人带来现实或者潜在的商业价值；(3)保密性，要求权利人对构成商业秘密的商业信息必须采取合理的保密措施。在侵犯商业秘密纠纷的诉讼过程中，原告提出商业秘密被侵犯的诉讼主张，首要的事项就是要根据上述三个构成要件确定原告主张的商业信息是否构成商业秘密，这是其诉讼主张得到法院支持的根本前提。

(一)秘密性

"法律对商业秘密唯一的、最重要的要求，就是该商业秘密在事实上是保密的，除却这一先决条件，其他的条件也都毫无意义。"这个论述揭示了秘密性是商业秘密的核心构成要件，也是商业秘密获得法律保护的先决条件。处于商业秘密语义下的"秘密性"，一般是指与公知信息相对的"不为公众所知悉"的信息，也即一种"信息处于无法从公开渠道获得"的状态。《最高人民法院关于审理侵犯商业秘密民事案件适用法律若干问题的规定》第 3 条及第 4 条分别对"不为公众所知悉"的定义及常见的"为公众所知悉"的情形进行了规定，具体如下：

《最高人民法院关于审理侵犯商业秘密民事案件适用法律若干问题的规

定》第 3 条规定:“权利人请求保护的信息在被诉侵权行为发生时不为所属领域的相关人员普遍知悉和容易获得的,人民法院应当认定为反不正当竞争法第九条第四款所称的不为公众所知悉。”

《最高人民法院关于审理侵犯商业秘密民事案件适用法律若干问题的规定》第 4 条规定:“具有下列情形之一的,人民法院可以认定有关信息为公众所知悉:(一)该信息在所属领域属于一般常识或者行业惯例的;(二)该信息仅涉及产品的尺寸、结构、材料、部件的简单组合等内容,所属领域的相关人员通过观察上市产品即可直接获得的;(三)该信息已经在公开出版物或者其他媒体上公开披露的;(四)该信息已通过公开的报告会、展览等方式公开的;(五)所属领域的相关人员从其他公开渠道可以获得该信息的。将为公众所知悉的信息进行整理、改进、加工后形成的新信息,符合本规定第三条规定的,应当认定该新信息不为公众所知悉。”

理解秘密性的内涵,需要从以下角度展开:

(1)秘密性的相对特征

秘密性的相对特征是指商业秘密不是绝对保密的,而是相对保密的。换句话说,除权利人以外,商业秘密不是在国内或者国际上绝对地没有任何人知悉的,而是不在本领域内达到众所周知或普遍知悉的程度。这主要是因为商业秘密的价值性必须通过他人的转化使用才能体现出来,即商业秘密只有通过实施才能使其内含的价值得以实现,而这种实施不可能是仅靠商业秘密所有者个人就能完成,必须有相应的雇员或按照合同等负有保密义务的当事人知悉该商业秘密的具体内容。

(2)秘密性的客观具体特征

商业秘密的秘密性要求秘密本身必须是客观具体的,就是要求该信息不能为本行业的人员所普遍知悉和容易取得的同时,也不能是某种抽象模糊的想法、理论或概念。结合 TRIPs 协定第 39 条第 2 款的表述,可以更好地理解秘密性的客观具体特征:其在某种意义上属于秘密,以及其整体或其要素的确切体现或组合,未为通常涉及该信息有关范围的人普遍所知或者容易获得。

(3)秘密性的新颖特征

“不为公众所知悉”包含了新颖性与秘密性两重含义,其中新颖性与秘密性具有紧密相连的关系,只要某种信息保持了秘密性,它自然就派生出了最低限度的新颖性。但要注意的是,商业秘密中的新颖性相较于专利法上专利产品的新颖性严格程度要低许多,这里的新颖性是指商业秘密信息相较于公知信息具有很低限度的细微差异,也即只要不是本行业内“普遍知悉”的公知信息都可以满足新颖性的条件。

(二)价值性

关于商业秘密的价值性,《最高人民法院关于审理侵犯商业秘密民事案件适用法律若干问题的规定》第7条进行了规定,具体如下:

《最高人民法院关于审理侵犯商业秘密民事案件适用法律若干问题的规定》第7条规定:“权利人请求保护的信息因不为公众所知悉而具有现实的或者潜在的商业价值的,人民法院经审查可以认定为反不正当竞争法第九条第四款所称的具有商业价值。生产经营活动中形成的阶段性成果符合前款规定的,人民法院经审查可以认定该成果具有商业价值。”

商业秘密的价值性是指作为商业秘密的信息能够给拥有人带来现实或者潜在的经济利益或竞争优势。这里的价值性指的是商业价值,也就是经济价值,而不是“精神价值”“社会价值”或者其他方面的价值。

商业秘密所具有的价值性的标准是非常低的,要与专利法上的“实用性”区分开。当商业秘密的价值体现为经济利益增加时,可能需要该商业秘密能够像专利要求的那样被“重复制造和使用”;但当商业秘密的价值体现为损失的减少时,并不必然要求该项商业秘密能够“重复制造和使用”。

由此,可以从以下几个方面来考量我国商业秘密之价值性:首先,它具有确定的可应用性;其次,它能为权利人带来某种经济利益,这里的经济利益既包括既有的利益和潜在的利益,也包括积极的利益和消极的利益;最后,它能够为权利人带来某方面的竞争优势。

(三)保密性

保密性是商业秘密构成要件中的一个重要因素,保密性也称“管理性”或“主观秘密性”。与之相对应,秘密性可称为“客观秘密性”。保密性主要是指商业秘密权利人为防止自己的信息被与自己有竞争关系的人知悉,或者为防止知悉该信息的雇员及其他有关人员泄露而采取了合理的保密措施。如果商业秘密信息拥有人不能证明自己对该信息采取了合理的保密措施,则其所主张的商业秘密信息内容就不能得到法律的保护。因为权利是既可以行使也可以放弃的，这取决于权利拥有人的主观意愿，拥有人只有对信息采取了保密措施，才能合乎情理地推断出其具有“占有”的意思表示，否则便丧失了用法律去保护的必要性。关于保密性，《最高人民法院关于审理侵犯商业秘密民事案件适用法律若干问题的规定》第5条进行了规定，具体如下：

《最高人民法院关于审理侵犯商业秘密民事案件适用法律若干问题的规定》第5条规定：“权利人为防止商业秘密泄露，在被诉侵权行为发生以前所采取的合理保密措施，人民法院应当认定为反不正当竞争法第九条第四款所称的相应保密措施。人民法院应当根据商业秘密及其载体的性质、商业秘密的商业价值、保密措施的可识别程度、保密措施与商业秘密的对应程度以及权利人的保密意愿等因素，认定权利人是否采取了相应保密措施。”

对于商业秘密的保密性，我们应从以下几个方面来考量：首先，商业秘密权利人必须对其拥有的秘密信息有主观上的保密意识，这是保密性的主观基础；其次，保密性还要求有具体的客观措施，仅有保密的主观意愿是不够的，还必须通过一定的客观方式表现出来，即主观的保密意愿要转化为一定客观形式的合理保密措施，这样才能让公众知道该秘密信息处于权利人的支配之下，起到公示的效果；最后，保密措施要有合理性和合法性，即在商业秘密所处的特定行业和环境下采取足以防止一般人以正当手段获知即可。

二、商业秘密保护与专利保护的区别

由于我国在专利方面的立法体系相对完善，法律运行时间也相对较长，因此社会公众对专利的了解比商业秘密更深入。很多企业研发出一个创新成果，往往第一时间想到申请专利，但是专利的公布导致其创新成果被公开，其竞争优势荡然无存。商业秘密和专利作为两种知识产权保护体系，二者有什么区别，实践中如何选择呢？本节将进行详细介绍。

商业秘密和专利主要存在保护范围、保护门槛、获权程序、是否公开、保护期限、维护费用、维权难易等方面的区别，详见表10－1。

表 10－1 商业秘密与专利的区别

区别点	商业秘密	专利
保护范围	商业秘密保护范围较广，可以保护技术信息、经营信息等商业信息。即使是尚未形成完善的技术方案，还不能申请专利，也可以通过商业秘密来保护	专利保护范围较窄，只能保护技术方案和设计方案。对于尚未形成方案的信息，不能通过专利来保护
保护门槛	商业秘密保护门槛较低，其构成要件秘密性对于创新程度的要求比专利的新颖性、创造性都低	专利保护门槛较高，要想获得专利权，不仅要具备新颖性、创造性、实用性，还须满足其他授权条件
获权程序	商业秘密的保护，只需对欲保护的商业信息做好保密措施，并且该商业信息具备秘密性及价值性就可获得商业秘密保护，无须经历申请及审查过程	专利的保护，需要经历较为严格的申请及审查过程，审查通过了，才能获得专利保护
是否公开	商业秘密的获权不以公开为条件，这是商业秘密的本质决定的。之所以将商业信息以商业秘密形式保护，就是不想让信息公开，否则保护就失去了意义	专利是以公开换保护，这是专利法的立法宗旨决定的。专利法是为了鼓励发明创造，如果将专利保密起来，社会公众就不清楚哪些技术或设计已被他人垄断，在进行发明创造时因为担心侵犯他人专利权而畏首畏尾。而且，将专利保密起来，也不利于社会公众在现有技术或设计中汲取灵感，作出更好的发明创造
保护期限	商业秘密只要保密措施得当，保护期限可以是无限期的。例如，可口可乐的配方至今已经保护了 100 多年	专利的保护期限最长只有 20 年（发明专利），而实用新型专利、外观设计专利分别有 10 年、15 年保护期限，超过保护期限，专利即成为社会公共资源，任何人都可以无偿使用

续表

区别点	商业秘密	专利
维护费用	商业秘密的保密成本主要体现在前期制度的搭建、协议的拟定、保密措施的设计等方面，一旦成型，未来将无须另行支出维护费用	专利授权之后想要继续维护的，需要按年缴纳年费，且越往后年费金额越高。如果放弃缴纳年费，则专利权也将终止
维权难易	商业秘密因立法欠缺、权利边界不清晰、取证难度大，再加上很多企业保密意识淡薄，维权难度往往较大	专利由于是经过了审查的，权利边界相对清晰，且专利法律规定较为完善，取证也较为容易，相较于商业秘密而言维权难度较小

如表 10－1 所示，商业秘密与专利存在诸多区别，实践中应当根据需要选择合适的保护方式。至于如何选择，需要综合考虑以下因素：

1. 反向工程难易程度：要考虑该技术是否容易被他人实施反向工程，如果容易被实施反向工程，那么适合通过专利来保护；如果不容易被实施反向工程，如可口可乐的配方，则适合通过商业秘密来保护。

2. 技术的市场周期：要考虑技术的市场周期长短，毕竟专利审查是需要一定时间的，如果技术的市场周期很短，则可考虑通过商业秘密来保护。

3. 技术公开对自身的影响：专利授权是以公开换保护，要考虑技术公开会对自身产生哪些影响。如果行业内其他竞争对手对本技术尚处于蒙昧状态，一旦公开将会使他们受到启发，从而立马迎头赶上，则可考虑通过商业秘密来保护。

4. 是否属于《专利法》不保护的主题：如果是针对经营信息，则属于《专利法》不保护的主题，可考虑通过商业秘密来保护。

5. 创新程度及是否形成技术方案：对于技术信息而言，如果没有形成技术方案，或者创新程度达不到专利授权条件，则无法获得专利保护。而商业秘密保护的门槛较低，针对技术信息本身即可形成保护，且对于创新程度的要求也比专利低。

案例 1

A 公司花费数年时间精心研发出一款机械设备，性能非常好，能够预见一旦进入市场将获得很好的销量。A 公司认为该设备来之不易,应当作为自己的商业秘密保护起来,于是采取了一系列保密措施。然而,设备投放市场后,由于其是机械结构,对其进行拆卸并结合机械领域的知识就不难得知其结构,因此他人纷纷仿制相同结构的设备,以更低的价格抢占 A 公司的市场份额,逐渐将 A 公司挤出了市场。

案例 2

B 公司经过无数次实验,配制出一款饮品,该饮品不仅口感独特,还具有一定的保健功效。想到饮品的配方非常独特,可以通过专利保护从而向他人收取许可费,B 公司就喜出望外,仿佛看到了源源不断的金钱涌来。然而,专利申请过程中,配方被公开了,无数仿冒饮品如同雨后春笋般冒出,B 公司虽然开展了维权行动,但由于侵权者过多而疲于应对,最终影响了自己的正常经营。

对比上述两个案例,可以发现,案例 1 中的机械设备容易被实施反向工程,应当选择以专利方式来保护。A 公司选择以商业秘密来保护,纵使其做足了保密措施,但由于该设备进入市场后,仿冒者只需要进行简单拆卸及分析就能得知其结构,保密措施成为一纸空文。案例 2 中的饮品配方很难被实施反向工程,应当选择以商业秘密来保护。B 公司选择以专利来保护,纵使其获得了专利权,但由于在专利申请过程中已将配方公开,侵权者很容易效仿,最终空有一个专利权,而失去了市场。

可见,保护方式选择错误,可能会使好不容易建立起来的竞争优势逐渐丧失。当然,上述两个案例仅作为简单的参考,实践中的情形往往更加复杂,需要对知识产权相关法律适用以及企业的经营情况都很了解,才能够设计出合适的保护方案。

第二节 常见的侵犯商业秘密行为

在市场经济的背景下，商业秘密已成为企业的核心发展因素、企业的主要生命线。在激烈的市场竞争环境中，实现企业的可持续发展，离不开商业秘密的保护。

试想一下，假如有一天：

☆你曾经极其信任的员工离你而去，并基于在你司的工作积累带走了大量的重要客户源；

☆你曾经同甘共苦挥洒汗水的创业同伴，在技术秘密研发成功后，未能经受诱惑，泄露了你们的技术秘密；

☆非常看重你司发展前景的公司与你司多次磋商，态度诚恳，却意在获得你司的相关商业秘密；

☆你昔日的创业伙伴，与外部人员勾结将商业秘密窃取后，成立新公司与你成为对手展开竞争；

☆彼此友好往来的公司通过商业洽谈、合作开发研究、参观学习等机会套取、刺探你司的商业秘密；

……

《反不正当竞争法》第 9 条对于侵犯商业秘密的行为进行了规定，具体如下：

《反不正当竞争法》第 9 条规定："经营者不得实施下列侵犯商业秘密的行为：(一)以盗窃、贿赂、欺诈、胁迫、电子侵入或者其他不正当手段获取权利人的商业秘密；(二)披露、使用或者允许他人使用以前项手段获取的权利人的商业秘密；(三)违反保密义务或者违反权利人有关保守商业秘密的要求，披露、使用或者允许他人使用其所掌握的商业秘密；(四)教唆、引诱、帮助他人违反保密义务或者违反权利人有关保守商业秘密的要求，获取、披露、使用或者允许他人使用权利人的商业秘密。经营者以外的其他自然人、法人和非法人组织实施前款所列违法行为的,视为侵犯商业秘密。第三人明知或者应知商业秘密权利人的员工、前员工或者其他单位、个人实施本条第一款所列违法行为,仍获取、披露、使用或者允许他人使用该商业秘密的,视为侵犯商业秘密。本法所称的商业秘密,是指不为公众所知悉、具有商业价值并经权利人采取相应保密措施的技术信息、经营信息等商业信息。"

可见,《反不正当竞争法》规定了 5 种侵犯商业秘密的行为:第一种是以不正当手段获取商业秘密的行为,也即本身获取行为就是不正当的。第二种是针对以不正当手段获取的商业秘密进行披露、使用或者允许他人使用的行为。第三种是商业秘密的获取本身是正当的,但违反了保密义务或者权利人有关保守商业秘密的要求,披露、使用或者允许他人使用其掌握的商业秘密的行为。第四种是共同侵权行为。第五种是第三人明知或者应知他人实施上述 4 种违法行为,仍然获取、披露、使用或者允许他人使用该商业秘密的,也即排除了对非善意第三人的保护。实践中以第三种和第五种行为最为常见。

第三节　如何构建企业的商业秘密保护体系

商业秘密管理是现代企业管理中的重要内容,是企业发展壮大所必不可少的环节。很多企业由于缺乏商业秘密管理意识,或者商业秘密保护体系不完善,导致泄密事件频发,维权也难以成功。

案例

王某是A公司的高级技术人员,掌握了A公司的核心技术。但A公司保密意识淡薄,没有对该技术采取合适的保密措施。后来王某离职成立新公司,继续使用A公司的技术,由于新公司省去了研发时间及费用,在短时间内就能以极低的成本将该技术产品推向市场,迅速挤占了A公司的市场份额。等到A公司发觉并起诉时,却因为没有对技术采取合适的保密措施而导致其维权不能,遗憾败诉。

可见,商业秘密管理对于企业而言是不容忽视的。很多企业在前期没有采取保密措施,等到想维权的时候,就悔之晚矣。商业秘密管理的成本相较于侵权损失而言是很低的,好比治病,如果前期注意服药,以很小的成本就能逐渐康复,而如果前期没有注意,等到病入膏肓之时,可能要付出诸如做手术的大代价才能治好,甚至不一定能治好。

本节通过两小节的介绍,帮助企业完善商业秘密管理,构建商业秘密保护体系。

一、商业秘密保护体系的构建

企业的商业秘密保护体系主要从商业秘密的识别、保密措施及保密教育三个方面来构建(见图 10－1)。要构建商业秘密保护体系,首先要对商业秘密进行识别,否则保密措施及保密教育都无从谈起。在对商业秘密进行识别之后,还要对不同的商业秘密采取相应的保密措施,以使其符合“保密性”的要求。此外,还要加强对员工的保密教育,使员工树立起商业秘密保护意识,减少侵权行为的产生。

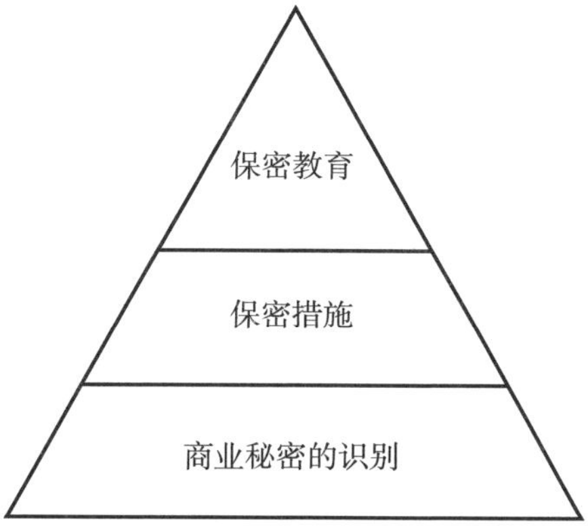

图 10－1　商业秘密保护体系构建模型

(一)商业秘密的识别

构建商业秘密保护体系,首先要明确哪些是企业的商业秘密。要明确这一点,须经过商业信息的归纳整理、确定保护方式、确定密级和保密期限、形成商业秘密事项目录 4 个环节(见图 10－2)。

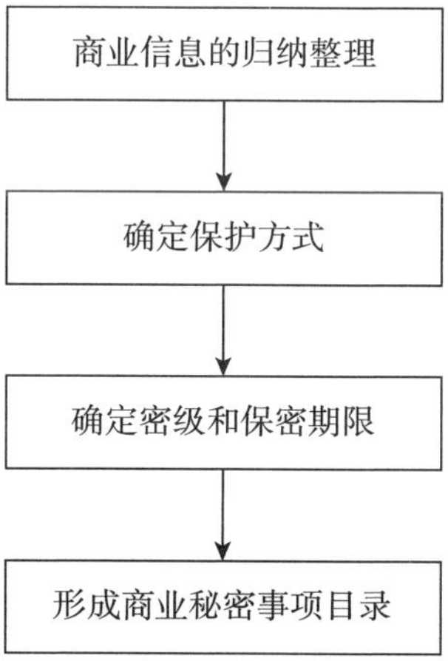

图 10－2　构建商业秘密保护体系之环节

首先,要对企业的所有商业信息进行归纳整理。一个企业可能有大量的商业信息分散在各个部门,这就需要企业有一个专门的部门或者人员,对分散在各个部门的商业信息进行汇总。例如,可成立知识产权部门,或者设立知识产权经理岗位,专门负责企业知识产权相关管理工作,对商业信息进行汇总。汇总之后,为方便后续工作,可对商业信息进行分类。例如,一家外贸销售公司的商业信息主要为经营信息,具体可分为购销信息、财务信息、管理信息等类别。其中购销信息可能包括客户信息、沟通记录、采购渠道、销售渠道、报价单、采购计划、销售计划、经营类合同、宣传计划、发货单、进货单、物流信息等,财务信息可能包括各类财务报表、报告或数据、员工薪酬等,管理信息可能包括公司的发展规划、经营决策、投资计划、会议记录、培训资料、人事档案等。又如,一家技术创新型企业的商业信息除经营信息以外,还有技术信息,具体可能包括实验报告或数据、研发底稿、产品配方、图纸、工艺流程、计算机程序等。

其次,要对归纳整理后的商业信息进行分析,确定采取何种保护方式。知识产权保护方式有专利、商标、著作权、商业秘密等,各种保护方式在保护范围、保护期限、保护门槛、获取程序、维护费用、维权难易等方面有所不同。其中,专利保护的是符合授权条件的技术方案或者设计方案,商标保护的是用于区分商品和服务来源的标记,著作权保护的是独创性表达,商业秘密保护的是具备"三性"的商业信息。例如,某公司研发出一种化学物质的合成工艺,该工艺是公司的核心技术,很难被他人实施反向工程,可考虑以商业秘密来保护。又如,某公司设计出一个 LOGO,拟作为商标使用,可考虑以商标和著作权两种方式来保护。再如,对于计算机程序,可考虑以商业秘密和著作权两种方式来保护。

再次,对拟通过商业秘密保护的商业信息确定密级及保密期限。对于密级,企业可参考《保守国家秘密法》的规定,将密级分为绝密、机密、秘密三级。也可根据需要,灵活调整成核心和普通两级。对于保密期限,企业可根据商业信息的生命周期、对企业的重要程度、竞争对手的发展情况、市场的需求等多种因素,综合考虑将保密期限设定为一定时间还是长期。如果企业不能明确将保密期限设定为多长时间,可直接设定为长期。

最后,将所有以商业秘密保护的商业信息汇总起来,形成商业秘密事项目录。这样,企业对于自己拥有哪些商业秘密就非常清晰,也为后续采取保密措施及保密教育奠定了基础。

表 10 - 2 给出企业商业秘密事项目录的样式模板，供参考。

表 10 - 2 企业商业秘密事项目录样式模板

序号	商业秘密名称	所属类别	密级	保密期限
1		经营信息		
2				
3				
4				
5				
6		技术信息		
7				
8				
9				
10				
……				

（二）保密措施

对商业秘密进行识别之后，就是整个商业秘密保护体系中最为重要的一步——采取保密措施。

关于保密措施，2020 年 9 月 12 日施行的《最高人民法院关于审理侵犯商业秘密民事案件适用法律若干问题的规定》第 5 条、第 6 条有相关规定，具体如下：

《最高人民法院关于审理侵犯商业秘密民事案件适用法律若干问题的规定》第 5 条规定："权利人为防止商业秘密泄露，在被诉侵权行为发生以前所采取的合理保密措施，人民法院应当认定为反不正当竞争法第九条第四款所称的相应保密措施。人民法院应当根据商业秘密及其载体的性质、商业秘密的商业价值、保密措施的可识别程度、保密措施与商业秘密的对应程度以及权利人的保密意愿等因素，认定权利人是否采取了相应保密措施。"

《最高人民法院关于审理侵犯商业秘密民事案件适用法律若干问题的规定》第 6 条规定："具有下列情形之一，在正常情况下足以防止商业秘密泄露的，人民法院应当认定权利人采取了相应保密措施：（一）签订保密协议或者在合同中约定保密义务的；（二）通过章程、培训、规章制度、书面告知等方式，对能够接触、获取商业秘密的员工、前员工、供应商、客户、来访者等提出保密要求的；（三）对涉密的厂房、车间等生产经营场所限制来访者或者进行区分管理的；（四）以标记、分类、隔离、加密、封存、限制能够接触或者获取的人员范围等方式，对商业秘密及其载体进行区分和管理的；（五）对能够接触、获取商业秘密的计算机设备、电子设备、网络设备、存储设备、软件等，采取禁止或者限制使用、访问、存储、复制等措施的；（六）要求离职员工登记、返还、清除、销毁其接触或者获取的商业秘密及其载体，继续承担保密义务的；（七）采取其他合理保密措施的。”

司法解释已经以列举的方式给出了多种保密措施的形式，可以归纳为以下几种具体见图10－3。

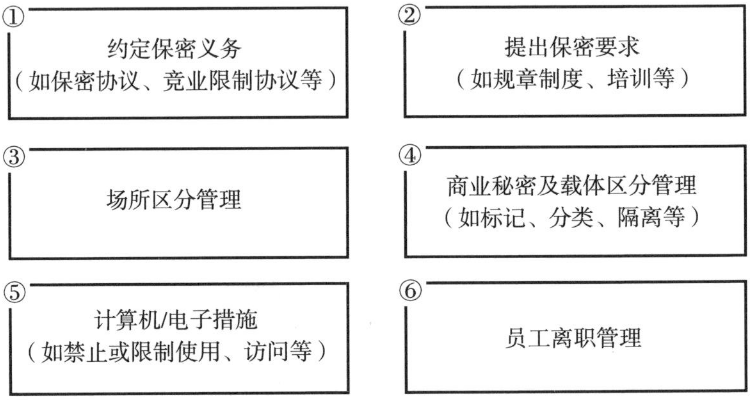

图10－3　保密措施的形式

下面针对几种常用的保密措施进行介绍：

（1）保密协议

保密协议是一种重要的保密措施，是企业与员工签订的，对员工应当承担的保密义务进行约定的协议。保密协议有两种形式，一种是专门针对保密事项或者项目签订的保密协议，另一种是在劳动合同中约定的保密条款。

签订保密协议之前，应当明确签订保密协议的主体。显然，签订保密协议的主体应当是可能接触企业商业秘密的员工。然而，针对可能接触到商业秘密的员工，也是要进行梳理的。不同员工接触到的商业秘密的重要性可能不同，因此所有可能接触商业秘密的员工的保密协议不宜千篇一律，而要根据员工的实际情况“因人制宜”。例如,可针对参与某一涉密项目的员工单独定制关于项目的保密协议,可针对在某一关键岗位上的员工单独定制关于岗位的保密协议等。

保密协议应当对保密范围、保密期限及违约责任进行约定。对于保密范围,可采用“列举+兜底”的方式来约定。对于保密期限,可根据商业信息的生命周期、对企业的重要程度、竞争对手的发展情况、市场的需求等多种因素,综合考虑将保密期限设定为一定时间还是长期。如欲设定为长期,可约定为“至商业秘密为公众所知悉时止”。对于违约责任,可约定员工采取补救措施,赔偿企业经济损失。但由于《劳动合同法》对用人单位与劳动者约定由劳动者承担违约金的情形作出了限制,仅在劳动者违反服务期约定及违反竞业限制约定两种情形下方可约定由劳动者承担违约金,因此保密协议中不宜约定由劳动者承担违约金。

(2)竞业限制协议

对于负有保密义务的员工,企业可与其签订竞业限制协议。竞业限制协议有两种形式,一种是专门针对竞业限制事项签订的竞业限制协议,另一种是在劳动合同、保密协议或者其他协议中约定的竞业限制条款。

签订竞业限制协议之前,应当明确签订竞业限制协议的主体。由于企业签订竞业限制协议后负有向员工支付经济补偿的义务,因此企业应当慎重考虑与哪些员工签订竞业限制协议。通常情况下,企业会选择与高级管理人员、高级技术人员等可能接触较多商业秘密且离职后从事同类业务会对企业造成较大影响的员工签订竞业限制协议。

竞业限制协议应当对竞业限制的范围、地域、期限、补偿金、双方的权利与义务、违约责任等进行约定。《劳动合同法》规定,竞业限制期限不得超过2年。为便于企业掌握员工离职后的去向,可在竞业限制协议中约定员工的定期告知义务。此外,竞业限制协议是《劳动合同法》规定的用人单位可与劳动者约定由劳动者承担违约金的两种情形之一,因此企业可在竞业限制协议中约定员工违反竞业限制约定的违约金。

(3)保密规章制度

保密规章制度是专门规定企业商业秘密管理事项的规章制度,应当独立于其他规章制度。保密规章制度作为一种法律层面的保密措施,在企业商业秘密保护体系构建过程中起到了重要作用——既能帮助员工建立起商业秘密保护意识及规范,又能在维权时作为采取了保密措施的证据。

保密规章制度的内容包括但不限于商业秘密的内容和范围、密级管理、涉密部门及区域管理、涉密人员管理、涉密载体管理、外来人员管理、员工入职管理、员工离职管理、奖惩措施等。企业在实践中常常会对保密费是否需要发放产生疑问,甚至有些企业认为发放保密费是让员工承担保密义务的条件。实际上,保密费不是企业的法定义务,而是可以完全出于企业的主观意愿决定是否发放。当然,发放保密费也有其特殊作用。其一,能够提高员工履行保密义务的积极性和责任感,毕竟员工履行保密义务确实会在其原有工作量基础上增加新的工作量,此时保密费就能够适当对其进行经济补偿,起到促进其履行保密义务的作用;其二,保密费可作为员工具备商业秘密接触可能性的辅助证据,因为员工领取了保密费,就说明他所在岗位可能接触到商业秘密,如日后该员工发生商业秘密侵权事件,保密费可作为旁证之一。

保密规章制度作为企业规章制度的一种,也需要履行《劳动合同法》规定的民主程序,这一点需要注意。例如,为证明员工明确知晓保密规章制度的内容,可要求员工对规章制度进行签收,确认其已仔细阅读并理解保密规章制度的全部内容。此外,保密规章制度不能用于替代保密协议或者竞业限制协议,可组合起来共同形成企业的保密措施。

(4)保密标识

保密标识是企业保密措施的一种,一般体现在标记于商业秘密载体上的特殊标识,用于表明企业对于该载体所承载的商业秘密具有保密意愿。

通常,保密标识可表达为具体密级,如“核心秘密”“普通秘密”等。常见的商业秘密载体诸如纸质文件、电子文件、信封、U 盘、移动硬盘、光盘、橱柜等。可在商业秘密载体的首页显著位置标记保密标识。例如,对于核心技术的实验报告,可在其封面上标注“核心秘密”字样。又如,对于存储有普通商业秘密的 U 盘,可在其表面粘贴带有“普通秘密”字样的标签。

(5)计算机/电子措施

为提高保密效果,还可配合采用计算机/电子类的保密措施,如采取门禁管理、内部监控、信息管理等措施。

门禁管理常常用于对外来人员进行管理。通常可针对外来人员制作带有其个人信息的识别证,在企业的各个出入口及主要通道设立全天候的监控系统,甚至在关键区域设置 X 光安检设备。

内部监控主要用于对企业员工进行管理。企业内部可设置监控系统，特别是针对涉密部门或区域，更应给予特别关注。例如，对于涉密部门或区域，在入口处可采取磁卡、密码、指纹或者人脸识别等方式，限定只有部分涉密人员方能进入其中。

信息管理是一种更为高科技的保密措施，成本较高，但是效果也更好。例如，针对企业内部涉密计算机设置一种监测系统，欲进入计算机系统者须有特定账号及密码，且密码定期更换，未经授权欲进入计算机系统者，将会被拒绝访问且留下记录；员工针对涉密计算机内文件所进行的任何操作都将被留痕记录。

(6)离职员工管理

离职员工管理至少要做到以下几点：

一是要办理好涉密载体及物品的交接手续，彻底盘点员工在职期间领取了哪些载体及物品，由员工掌握的密码应当修改，在离职交接单上写明员工返还了哪些，清除、销毁了哪些，并要求员工承诺没有留存任何涉密载体及物品，最后让员工在离职交接单上签字。

二是要提醒负有保密义务的员工曾经签订的保密协议或者竞业限制协议，告知其离职之后也要继续承担保密义务，一旦发生侵犯企业商业秘密的行为，企业保留采取法律手段追究其责任之权利。

三是要设法了解员工离职后的动向，对其动向进行定期跟踪，一旦发现其可能存在侵犯商业秘密可能性，就要深入调查取证。

四是如果了解员工离职后加入的新单位，可与新单位联系，告知其员工所签订过的保密协议、员工所负的保密义务。这样，可以警示新单位，使其留意员工的工作情况，避免给单位自身带来侵权风险；将来如果员工在新单位工作期间实施了侵犯原单位商业秘密的行为，则新单位可能也构成侵权。

由此可见，完善的离职员工管理措施不仅能够作为企业采取了保密措施的证据，还能够有效降低商业秘密侵权行为出现的概率。

(三)保密教育

保密教育视其内容可能属于保密措施的一种，如关于保密规章制度的宣传教育，之所以对其单独介绍，是为了凸显其重要性，而且该重要性在实践中往往容易被忽视。常见的保密教育内容主要有两种，一种是关于侵犯商业秘密法律后果的警示教育,另一种是关于保密措施的宣传教育。

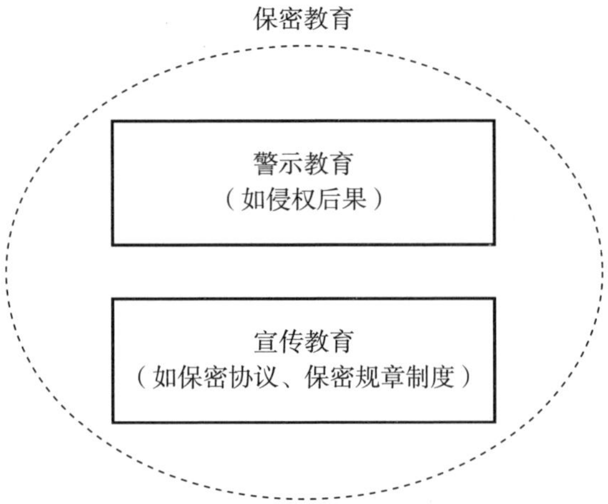

图 10-4 常见保密教育内容

(1)保密教育内容

对于第一种关于侵犯商业秘密法律后果的警示教育,可以先从保护商业秘密对于企业的重要性讲起,使员工对于商业秘密保护引起重视。再从商业秘密的定义、类型、"三性"等方面,从法律层面对于我国对商业秘密的立法保护进行介绍,并重点强调侵犯商业秘密行为可能产生的法律后果——不仅可能产生民事责任,严重的还可能产生刑事责任。此外,还可辅以我国侵犯商业秘密的典型司法实践案例,给予员工以具象的认识。总而言之,警示教育型保密教育的目的是提高员工的重视程度,并为员工敲响警钟。

对于第二种关于保密措施的宣传教育,可围绕企业所采取的保密措施来介绍,目的是使员工深刻理解保密措施并付诸执行。例如,针对保密规章制度,可先讲解该规章制度的设立宗旨及意义,再详细讲解该规章制度的每一部分内容,并针对具体执行中存在的问题来讲解。

(2)保密教育形式

保密教育的形式可有多种多样,为激发员工的积极性,除正常培训外,还可设置比赛、考试、评优评级等形式。此外,针对重要涉密人员,还可组织专项保密教育培训。例如,针对某项目组的涉密人员,结合该项目的具体情况,对其进行保密教育;对于涉密人员,在其上岗前组织岗前保密教育培训。

由此可见,组织系统且有针对性的保密教育,不仅能够促进企业保密措施的贯彻实施,还能够有效降低商业秘密侵权行为出现的概率。

二、如何避免侵犯他人商业秘密

我国从民事和刑事法律方面均为商业秘密设立了保护机制,即侵犯商业秘密轻则可能要承担民事法律责任,重则可能要承担刑事法律责任。因此,如何避免侵犯他人商业秘密,成为社会公众不得不关注的话题。最典型的案例是员工跳槽进入新单位,在新单位工作过程中实施了侵犯原单位商业秘密的行为,最终连累了新单位,导致其也需要承担侵权责任。在讨论这个话题之前,我们先看看法律是怎样规定的。《反不正当竞争法》第 9 条和《刑法》第 219 条分别对民事上的侵犯商业秘密及刑事上的侵犯商业秘密罪作出了规定,具体如下:

《反不正当竞争法》第 9 条规定:“经营者不得实施下列侵犯商业秘密的行为:(一)以盗窃、贿赂、欺诈、胁迫、电子侵入或者其他不正当手段获取权利人的商业秘密;(二)披露、使用或者允许他人使用以前项手段获取的权利人的商业秘密;(三)违反保密义务或者违反权利人有关保守商业秘密的要求,披露、使用或者允许他人使用其所掌握的商业秘密;(四)教唆、引诱、帮助他人违反保密义务或者违反权利人有关保守商业秘密的要求,获取、披露、使用或者允许他人使用权利人的商业秘密。经营者以外的其他自然人、法人和非法人组织实施前款所列违法行为的,视为侵犯商业秘密。第三人明知或者应知商业秘密权利人的员工、前员工或者其他单位、个人实施本条第一款所列违法行为,仍获取、披露、使用或者允许他人使用该商业秘密的,视为侵犯商业秘密。本法所称的商业秘密,是指不为公众所知悉、具有商业价值并经权利人采取相应保密措施的技术信息、经营信息等商业信息。”

《刑法》第 219 条规定:“有下列侵犯商业秘密行为之一,情节严重的,处三年以下有期徒刑,并处或者单处罚金;情节特别严重的,处三年以上十年以下有期徒刑,并处罚金:(一)以盗窃、贿赂、欺诈、胁迫、电子侵入或者其他不正当手段获取权利人的商业秘密的;(二)披露、使用或者允许他人使用以前项手段获取的权利人的商业秘密的;(三)违反保密义务或者违反权利人有关保守商业秘密的要求,披露、使用或者允许他人使用其所掌握的商业秘密的。明知前款所列行为,获取、披露、使用或者允许他人使用该商业秘密的,以侵犯商业秘密论。本条所称权利人，是指商业秘密的所有人和经商业秘密所有人许可的商业秘密使用人。”

可见，新单位如果对于员工实施侵犯原单位商业秘密的行为明知或应知，仍获取、披露、使用或者允许他人使用该商业秘密的，视为侵犯商业秘密。新单位如果对于员工实施侵犯原单位商业秘密的行为明知，仍然获取、披露、使用或者允许他人使用该商业秘密，情节严重的，新单位也构成侵犯商业秘密罪。因此，新单位应当做好商业秘密侵权规避，尽可能地提前规避自己的风险。

具体而言，新单位可采取以下几个方面的防范措施(见图 10 -5)：

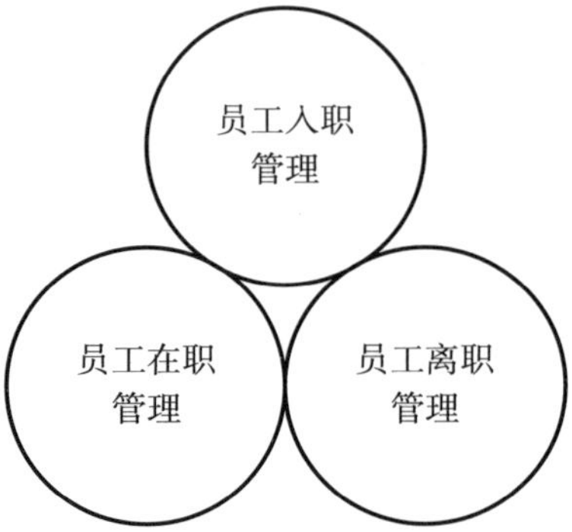

图 10 -5　新单位关于商业秘密侵权的防范措施

1. 做好员工入职管理

新单位在招聘新员工时，应当调查该员工的背景，包括但不限于员工的原工作单位名称、员工在原单位中从事的工作内容、员工是否与原单位签订了保密协议或者竞业限制协议等。并且，新单位还可要求员工签订入职承诺书，承诺其在新单位就职期间，不会侵犯原单位的商业秘密，如有违反，原单位追究侵权责任的，由员工独自承担，给新单位带来的损失也由员工承担。这样一旦发生原单位起诉员工和新单位侵犯商业秘密，新单位就可以提供此入职承诺书作为其对员工侵权不明知、不应知的证据。

2. 做好员工在职管理

虽然已做好员工入职管理，但员工在职期间的管理也不得疏忽，毕竟此时间段是可能发生侵犯商业秘密行为的时间段。新单位可定期对员工的工作内容进行检查，明确其是否存在侵犯原单位商业秘密的可能性。例如，可检查员工编写的代码中是否存在原单位的标记，员工持有的载体上是否有保密标识，员工拥有的电子文件中是否有保密标识等。

3. 做好员工离职管理

虽然员工从新单位离职之后再实施侵犯原单位商业秘密的行为不会对新单位造成影响，但是不能因此而确定新单位不存在任何法律风险。因为员工虽然离职，但其遗留下来的物品、文件、材料等可能含有原单位的商业秘密，如果新单位不加识别就进行披露、使用或者允许他人使用，那么可能构成对原单位商业秘密的侵犯。因此，新单位对于员工离职时遗留下来的物品、文件、材料等应当进行检查，对可能涉及原单位商业秘密的部分予以销毁，防止给自身带来法律风险。

第四节　商业秘密侵权诉讼及纠纷解决

一、商业秘密诉讼的难点

关于商业秘密案件，原告胜诉率低，很多案件在律师这里就销声匿迹了，因为不具备起诉条件。起诉后全部或部分支持的案例仅占 11.65%（见图 10－6），在知识产权类案件里极其罕见。

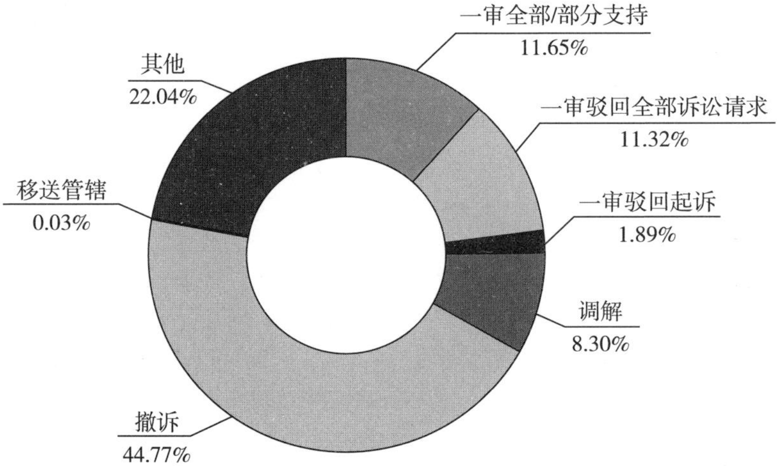

图 10－6　商业秘密案件诉讼情况

商业秘密案件难在哪儿？其主要在于立法不完善、无法定权利边界、取证难、保密意识淡薄四个方面。

（一）立法不完善

我国商业秘密保护起步较晚，法律法规还不够健全，法律体系也不够完善，现有的关于商业秘密保护的规定仅散见于《反不正当竞争法》的部分条文及其他司法解释、各地法院的审理指南等文件中(见图 10－7)。

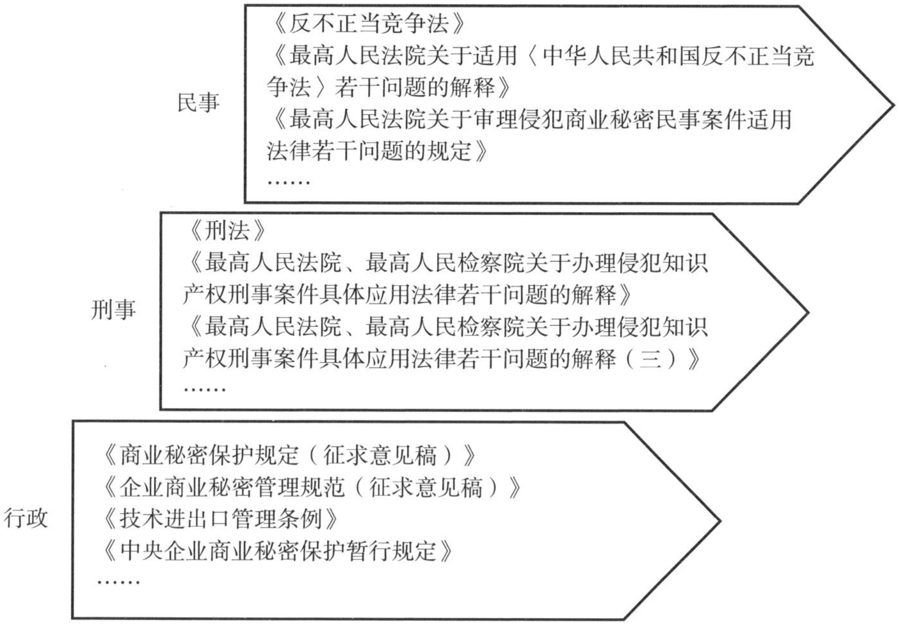

图 10－7　商业秘密保护法律分布情况

(二)无法定权利边界

商业秘密无法定权利边界,需要权利人自己来划定,难度较大且容易出现争议(见图 10－8)。此外,商业秘密权利边界的划定须配合合适的保密措施。实践中,常常因为划定的权利边界不合适或者未采取合适的保密措施而导致无法维权。

图 10－8　权利边界划定方式导致的相应结果

(三)取证难

商业秘密取证难,难于上青天,虽然此话有些夸张,但是商业秘密案件确实是知识产权案件中难度最大的(见图 10－9)。由于侵权方具有较强防范意识,往往会偷偷使用商业秘密,因此取证难度极大。在某些个案中,被侵权方多次派人去侵权方附近摸排、蹲守,寻找侵权线索,连续多日,也未找到任何蛛丝马迹。取不到证,后续的诉讼也无法进行。

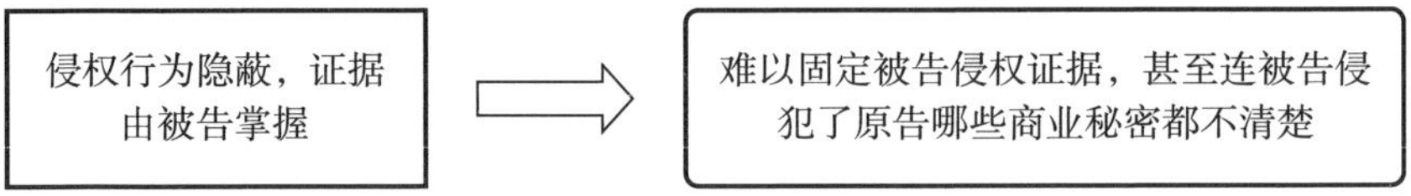

图 10－9　取证难的原因及结果

(四)保密意识淡薄

很多企业由于保密意识淡薄,对于自己的商业秘密未采取任何保密措施,使得商业秘密处于“裸奔”的状态。此种情形一方面会导致企业因缺乏保密措施而无法进行商业秘密维权;另一方面会导致企业的商业秘密容易被他人窃取,容易发生泄密事件。

二、商业秘密刑事诉讼

《刑法》第 219 条规定:“有下列侵犯商业秘密行为之一,情节严重的,处三年以下有期徒刑,并处或者单处罚金;情节特别严重的,处三年以上十年以下有期徒刑,并处罚金:(一)以盗窃、贿赂、欺诈、胁迫、电子侵入或者其他不正当手段获取权利人的商业秘密的;(二)披露、使用或者允许他人使用以前项手段获取的权利人的商业秘密的;(三)违反保密义务或者违反权利人有关保守商业秘密的要求,披露、使用或者允许他人使用其所掌握的商业秘密的。明知前款所列行为,获取、披露、使用或者允许他人使用该商业秘密的,以侵犯商业秘密论。本条所称权利人,是指商业秘密的所有人和经商业秘密所有人许可的商业秘密使用人。”

《刑法》第 219 条对于侵犯商业秘密罪进行了规定。侵犯商业秘密罪案件报案人一方的立案难度很大。报案人要划定自己的商业秘密保护范围,即总结出秘密点,对秘密点进行非公知性论证;并且还要对他人侵犯商业秘密的证据加以固定,将他人所涉及的商业信息与自己的秘密点进行侵权比对,做好鉴定工作。将上述材料准备好之后,报案人向公安机关报案,并积极配合公安机关的工作。

侵犯商业秘密罪刑事案件立案难度很大,是知识产权刑事案件中难啃的“硬骨头”。立案是进入刑事诉讼的标志,案件立不起来,刑事诉讼的门都打不开,后续的诉讼无从谈起。经济犯罪立案难,侵犯商业秘密罪更是难上加难。即使好不容易立案成功了,由于侵犯商业秘密罪的争议较大,撤案和不起诉比例也较高,全国每年能够提起公诉的案件只有几十件。并且,此类案件诉讼时间长,从侦查到判决生效,有时候需要花费长达两三年。侵犯商业秘密罪案件的难点主要在于调查取证和商业秘密的认定方面。由于犯罪嫌疑人往往具有较强的防范意识,其侵犯商业秘密的行为往往比较隐蔽,故调查取证的难度很大。一般的报案人,由于缺乏调查权限及能力,难以搜集有效证据,因此常常寄希望于依靠公安机关调查取证。由此形成了“两难悖论”:一方面,报案人缺乏调查取证的能力,希望依靠公安机关调查取证;另一方面,公安机关没有相应证据就不会立案。即使报案人颇费周折,最终找到了侵权证据,按照立案要求凑齐了三个鉴定报告(《商业秘密非公知性鉴定报告》《商业秘密同一性鉴定报告》《商业秘密价值性鉴定报告》),以为可以顺利立案了,结果公安接收材料后,却音讯全无。

由此可见,侵犯商业秘密罪刑事案件的办理难度是非常大的。如果刑事案件立案有困难,也可考虑“先民后刑”,当然这种方式非常考验当事人及代理律师的取证能力。民事案件如果能够顺利进行,后续也可再追究对方刑事责任。

三、商业秘密民事诉讼

(一)侵犯商业秘密纠纷举证责任分配问题

侵犯商业秘密纠纷不属于“举证责任倒置”的情形,其适用举证责任分配的一般原则,即原告方需要举证证明两个方面:一是原告主张的信息构成商业秘密;二是侵犯商业秘密的行为成立。

《反不正当竞争法》第 32 条对于侵犯商业秘密纠纷的举证规则进行了规定,具体如下:

《反不正当竞争法》第 32 条规定:“在侵犯商业秘密的民事审判程序中,商业秘密权利人提供初步证据,证明其已经对所主张的商业秘密采取保密措施,且合理表明商业秘密被侵犯,涉嫌侵权人应当证明权利人所主张的商业秘密不属于本法规定的商业秘密。商业秘密权利人提供初步证据合理表明商业秘密被侵犯,且提供以下证据之一的,涉嫌侵权人应当证明其不存在侵犯商业秘密的行为:(一)有证据表明涉嫌侵权人有渠道或者机会获取商业秘密,且其使用的信息与该商业秘密实质上相同;(二)有证据表明商业秘密已经被涉嫌侵权人披露、使用或者有被披露、使用的风险;(三)有其他证据表明商业秘密被涉嫌侵权人侵犯。"

从《反不正当竞争法》第32条规定的内容来看,其分别针对商业秘密构成要件以及侵权行为认定规定了两个方面的"初步证据",并要求在满足"初步证据"的同时,实现举证责任的转移。具体而言,针对商业秘密的构成要件,在2019年4月23日《反不正当竞争法》修正之前,法院首先审查原告是否能够证明涉案信息满足"采取相应保密措施""不为公众所知悉""具有商业价值",以及是否能够证明涉案信息属于"技术信息或经营信息"。但是,"不为公众所知悉"属于消极事实,原告难以以穷举方式证明,导致原告举证难度非常大。2019年4月23日《反不正当竞争法》修正后,权利人仅需提供初步证据,证明已经对其所主张的商业秘密采取保密措施,且合理表明商业秘密被侵犯,此时举证责任将转移给被告,由其证明权利人所主张的商业信息不属于《反不正当竞争法》规定的商业秘密。此举有效降低了原告的举证难度,有利于促进商业秘密的保护。

(二)司法鉴定问题

在司法实践中,通常采用司法鉴定来解决审理商业秘密案件中遇到的技术问题。但是案件量大,司法鉴定机构有限,导致司法鉴定存在一些问题。近年来,部分法院引入了"技术调查官"职位,从某种程度上缓解了司法鉴定的问题,但是又带来了新的问题。比如,技术调查官是否具备独立性,一个法院只有四五个技术调查官,是否覆盖所有专业等,此处由于篇幅原因不展开论述。

《全国人民代表大会常务委员会关于司法鉴定管理问题的决定》指出,"司法鉴定是指在诉讼活动中鉴定人运用科学技术或者专门知识对诉讼涉及的专门性问题进行鉴别和判断并提供鉴定意见的活动"。

目前司法鉴定中存在的问题,主要有几个方面,原告代理律师需要着重注意。一是我国法律对于哪些事项可以委托鉴定没有明文规定,各地法官办案水平参差不齐,因此常常把该由法院审理的问题交由司法鉴定机构进行鉴定,容易对当事人产生不利后果,也拖延了诉讼周期。二是司法鉴定人员水平问题,鉴定机构缺乏足够的专业能力或者未遵守法定程序,无法作出准确的分析是常见现象。实践中以下情形较为常见:原告过于依赖司法鉴定,忽视了鉴定意见中存在的问题,而被告经过深入研究,并聘请了专家辅助人对鉴定意见进行质证,最终推翻了鉴定意见。因此,不应过于依赖鉴定意见,应保持审慎态度,对鉴定意见进行仔细推敲、甄别。

鉴定意见是一种特殊的证据,作为代理人要使用好这一证据,委托专业的机构出具专业的鉴定意见,并争取能够让法官采纳该鉴定意见。

(三)如何避免民事诉讼中的二次泄密

二次泄密问题是商业秘密诉讼案件中比较棘手的问题,尤其是对于权利人而言,很容易出现二次泄密的风险。在诉讼过程中,原告对于被告侵权范围无法准确划定,为了使自己的诉请被支持,主张权利基础的范围就不能过小,因此在比对同一性时,即将原告方的商业秘密与侵权方的侵权证据比对时,容易造成二次泄密。

如何避免二次泄密,需要注意多个方面:首先,在撰写起诉状时应当对秘密点作概括总结,不过多披露秘密点内容;其次,在证据交换时,需要申请不公开审理,要求对方当事人出具书面的保密承诺或者在庭审笔录中作出保密承诺,针对关键核心技术,仅在当庭向对方当事人展示,对方当事人可以摘抄,但不得复印,同时坚持对等开示证据、分阶段开示证据、分层次开示证据等原则。

(四)被告不侵权抗辩的具体情形

1. 反向工程抗辩

《最高人民法院关于审理侵犯商业秘密民事案件适用法律若干问题的规定》第 14 条对于反向工程进行了规定,具体如下:

《最高人民法院关于审理侵犯商业秘密民事案件适用法律若干问题的规定》第 14 条规定:“通过自行开发研制或者反向工程获得被诉侵权信息的,人民法院应当认定不属于反不正当竞争法第九条规定的侵犯商业秘密行为。前款所称的反向工程,是指通过技术手段对从公开渠道取得的产品进行拆卸、测绘、分析等而获得该产品的有关技术信息。被诉侵权人以不正当手段获取权利人的商业秘密后,又以反向工程为由主张未侵犯商业秘密的,人民法院不予支持。”

可见,合理的反向工程不构成侵权。适用反向工程抗辩需要注意几点:一是反向工程抗辩成立的前提是商业秘密的获取手段是正当的,如果本身商业秘密的获取手段就是不正当的，如商业秘密是通过盗窃得到的，再以反向工程来抗辩，则难以得到法院支持；二是被告需要充分举证其研发过程、研发底稿等证据，以证明其反向工程的存在。

2. 善意取得

《反不正当竞争法》第 9 条第 3 款规定："第三人明知或者应知商业秘密权利人的员工、前员工或者其他单位、个人实施本条第一款所列违法行为，仍获取、披露、使用或者允许他人使用该商业秘密的，视为侵犯商业秘密。"可见，《反不正当竞争法》将第三人的责任限定为"过错责任"，只有第三人存在过错时，即明知或者应知商业秘密权利人的员工、前员工或者其他单位、个人实施侵犯商业秘密行为，仍然获取、披露、使用或者允许他人使用该商业秘密的，才承担法律责任。如果第三人是善意的，即对商业秘密权利人的员工、前员工或者其他单位、个人实施侵犯商业秘密行为不明知也不应知，此时获取、披露、使用或者允许他人使用该商业秘密的，就不应当承担法律责任。

3. 自主研发

《最高人民法院关于审理侵犯商业秘密民事案件适用法律若干问题的规定》第 14 条明确了通过自行开发研制获得被诉侵权信息的，不属于侵犯商业秘密的行为，即自主研发不构成侵犯商业秘密的行为。这与商业秘密这项知识产权的本质属性有关，商业秘密与专利权、商标权等其他类型知识产权不同，其不具有排他独占性，一个权利人持有某项商业秘密，并不排斥其他主体通过自主研发同样持有该项商业秘密。商业秘密可能存在多个合法持有人，即使不同持有人研发出该项商业秘密的时间有先后，在先的持有人也无权禁止在后的持有人使用该项商业秘密。

4. 商业秘密本身不具备秘密性

商业秘密本身不具备秘密性，是被告常见的抗辩理由。根据《最高人民法院关于审理侵犯商业秘密民事案件适用法律若干问题的规定》中的相关规定，具有下列情形之一的，可以认定为有关信息为公众所知悉：①该信息在所属领域属于一般常识或者行业惯例的；②该信息仅涉及产品的尺寸、结构、材料、部件的简单组合等内容，所属领域的相关人员通过观察上市产品即可直接获得的；③该信息已经在公开出版物或者其他媒体上公开披露的；④该信息已通过公开的报告会、展览等方式公开的；⑤所属领域的相关人员从其他公开渠道可以获得该信息的。

如果被告可以证明原告所主张的商业秘密满足上述的任一条件，即可使得原告的商业秘密丧失权利基础。被告代理律师在接受委托后，需要进行大量的检索或者委托专业机构进行非公知性检索，在信息爆炸的年代，很多商业秘密案件经过检索后可以找到相应证据，证明原告所主张的商业秘密为公众所知悉。

5. 商业秘密本身不具备保密性

原告是否采取合理的保密措施，也是被告需要考虑的抗辩理由之一。实践中，很多企业没有采取合理的保密措施，为后续维权带来极大隐患。被告可从所涉信息及载体的性质、商业秘密的商业价值、保密措施的可识别程度、保密措施与商业秘密的对应程度以及权利人的保密意愿等因素来论证权利人是否采取了合理的保密措施，从而进行有效抗辩。

根据《最高人民法院关于审理侵犯商业秘密民事案件适用法律若干问题的规定》的相关规定，具有下列情形之一，在正常情况下足以防止商业秘密泄露的，应当认定权利人采取了相应保密措施：(1)签订保密协议或者在合同中约定保密义务的；(2)通过章程、培训、规章制度、书面告知等方式，对能够接触、获取商业秘密的员工、前员工、供应商、客户、来访者等提出保密要求的；(3)对涉密的厂房、车间等生产经营场所限制来访者或者进行区分管理的；(4)以标记、分类、隔离、加密、封存、限制能够接触或者获取的人员范围等方式，对商业秘密及其载体进行区分和管理的；(5)对能够接触、获取商业秘密的计算机设备、电子设备、网络设备、存储设备、软件等，采取禁止或者限制使用、访问、存储、复制等措施的；(6)要求离职员工登记、返还、清除、销毁其接触或者获取的商业秘密及其载体，继续承担保密义务的；(7)采取其他合理保密措施的。

被告可根据以上对于保密措施的认定，逆向寻找突破口。实践中，被告在应诉时应特别关注审查原告证明采取保密措施的证据是否为事后制作，是否有相互矛盾之处，关注这一点，有时会收到很好的代理效果。

6. 原告的商业秘密与被告的商业信息不具备同一性

原告指称被告侵犯其商业秘密的，应当对被告涉嫌侵权行为中所涉的商业信息与原告商业秘密相同或者实质性相同承担举证责任。由于商业秘密特别是涉及技术信息的商业秘密通常具有较强的专业性，原告往往需要借助同一性鉴定意见以完成其初步举证责任，而被告则需要针对同一性鉴定意见中的比对程序和比对内容是否符合法律规定,进行分析和重新比对,以期使得该同一性鉴定意见不被法庭采纳和认可。

实践中,原告总结秘密点时出于对非公知性的考量,可能会将秘密点的范围限缩过小,此时被告的商业信息是否落入原告商业秘密的保护范围,即是否具备同一性,就成为被告代理律师需要据理力争、重点辩论的环节。

上述6项是商业秘密案件中被告代理律师常见的抗辩事由和辩论点,代理律师在实际代理过程中可根据案情变化,灵活运用、合理组合使用上述抗辩事由和辩论点,为当事人争取最大权益,以期达到诉讼目的。

四、典型案例的介绍

(一)南京某磁电公司诉江苏某磁电公司、颜某侵害商业秘密纠纷案

1. 案情简介

本案被告江苏某磁电公司及颜某的代理人为北京市盈科(南京)律师事务所闫东伟、杜鹏爽律师。原告南京某磁电公司(以下简称A公司)与被告江苏某磁电公司(以下简称B公司)均从事磁芯产品的生产经营,二者均曾委托南京软磁模具厂进行开模。被告颜某曾于2010年1月开始在原告A公司处担任计件工人,2011年6月离职。原告于2012年12月向南京市中级人民法院起诉,主张被告B公司与被告颜某侵害其商业秘密。原告认为宣传册记载的技术信息、专利记载的技术信息、模具图纸等属于商业秘密,被告颜某在职期间获知原告的技术秘密和客户信息,离职后就职于案外人C公司处,C公司后来发展为被告B公司,而被告B公司生产的型号为EE240和EX264的磁芯产品侵害了原告的商业秘密。因而原告A公司诉请被告B公司停止与其范围相同的业务,销毁模具、侵权产品、半成品、宣传手册;并诉请两被告共同赔偿损失人民币50万元。

2. 判决结果和案件评析

法院经审理后认为,原告A公司主张的商业信息不构成商业秘密。对于经营信息,原告依据其自行打印盖章的上游供应商和下游客户名称、联系人、联系电话主张其经营秘密,但未能提供交易证据来证明稳定的交易关系,未能证明其为开发客户信息付出的劳动、金钱和努力,未能证明客户信息的特有性;而且对经营信息的保密措施、被告颜某的获取行为、两被告的关系以及被告B公司的使用行为未能举证。对于技术信息,原告主张其技术秘密载体为模具图纸及宣

传册，原告根据模具图纸生产的产品已经公开销售，他人通过正常渠道即可获取、观察、测量得到模具尺寸，不具有秘密性；宣传册本身功能即为向客户宣传、介绍企业及产品，是公开的信息载体和企业宣传方式，且根据被告提供的同行业宣传册和网络文章，可以证明宣传册信息不具有秘密性；而且原告以证人证言证明被告颜某非法获取图纸交由证人用于开模，但证人却对相关事实语焉不详，无法证明待证事实。最终判决驳回原告全部诉讼请求。

本案的核心焦点是涉案技术信息和经营信息是否构成商业秘密的问题。在一审前，原告A公司代理人在答辩期内提起管辖权异议并上诉至最高人民法院，经最高人民法院裁定驳回后，两被告委托了北京市盈科（南京）律师事务所闫东伟、杜鹏爽律师进行实体代理。在接受委托并充分了解案情后，代理律师针对本案的取证情况、案件事实和核心焦点从以下几个方面展开了答辩：(1)商业秘密的构成要件方面：载体形式上，利用原告证据中的授权专利、宣传册等具有公开性的载体本身性质来否定其秘密性；信息类型上，本案技术信息属于产品一经销售即可被公众获知的技术信息，难以保持秘密性；信息内容上，搜集同行宣传册、检索现有公开信息，尤其针对原告自身网站公开信息进行筛选，从内容上否定其秘密性。(2)在被告颜某是否获取信息方面：从颜某的岗位性质、保密措施、接触证据的缺失方面予以答辩。(3)在侵权事实方面：从原告举证的证据瑕疵，否定被告颜某与案外人C公司、C公司与被告B公司的关系。上述答辩内容的核心观点是否定原告A公司主张的商业信息构成商业秘密，该观点最终被法院采纳，取得了正面代理效果。

（二）嘉兴市中华化工有限责任公司、上海欣晨新技术有限公司侵害技术秘密纠纷案（“香兰素”案）

在“香兰素”案中，最高人民法院判决五被告连带赔偿原告经济损失和维权合理费用1.59亿元，这是中国法院史上判赔金额最高的侵害商业秘密纠纷案件，“香兰素”案也因此入选了2021年人民法院年度十大案件。

1. 案情简介和判决结果

嘉兴市中华化工有限责任公司（以下简称嘉兴中华化工公司）与上海欣晨新技术有限公司（以下简称上海欣晨公司）共同研发了乙醛酸法生产香兰素工艺，并将之作为技术秘密保护。该工艺实施安全、易于操作、效果良好，相较于传统工艺优越性显著，嘉兴中华化工公司基于这一工艺一跃成为全球最大的香兰素制造商，占据了香兰素全球市场约 60% 的份额。嘉兴中华化工公司、上海欣晨公司认为王龙集团有限公司（以下简称王龙集团公司）、宁波王龙科技股份有限公司（以下简称王龙科技公司）、喜孚狮王龙香料（宁波）有限公司（以下简称喜孚狮王龙公司）、傅某、王某未经许可使用其香兰素生产工艺，侵害了其技术秘密，故诉至浙江省高级人民法院，请求判令停止侵权，赔偿经济损失及合理开支5.02亿元。浙江省高级人民法院认定侵权成立，判令停止侵权、赔偿经济损失 300 万元及维权合理开支 50 万元。浙江省高级人民法院在作出一审判决的同时，作出行为保全裁定，责令王龙科技公司、喜孚狮王龙公司立即停止使用涉案技术秘密，但王龙科技公司、喜孚狮王龙公司并未停止使用行为。除王某外，本案各方当事人均不服一审判决，向最高人民法院提出上诉。二审中，嘉兴中华化工公司、上海欣晨公司上诉请求的赔偿额降至 1.77 亿元。最高人民法院知识产权法庭根据权利人提供的经济损失相关数据，综合考虑涉案技术秘密商业价值巨大、侵权规模大、侵权时间长、拒不执行生效行为保全裁定性质恶劣等因素，改判王龙集团公司、喜孚狮王龙公司、傅某、王龙科技公司及其法定代表人王某连带赔偿权利人经济损失 1.59 亿元。同时，法庭决定将本案涉嫌犯罪线索向公安机关移送。

2. 案件分析

本案涉及的争议焦点有很多，其中列举以下三个主要的争议焦点：

（1）技术秘密点的认定及举证责任转移

在最高人民法院“香兰素”案专访中，审判长朱法官在讨论技术秘密点认定问题时认为，首先，应当由权利人对其主张的秘密点进行说明，说明秘密点的内容以及其与该领域的通常信息和一般技能存在的区别，此处必然提供证据；其次，在权利人已对秘密点作出上述说明后，应当由被告来证明秘密点不成立，如果被告无法证明，则秘密点推定成立。这一观点也是与《反不正当竞争法》第 32 条的规定相契合的。2019 年 4 月 23 日《反不正当竞争法》修正后，权利人仅需提供初步证据，证明已经对其所主张的商业秘密采取保密措施，且合理表明商业秘密被侵犯，此时举证责任将转移给被告，由其证明权利人所主张的商业信息不属于《反不正当竞争法》规定的商业秘密。

本案中，权利人主张的技术秘密包括 6 个秘密点：①缩合塔的相关图纸；②氧化装置的相关图纸；③粗品香兰素分离工艺及设备，一审庭审中权利人放弃该秘密点中关于工艺部分的主张;④蒸馏装置的相关图纸;⑤愈创木酚回收工艺及相应设备,一审庭审中权利人放弃该秘密点中关于工艺部分的主张;⑥香兰素合成车间工艺流程图。承载上述6个秘密点的载体包括涉及58个非标设备的设备图287张(包括主图及部件图)、工艺管道及仪表流程图25张。其中,设备图的技术内容包括设备及零部件的尺寸、大小、形状、结构,零部件位置和连接关系,设备进出口位置、尺寸、设备型式,搅拌器型式和电功率,设备、零部件和连接件的材质、耐压、耐腐蚀性、耐高温性能、耐低温性能等技术信息。工艺管道及仪表流程图的技术内容包括各设备之间的位置关系和连接关系,物料和介质连接关系,控制点位置、控制内容和控制方法,标注的反应条件,基于上述连接关系形成的物料、介质的流向、控制参数等技术信息。由此可见,原告明确了商业秘密的保护范围,为后续的侵权认定奠定了基础。

(2)证据妨碍规则的运用

关于技术秘密的使用范围认定问题,一审法院认为,王龙集团公司等被告获取的图纸仅涉及40个设备,明显少于原告主张以及香兰素生产线所需的设备数量,在被告尚未获取原告生产线全部设备图纸的情况下,全套复制原告生产装置的客观条件并不充分。而二审法院却认为,香兰素生产设备和工艺流程通常具有配套性,其生产工艺及相关装置相对明确固定,王龙集团公司等被诉侵权人已经实际建成香兰素项目生产线并进行规模化生产,故其必然具备制造香兰素产品的完整工艺流程和相应的装置设备。在本案中,王龙集团公司等被诉侵权人拒不提供有效证据证明其对香兰素产品的完整工艺流程和相应装置设备进行了研发和试验,且其在极短时间内上马香兰素项目生产线并实际投产,虽然王龙集团公司、王龙科技公司的香兰素生产工艺流程和相应装置设备与涉案技术秘密在个别地方略有不同,但其未提交证据证明这种不同是基于其自身的技术研发或通过其他正当途径获得的技术成果所致,并且在法院要求其提交定制生产香兰素产品专用设备的图纸时,其始终声称除公安机关查获的部分图纸外,其并未向相关设备生产方提供图纸,明显不合常理,存在举证妨碍及不诚信诉讼情节。因此,二审法院根据现有证据进一步认定被诉侵权人从权利人处非法获取的涉案技术秘密,即185张设备图和15张工艺流程图均已被实际使用。二审法院合理运用证据妨碍规则对涉案技术秘密的侵权使用情况作出了准确认定,有效保护了权利人的合法权益。

(3)赔偿数额的确定

“香兰素”案的判赔数额最终确定为1.59亿元,是我国法院在侵犯商业秘密民事案件中的最高判赔额。从二审法院查明的事实来看,涉案侵权行为本可适用惩罚性赔偿,但最终没有适用惩罚性赔偿,具体理由是:第一,嘉兴中华化工公司与上海欣晨公司在一审及二审中所主张的损害赔偿数额仅计算至2017年年底,并未包括自2018年以来仍在持续的被诉侵权行为给其造成的损失;第二,在嘉兴中华化工公司与上海欣晨公司所主张计算损害赔偿数额的侵权行为期间之后,我国相关法律才明确规定符合特定条件的侵害技术秘密行为可以适用惩罚性赔偿。虽然本案未适用惩罚性赔偿,但对于2018年以来仍在持续的侵害涉案技术秘密行为,嘉兴中华化工公司与上海欣晨公司可以依法另行寻求救济。

据此,本案应适用法定赔偿,关于法定赔偿的数额,法院审查并部分采信了原告提供的经济学专家的数据分析报告。报告提出了三种计算方式:一是按照营业利润计算,计算方式为:被告生产和销售侵权产品的数量×原告同期产品销售价格×营业利润率;二是按照销售利润计算,计算方式为:被告生产和销售侵权产品的数量×原告同期产品销售价格×销售利润率;三是根据侵权行为给权利人造成的价格侵蚀损失计算,计算方式为:原告产品因侵权行为而导致的价格下降部分×销售数量。最高人民法院二审认为,原告提交的经济数据分析报告中,按照营业利润及销售利润计算损失的方式依据的证据真实可靠,计算结果具有合理性,而按照价格侵蚀计算损失的方式相关数据和计算方法受多种因素限制,仅能作为参考。最高人民法院结合案件具体的侵权恶性、危害后果,侵权人在诉讼中存在妨碍举证、不诚信诉讼等情节,选择以销售利润数额确定赔偿,计算出被告侵权销售利润约为1.56亿元。再加上300余万元合理支出,最终的赔偿数额共计1.59亿元。

第五节　商业秘密维权案件的刑民结合诉讼策略

通过《反不正当竞争法》和《刑法》有关商业秘密的条款可以看出，我国对于商业秘密采取民事和刑事两种途径进行保护。鉴于商业秘密维权案件的特点，大部分案件采用了刑事和民事相结合的诉讼策略。本书结合"卡波产品商业秘密案"、"香兰素商业秘密案"和"单氰胺法生产胍基乙酸技术商业秘密案"来分析商业秘密维权案件中综合运用刑事途径和民事途径的诉讼策略。

一、先启动商业秘密刑事案件、后启动民事案件的诉讼策略

根据《反不正当竞争法》等相关规定，商业秘密民事案件中商业秘密权利人应当提供初步证据，证明其已经对所主张的商业秘密采取保密措施，且合理表明商业秘密被侵犯。鉴于商业秘密侵权行为具有很强的隐蔽性，商业秘密权利人很难掌握有效的证据，部分商业秘密案件采用了先启动刑事案件、后启动民事案件的诉讼策略。

案例 1

广州天赐高新材料股份有限公司、九江天赐高新材料有限公司与华某、刘某、安徽纽曼精细化工有限公司、吴某、彭某、胡某、朱某侵害商业秘密纠纷一案，一审案号为(2017)粤73民初2163号，二审案号为(2019)最高法知民终562号。

商业秘密权利人广州天赐高新材料股份有限公司、九江天赐高新材料有限公司(以下合并简称天赐公司)先在九江市公安机关报商业秘密刑事案件，通过刑事案件的生效判决[(2018)赣04刑终90号刑事判决]确认了以下基本事实：(1)天赐公司原产品研发负责人华某取得了天赐公司"卡波产品相关技术"，并

将该技术提供给安徽纽曼精细化工有限公司(以下简称纽曼化工)的事实;(2)天赐公司的"卡波产品相关技术"通过鉴定具有非公知性、价值性和保密性,构成商业秘密;(3)纽曼化工使用的技术与天赐公司的商业秘密构成实质性相同;(4)纽曼化工侵权产品的销售数额等。

在刑事案件获得了纽曼化工侵害商业秘密的证据之后,通过启动民事诉讼的方式进一步维权,最终获得了商业秘密民事案件的胜诉,并获赔3000万元赔偿。本案件是采取先刑后民诉讼策略的典型案件。

在实践中,很多商业秘密维权案件都采取了先刑后民诉讼策略,主要原因在于,针对商业秘密侵权行为,权利人举证困难,往往需要借助刑事侦查手段获取相应的证据。商业秘密刑事保护的优势是,可以借助刑事侦查手段获得侵权证据,从而有效解决商业秘密维权取证难的问题;但是刑事诉讼比民事诉讼要求更高的证明标准,并且举证责任由公诉机关承担,一旦公诉机关因各种原因举证不能,无法证明商业秘密刑事案件成立,则会导致刑事案件对权利人有不利的结果或者无法往下推进。在刑事案件因证据等原因无法推进的情况下,商业秘密权利人可以采用先通过刑事侦查查明部分事实、后启动民事案件的诉讼策略。

二、先通过刑事侦查查明部分事实、后启动民事案件的诉讼策略

鉴于刑事案件存在立案标准较高、影响重大、专业化程度要求高等特点,各地公安机关对启动商业秘密刑事案件都采取了谨慎的态度,一般不轻易对商业秘密刑事案件立案。在实践中,部分商业秘密权利人会先进行商业秘密刑事案件的报案,在正式立案之前公安机关在侦查过程中会获得一部分商业秘密侵权的证据,之后以刑事侦查获得的证据启动民事案件的诉讼策略。

案例2

嘉兴市中华化工有限责任公司、上海欣晨新技术有限公司与王龙集团有限公司、宁波王龙科技股份有限公司、喜孚狮王龙香料(宁波)有限公司等侵害商业秘密纠纷一案,一审案号为(2018)浙民初25号,二审案号为(2020)最高法知民终1667号。

嘉兴市中华化工有限责任公司、上海欣晨新技术有限公司(以下合并简称

中华化工)先向公安机关报案,公安机关通过前期侦查查明了如下事实:(1)通过鉴定证明了“香兰素制备工艺”构成商业秘密;(2)“香兰素制备工艺”被窃取和泄露的整个过程;(3)王龙公司使用的技术与中华化工的“香兰素制备工艺”构成实质相同。

在公安机关查明以上侵权事实后,中华化工启动了民事案件,法院采纳了公安机关确定的事实,最终本案件原告获得胜诉,并获得了1.59亿元的天价赔偿,本案件成为中国保护商业秘密的里程碑案件。

本诉讼策略能够通过刑侦查明部分商业秘密侵权的事实,为后续启动商业秘密民事维权提供了一定的证据基础,是先刑后民诉讼策略的有效补充。但是在实践中,因商业秘密案件大部分涉及企业之间的竞争,各地公安机关缺乏办理商业秘密刑事案件的经验等,启动商业秘密刑事案件的难度非常大。因此,在掌握了初步侵权证据的情况下,可以直接启动商业秘密民事案件。

三、直接启动商业秘密民事案件、以刑事案件作为震慑

鉴于启动刑事案件的难度,在商业秘密权利人具有初步证据的情况下,可以先启动民事案件,在民事案件办理过程中调取或者查明侵权的事实;在民事案件胜诉之后,以民事案件确定的事实启动刑事案件或者以此作为谈判的砝码。

案例3

北京君德同创生物技术股份有限公司(以下简称君德同创)与石家庄泽兴氨基酸有限公司、河北大晓生物科技有限公司(以下合并简称泽兴公司)侵害商业秘密纠纷一案,一审案号为(2018)冀01民初936号,二审案号为(2020)最高法知民终621号。

在民事案件中确定了如下事实:(1)君德同创的“单氰胺法生产胍基乙酸技术”构成商业秘密;(2)泽兴公司对君德同创的商业秘密构成侵权;(3)确定本案的赔偿数额为50万元。

在二审民事判决生效后,权利人君德同创可以根据民事案件查明的事实进一步启动刑事案件或者以启动刑事案件为谈判条件,以此进一步打击侵权方,维护权利人的合法权益。

鉴于商业秘密案件的复杂性、专业性、隐蔽性等特点,商业秘密权利人需要综合运用刑事途径和民事途径相结合的方式制定诉讼策略,争取达到案件胜诉的目的。

第六节 小 结

企业商业秘密因其秘密属性且具备一定商业价值,如果被他人侵犯,往往会对企业造成较大损失,因此加强企业商业秘密的法律保护很有必要。当前,侵犯商业秘密纠纷是知识产权诉讼领域审理难度较大的一类案件,尤其是侵害技术秘密案件,无论是法官还是代理律师在处理起来一般都比较棘手。究其原因,主要是商业秘密的权利内容及权利边界较为模糊、立法体系不够完善、案件取证难度较大以及企业保密措施不完善等。

本章着重分析了商业秘密的三大构成要件、常见侵犯商业秘密的行为、企业商业秘密保护体系的构建以及商业秘密侵权诉讼及纠纷的解决方式。首先,对商业秘密的三个构成要件(秘密性、价值性和保密性)进行了介绍。是否具备这三个构成要件是判断商业信息能否成为商业秘密的前提,也是商业秘密侵权诉讼开展的前提。其次,列举了几种常见的侵犯商业秘密的行为,并结合我国现行法律对侵犯商业秘密行为的规定进行分析。再次,提出从"商业秘密的识别、保密措施及保密教育"三个方面构建企业商业秘密保护体系的观点,并对各方面进行了深入介绍。最后,通过分析商业秘密侵权诉讼及纠纷解决方式,对商业秘密诉讼难点、刑事诉讼、民事诉讼以及典型案例进行了介绍。

商业秘密保护与企业管理息息相关,企业管理没做好,商业秘密保护就无从谈起。加强企业管理,一方面要提升商业秘密保护意识,另一方面要构建完善的商业秘密保护体系。相较于其他类知识产权案件,侵犯商业秘密案件调查取证难度大、商业秘密及侵权行为难以认定、原告胜诉率低,对代理律师的能力要求自然也更高。笔者建议企业在面临侵犯商业秘密案件时,聘请专业的律师代理。随着我国商业秘密立法体系的日益完善、企业商业秘密保护意识的增强、保护体系的日益完善,侵犯商业秘密的难度及付出的代价将越来越大。希冀通过本章内容,提升企业商业秘密保护意识,促进企业构建商业秘密保护体系,减少侵犯商业秘密行为的发生,并指引企业必要时拿起法律武器,维护自身合法权益。

李 华

盈科律师事务所创始合伙人、盈科全国业务指导委员会主任。

李华律师作为盈科全国业务指导委员会主任，负责盈科体系内的专业化建设，带领盈科律师，构建出完整的专业化法律服务体系，包括研究院、专业委员会及综合性法律中心，推动盈科律师专业化的法律服务，以适应法律服务市场不断细分的需要。在此基础上，通过集成各专业委员会纵深化的法律服务能力为客户提供综合性的法律服务。

曾荣获全国律师行业优秀党员律师、北京市优秀律师、朝阳区优秀律师、朝阳区首届优秀女律师、朝阳区优秀党员的荣誉称号。

王　柱

盈科化工医药类企业核心技术保护中心主任，盈科北京商业秘密法律事务部执行主任，中国石油与化学工业联合会知识产权工作委员会专家组专家。

王柱律师擅长专利诉讼及非诉业务，尤其是化工医药类企业的核心技术保护及维权事务。业务范围包括核心技术国内外专利布局、商业秘密保密体系建设、专利维权、商业秘密民事和刑事维权、专利无效、自由实施分析报告等。王柱律师先后为几十家公司提供知识产权综合服务；先后代理专利申请上千件、专利无效百余件、专利诉讼两百余件；代理PCT申请数十件，在美国、欧盟、韩国、日本、印度、俄罗斯、巴西、澳大利亚、加拿大、墨西哥以及中国台湾地区等国家和地区为客户申请专利。

马丽丽

盈科化工医药类企业核心技术保护中心副主任。兼任中华全国专利代理人协会授课教师、广东省知识产权局专家库专家、广州市知识产权维权援助专家库专家、广州市工业设计行业协会专家。

马丽丽律师在知识产权诉讼及非诉事务领域具有丰富的成功经验，并且长年担任多家企业的知识产权法律顾问，擅长处理各类疑难复杂的专利侵权诉讼、专利无效宣告请求、知识产权许可与贸易商业谈判、专利技术价值评估、技术分析、专利挖掘与布局、知识产权合规、尽职调查、知识产权法律培训等法律事务。是CPVA认证专利评估分析师(Certified Patent Valuation Analyst)和CSN认证策略谈判师(Certified Strategic Negotiator)。

曾荣登“她智慧”2018知产圈30位杰出女性榜，于2020年被评为“北京市知识产权服务领军人才”。

闫东伟

盈科南京高级合伙人、律师、专利代理师。现任盈科全国信息网络与高新技术法律专业委员会主任，盈科南京管委会副主任、知识产权与互联网法律事务部主任、青年律师工作委员会主任，南京市律师协会信息网络与高新技术法律专业委员会副主任、知识产权保护法律专业委员会委员，江苏省律师协会专业律师人才库成员（知识产权），泰州学院特聘教授（知识产权）。

闫东伟律师曾代理多起典型疑难案件，所代理的案件曾入选“2019年江苏法院知识产权司法保护十大典型案例”；曾获评南京市律协“2019年度优秀知识产权业务奖”，盈科律师事务所“2019年度优秀知识产权律师”“2021年度优秀知识产权律师”，盈科南京“2021年度十佳律师”“2021年度优秀部门”。

业务范围包括知识产权诉讼、专利无效、知识产权尽职调查、自由实施分析报告、涉外专利申请以及各种疑难知识产权案件、合同案件。

李早霞

盈科律师事务所专利代理师。

具有法律职业资格证及十余年的知识产权、公司法、合同等业务的从业经验，擅长知识产权、商事诉讼和非诉业务。主导处理过智能硬件领域的中国及美国专利侵权诉讼、专利无效、海外专利许可谈判、专利FTO分析、商业秘密侵权诉讼、开源合规争议等案件；参与过数百件专利的国内外申请。

崔德宝

中国人民大学知识产权硕士、生物化学硕士，盈科化工医药类企业核心技术保护中心秘书长。

擅长专利、商标诉讼和非诉业务，业务范围包括国内外专利布局、商标布局、商业秘密合规体系建设、专利诉讼、商标诉讼和商业秘密诉讼。

曾先后为几十家公司提供知识产权综合服务；先后代理商标注册、异议、无效数百件，专利申请百余件、专利无效几十件、专利诉讼十余件；代理数件PCT申请、专利尽职调查和FTO。

刘会晴

盈科律师事务所专利代理师，盈科青岛律师。

在知识产权领域，熟悉专利、商标、版权的授权、确权、运营、维权等法律事务（含商业秘密、不正当竞争），擅长处理专利、商标、著作权相关的知识产权诉讼业务；在民商事争议解决及公司法领域的纠纷解决领域，包括但不限于股权纠纷、买卖合同纠纷、租赁合同纠纷、借贷纠纷、担保纠纷以及股东纠纷、合伙人纠纷等。尤其擅长企业综合性法律顾问事务，能够在企业制度建设、经营管理、人力资源管理以及企业改制、公司并购、重大项目投资论证提供顶层设计和架构安排，提供法律以及商业上的指导与策划。